本书的编译和出版由中山大学珠海历史文化研究基地资助

珠海历史文献与研究

赵立彬 / 主编

社会科学文献出版社
SOCIAL SCIENCES ACADEMIC PRESS (CHINA)

目录

文献资料

道光《香山县志》珠海地区史料 …………………… 张建宇 辑 / 1
淇澳岛 ……… 罗开富 刘国雄 徐俊鸣 江洁源 著 沈志刚 整理 / 88
中山县湾仔乡土地理 ………………… 何大章 著 杨 琳 整理 / 127

专题研究

马礼逊学校与容闳留美前所受的教育 …………………… 吴义雄 / 145
政治纠葛与"城""郊"依存
　　——从近代湾仔变迁看澳门对邻近地区的辐射作用 …… 赵立彬 / 162
清末民初的粤港澳流动与广东社会秩序
　　——以匪患为例 ………………………………………… 何文平 / 179
黄宽留学英国考论 ………………………………………… 张 娟 / 200
车路"公有"与民国"主人"
　　——孙中山与香山地方建设 …………………………… 张文苑 / 214
杨匏安在马克思主义传播史上的地位再探讨 …………… 沈志刚 / 227

调研报告

牛歌再响

  ——变革年代下的非遗传承 ··· 刘　嘉　卢依韵　李嘉欣　管艺婷 / 247

书评与史料介绍

程美宝等著《把世界带进中国：从澳门出发的

  中国近代史》 ·· 王　鹏 / 279

吴义雄、挥文捷编译《美国所藏容闳文献初编》 ············ 张建宇 / 284

赵立彬、何文平、胡海峰编《关于近代珠海历史文化名人的乡土

  口述史料》 ·· 刘　宇 / 289

文献资料

道光《香山县志》珠海地区史料

张建宇 辑

[辑录说明]

《香山县志》是关于香山县的综合性志书，自明永乐中叶至民国末年，香山县曾先后九次修志：明代三次（永乐、成化、嘉靖），清代五次（康熙、乾隆、道光、光绪、宣统），民国一次。其中，道光《香山县志》于道光七年（1827）修纂，由时任香山知县祝淮主修，黄培芳总纂，共8卷刻本。

该志的总纂黄培芳（1778—1859），字子实，号香石，香山（今中山）人，教育家、诗人、藏书家。性好游，工诗文书画。自号"粤岳山人"，学者称他为"粤岳先生"。与张维屏、谭敬昭并称"粤东三子"，亦有人称其为"粤东七子"之一。嘉庆九年（1804年）副贡生，肄业太学。此后，考取武英殿校录官，屡应进士试不第南归。先后授乳源县、陵水县教谕，肇庆府训导，受聘任学海堂学长，最后授大埔县教谕。可以说即使在仕途上，黄培芳也与教育密切相关。黄培芳一生著作甚丰，著有《易宗》《春秋左传翼》《岭海楼诗文钞》《浮山小志》《香石诗话》《岭海楼文抄》《缥缃杂录》《云泉随札》《虎坊杂识》《藤荫小记》《唐贤三昧集抄》等不下50种共计数百卷的著述，世称"岭南名儒"。

黄培芳于修志卓有成就，先后编修《香山县志》1卷、《肇庆府志》22卷、《新会县志》14卷。道光七年，香山县设县志局修志，黄培芳应知县祝淮之请任总纂。巧合的是，他的先祖黄佐正是嘉靖《香山县志》的总纂，时隔279年，黄培芳挑起了同样的担子。道光七年，祝淮任香山县知县，鉴于距上次修志已逾近80年的时间，县志旷久未修，遂倡议重修县志。道光《香山县志》得以顺利修纂，各方协调配合至关重要：

县里设县志局,在各都设采访局,聘请一批人才分任其事,由黄培芳汇其总,再由知县祝淮审定。

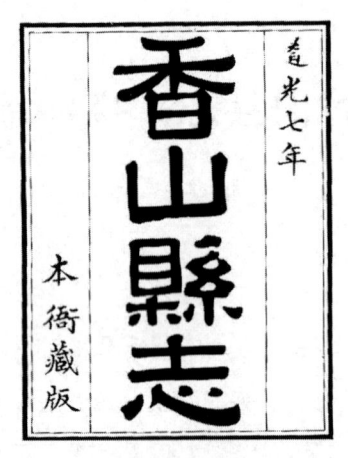

图 1　道光《香山县志》书影

具体言之,县令祝淮统揽全局。他知人善用,组建了一支强大的修志队伍,邀请黄培芳做总纂,吸引地方人士积极参与,"聘请缙绅先生与一时知名人士,凡八人,品酌事例,纂辑补修,题材昭整,文词渊懿"。采用先分工,由各都"分区采访、劝签、签祝",再做汇总的办法,并在此过程中充分发挥各地书院的作用。同时,为县志的修纂提供配套资金。最终,该志历时九个月而成,翌年得以刊印,共8卷,各卷的主要内容如下。

卷一,《舆地上》,包括图说、沿革、疆域、山川。卷二,《舆地下》,包括都里、气候、风俗、物产;《建置》,包括城池、公署、学校、坛庙、梁津。卷三,《经政》,包括户役、田赋、榷税、禄饷、积贮、水利、盐法、营制、祀典;《职官》。卷四,《选举》,包括仕官、封荫、饮宾;《海防》,包括澳门、图附。卷五,《古迹》,包括城址、廨宅、坊表、冢墓、寺观附;《金石》;《宦绩》,包括宋、元、明、国朝。卷六,《列传上》,包括汉、唐、宋、元、明、国朝。卷七,《列传下》,包括列女、耆寿、方伎、仙释、寓贤。卷八,《艺文》,包括经部、史部、子部、集部;《事略》,包括祥异、杂记。

道光《香山县志》得以顺利修纂,并在许多方面有所推进,黄培芳功不可没。他饱览群书，在辑纂过程中，参照既有书目、采访册、方志等，对其进行总结，并加入了自己对许多问题的认识。同时，他坚持秉笔直书的态度，对县中几部前志的错漏之处予以订正补缺。因此，道光《香山县志》较之旧志体例更加精严，对前志考据疏漏之处多所考订。该志增设金石书目、海防、气象等条目，艺文载《河间乐际》更是海内藏书所未提及。在舆图设置方面，黄培芳认为，历代志书多重视舆图，但有的辗转沿袭，反而起不了作用，故而明代的《武功县志》《朝邑县志》干脆不载舆图，也算是一种矫正之举措。但作为志书，优在一方掌故齐备，"兹志意在详核有体，繁简得宜，仍不离乎地志之宗。故绘图必亲历开方，山川必审晰支脉，都乡必细书里数"。因而该志的地图和图说部分，内容更加细致严密，很有特色。

道光《香山县志》另有两大特色。一是详记澳门。该志中有大量关于澳门的内容，主要包括许多地理要素与澳门的相对位置，澳门附近的军事信息，有关澳门夷人、夷妇的记载等。二是重视海防。依序言所言："海防为海疆所重，必特立专门，至采引须详出处。"此外，许乃济为该志所作序中，也认为该志书注意到"海防绥夷"，是一大进步。二者紧密相连，依志中所标出处，有关澳门与海防问题，来源多为《澳门记略》。其是与修纂《香山县志》相配套的采访册，标注作者是祝淮，由国家图书馆出版社于2010年公开出版。此外，编者还引用了暴《志》、《明史》、《野获编》、《岭南杂记》等书目和相关奏疏等，并加入了对海禁、关闸、贸易等诸多问题的个人认识，体现出编者对于相关历史、地理问题的深入思考和理解。这对于研究珠海与澳门的经济、贸易、文化、社会各方面的关系有重要价值。

香山县的方志在明清方志中十分有特色，堪称典型。其涵盖类型广泛，既有官修的方志，又有相配套的采访册，并多有留存。目前，已有学者对香山县的方志进行整体性研究。① 对其他具体问题的研究，仅以利用道光《香山县志》研究有关珠海或澳门的成果为例，包括淇澳抗英问题、会党问题、海防问题、舆图问题、行政区划、澳门开埠、交通史

---

① 胡孝忠：《明清香山县地方志研究》，博士学位论文，山东大学，2011。

等多种角度，该志的学术价值可见一斑。道光《香山县志》作为香山历史与地理的结合，内容丰富，对于了解这一地区的经济地理、文化发展、军事部署等有重要的意义，其中尚有大量信息有待挖掘。本编从道光《香山县志》中辑选出有关珠海的内容，相信对于进一步研究珠海地区的政治、经济、文化、宗教、中外交流等都有重要的学术价值，一定程度上也有利于推动粤港澳大湾区的文化建设与发展。

本编的编辑说明：

（1）收录范围：本编主要辑录道光《香山县志》中与现今珠海市所辖范围大致相当的黄梁、恭常二都的史料。部分段落如提及其他区域的情况，也整段收入，以保持史料的完整性；物产、人物等主要收录黄梁、恭常二都特有的内容，有些不能确定地点的暂时付阙。《事略》等宏观介绍香山历史的部分因不易将内容分割，故暂未收录。

（2）字体、段落：对《香山县志》中的原文和注释，采用不同字号加以区分；段落划分则与原志基本一致。

（3）标点、句读：采用新式标点重新句读。《香山县志》中原有的史料出处，多采用缩写的简略形式，例如"暴志"，即指暴煜主修的《香山县志》，此次我们统一标注为"暴《志》"，依此类推。

（4）因辑录原文有节略，可能引发歧义或表意不明，现于〔　〕内予以注明；原文分辨不清者，用□代替。

由于辑者才疏学浅，存在不少错误疏漏之处，恳请方家不吝批评指正。

参考文献

陈泽泓：《岭表志谭》，广东人民出版社，2013。
广东省人民政府地方志办公室编《广东地方志纪事》，广东人民出版社，2014。
胡孝忠：《明清香山县地方志研究》，博士学位论文，山东大学，2011。
汤开建：《祝淮〈新修香山县志〉澳门图研究》，《暨南学报》（哲学社会科学版）2000年第3期。
王一娜、周鑫：《通向海洋之路：清代香山岐澳古道考》，《海洋史研究》2017年第2期。

张中鹏：《清前期澳门及周边地区社会治理权力结构探析——从新发现〈澳门志略〉所见》，《中国地方志》2019年第2期。

张亚红：《明清香山县城镇地理初步研究》，硕士学位论文，暨南大学，2010。

张建军：《〈香山县志〉编纂沿革及其所载淇澳抗英问题》，杨水生、刘蜀永主编《揭开淇澳历史之谜——1833年淇澳居民反侵略斗争研究文集》，中央文献出版社，2002。

郭雁冰：《明清时期淇澳地名考述》，《岭南文史》2015年第3期。

温琪宏：《澳门开埠与香山场建置探索》，《珠江论丛》2016年第4期。

蔡少卿：《中国近代会党史研究》，中国人民大学出版社，2009。

香山县志卷一

舆地第一上

图说

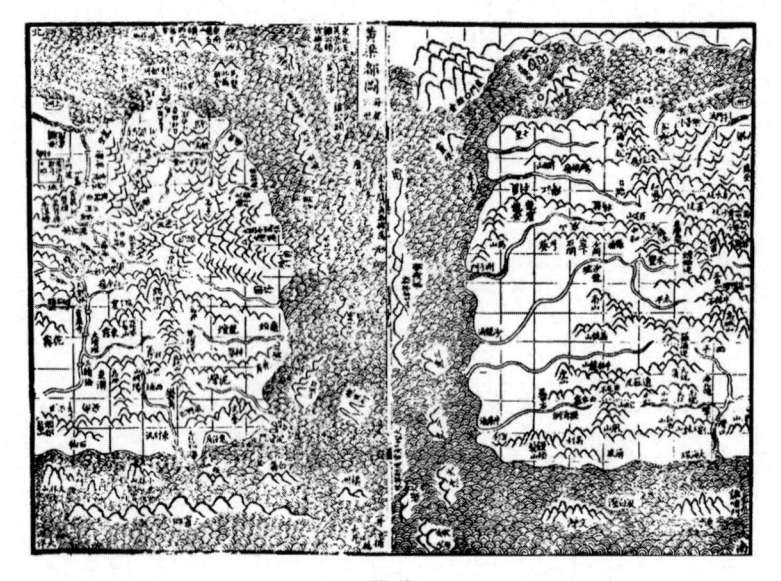

图说

黄梁都山脉，来自新会县百峰山，历古兜山东北，越厓门海海广里余，东为厓山，西为汤瓶山，对峙如门。门之内北为银洲海，慈元殿在焉；门之外，即水风石大海，为舵嵊尖山北分一支为新会梅角山、观音山、莲花山、大岭公等山，东折虎跳门西为新会西炮台，东为香山东炮台，海中巨石为虎矢石，是香新交界，中通海道，广一里许。门之内北为梅角乡，属新会界；大小濠涌等乡，属香山界。门之外南一里为灵珠山，势如拱护，正当海道之冲，南趋为两耳岭，为王蓝山南为网山、飞鹅山、七星山，越海至雷珠山而止，鹧鸪山距虎跳门七里，东为和凤山西行逆折为大小濠涌等山，而会于虎跳门之海滨，距和凤山三里。其左则群峰森矗北行一大支绵亘十余里，分为南村、土城、黄梁司署在焉。再为南门、石盒、下沙等山，其阳迤东为汉坑山距和凤山半里，虎跳门山十里，左为王西坑、徘山，各小山长仅四里，历原田二里余，上崖鹰石山南上将军山，又为老糠堆山，过茶岭迳峡为百足山，一至马山而尽于洲门海中，一至山底、苧葵等山止，由将军山过蟾蜍迳上三台山，西为灯笼岭、太平山，南越湖鸭塘为砥石脑山，北逆折为古井坑，西趋为牛牯石山，东南上高城山，即大岭髻，为蛤婆岭，为乾雾山。高城山西出趋南为佛仔迳，为南山、荔枝山、高城山，南历罗涌迳，为竹蝉山、为大坑岭山。海北头又由竹蝉山过牛牯麓山，东为獭山，西为虎山，复趋南为蕉坑山、栖台佛岭。又北为麒麟山，与洲门山对峙，西临海石门，距高城二十余里，南为百两坑、盔甲石山，东为蛇山，又东为半迳、刘三妹山，而为文楼山，即馒头髻山，至沙尾越海，至大小虎。此支距黄梁都之南，而绵亘半都之地，入为长连埔左右为大小深坑，木龙岁冢在焉。东际平野七十余丈越狗头山，距和风山五里余，又距虎跳门十二里，为鹤兜山南为龙坛、东澳、石狗、湾口、黄金等山，西为亚婆髻、东雾等山，再伏而屹立，危峰嵚岈，岭嶒重累，亦名鹤兜也东南分为泥湾、前山，由猿洞环至尖峰，越泥湾、海门，上白蕉小山，西尽于马齿门，又名马鲚门，及桅夹门海，此群山之支辅也，绵联二十余里，距虎跳门山约四十里。稍北，行峦层嶂，复嶔然相向者，峰不一名矣。西则崒路、嵝嵾为乌岩山，下有金台寺焉，而皆群隶于黄杨山西数峰而庵堂等山，北为大赤坎等山，其中出者逾西迳为龙归岩、斗门、石嘴等山，越潮田为下洲山，又由西迳庵山，历荔枝迳为灯盏窟山，西北为小赤坎岗、朝南山，由长嘴越潮田为果菜洲小山，渡大有滘海，起蜻蜓洲山。北为粉洲山、横山，四际巨浸，今成潮田，此支纵横三十余里。山之北分为黄茅岭、也字山，左为小黄杨山，为黄洋山、草湖角山，三里余为镬盖山、明虾头山，汫涌各山，右为螺洲门，左为马盾山，越海为三门山，再越海为竹洲头山，再越海去，为香山、新会分界之大沙山由小汪洋越海海广一里，上大托山，历数峰左分一支趋西迤南为石门坑、北村各山，渡黄麖门海广半里，为小托山距黄杨山七里，虎跳门四十里，经螺洲门海广十三里，上磨刀山，再渡蛇𡒃小海，为丫髻山属谷都，为县东南诸山之祖。

都之内水道，北自斗门涌，出下洲山、上洲山，经大环、小赤坎，历各潮潭围田而出。东过大赤坎，绕大小黄杨村、圆山仔入于龙坛，又入北澳、井岸入于泥湾。出泥湾门之南，由尖峰经青鹤湾入于长沙澜、黑山。又过东村汛、石狗至湾口入于乾雾各村。又过大海环、涌浪、沙尾，西过牛矢涌入于沥涌，经沙龙涌入于南山荔枝山、洲子门入于马山、赤江沙入于江湾、冈山、夏村各村。七星村，上虎跳门，经大小濠涌，复至斗门涌入于土城、南门、斗门各村。由斗门涌口达邑城，则出梅角海，经下洲山、上洲山，至壳环角、大环山，入果菉洲滘。经小赤坎滘口出东滘口，亦名大囊口滘口初出处有潭田，李姓筑基堂，有碍舟行。嘉庆二十五年，阖都公同督理，拆开石基，潮流通行，滘长约六里。经粉洲及明虾头竹洲，过三门、蠔壳头，或由广福、沙滘，经芙蓉沙，至第一角汛，入邑城。

都之外水道，由海而入者，东有四口：自白藤洲海而入者，曰泥湾门；自灯笼洲海而入者，曰马齿门即马鲛门，曰黄麖门，曰磨刀营。南有五口：由大洋而入者，曰大门、二门、三门，曰鸡啼门，曰竹篙美。其西则经大虎、二虎、三虎直入厓门。其北有三口：自邑城而入曰粉洲，自新会而入曰大沙口、北坑口。

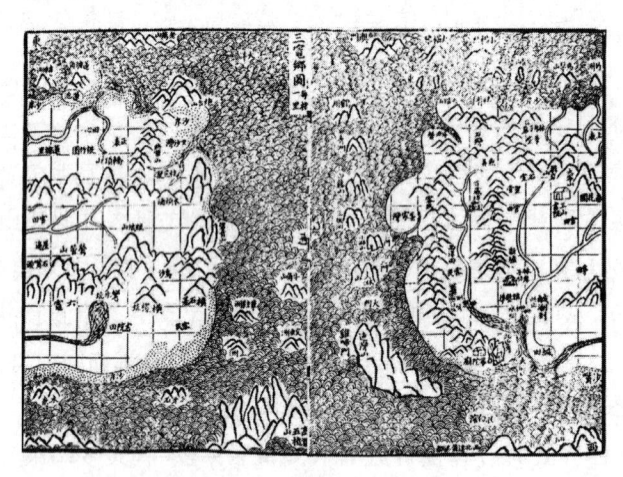

图说

三灶山脉，自蠔镜澳越海六十里，历东西石，上大环山折北六里为蛋家湾，越海三里抵小淋山、大淋山，又西行七里至北山角，越海为文湾山，西南六里经草堂、游岩山西五里至雅墩埠止，大宁山，下为三山书院，南五里为轿顶山东南上将军山，三里为炮台山，折西莺管山经东为屋边，稍西为六灶，眼浪山南三里余为碧青山，越海分而为牛角山、草鞋洲、上洲、蚊洲等山，经横榄坑，由横石基，越海抵皋兰山，此山行之大势也皋兰即高澜五指山。

海上诸山，候潮驶风，道里远近，难以概定。由大涌口出海，北至大淋山、连湾山，约十里；西至文湾山，约十四里；西南至皋兰山，约二十里；由大环山至蠔镜澳，约六十里；由炮台山东至老万山，约七十里；北抵磨刀湖洲，西至新宁狮子山等处，东南则大洋无际。

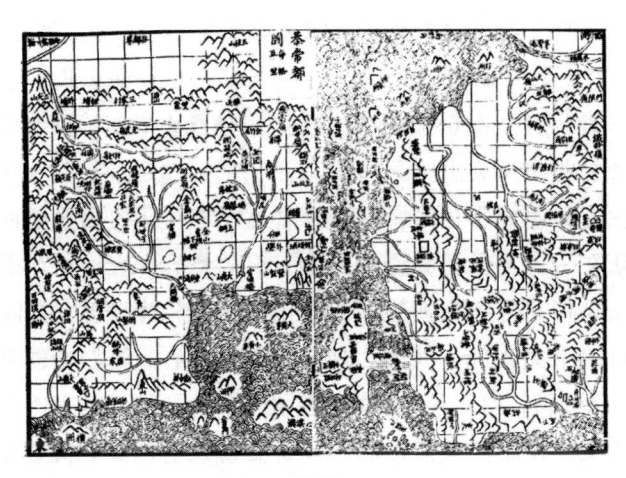

图说

　　恭常都诸山，由五桂南出，历五面埔、板嶂山、牛牯春，至飞云岭飞云岭为恭常诸山发脉之始，分三支，东四里许为潭井、北山诸山，西六里许为双龙诸山。南六里为佛迳山，三里西北一支为老虎岭诸山中有润龙池，二里为胡必岭东分一支六里许为金鼎山、下栅墟、金山书院，为飞鹅岭胡必岭至飞鹅岭六里，崩墈山东为大小赤花山，有六祖石室，西为梅枝、混坤、蛇窟诸山，经蛇地峡、湖仔峡为百足岭崩墈山至百足岭六里。从百足岭西五里为三尖山，分三支，北一支为石人山，南为大仙岭，南一支为正心坑，北为牛栏坑、松柏仔诸山，中一支二里许又分二支，南为铁铃岭，北为门限岭，至大岭头又十余里，越海至犴洲、芒洲、蜘洲诸山，南折为将军山，东十五里为龙井山、北山、南屏、濠田、陂口诸山，东过山窑迳西分一支，历九峰为铁帽山，山下有怀庵，东为鹿角迳又东为南蕉山，南折为崖鹰钻岭，东三里为小南山，南为龙潭，东过风门凹二里，至烟管岭，旧有烟墩，半里许为马山，东折鹅峰，从马山南一支经凤鹤林，至平沙，东折为东山，又行六里至黄牛潭山，越海三里为金星门山，又八里为奇独澳山，为凤凰山东一支为神前迳，至河水坑、鸡拍、银坑诸山一十余里。西一支为东坑、石船诸山，六七里，数里至滴水岭南出一支名补筑龙，旧掘断。嘉庆二十五年，众乡共补筑，东三里为石牛岭，下为香山场，复折而西为花甲马山北一支为牛铁岭，至长沙墟共六里，三里南折为大环山西为翠微乡、凤池书院，复南过大墘山东一支五里为白沙坑诸山，西南过鸡心岭大环山至鸡心岭四里，东分支为柠檬埔、南坑及吉大村诸山，共七里。西分支为仙人山，西北过火炉山、马鞍山，西至前山寨二里，北至鹅槽山，即秋风角，共六里。仙人山南分支为三台石山，至星桥墟共三里。又南为鹦管岭，落校场埔鸡心岭至校场埔二里。东六里至南面山，西二里至北山岭，又南经关闸沙，至莲峰山校场埔至莲峰山二十里，即入蠔镜澳南一里至妈祖阁山，北越海一里为青洲山，南越海十余里有大小横琴山，下有井澳，即仙女澳，西越海为三灶山属黄梁都界。

由县港而南，历第一角海深湾属仁良都、磨刀营共五十里；又南过秋风角、南野角、蠔镜澳，共七十里；折北二十五里，至前山寨，此海程之南路也。若由县港东濠，越大洲、二洲、三洲属得能都、东洲门，南折涌口门属四大都、金星门，共九十八里，又南六十二里为蠔镜澳，此海程之东路也，而波涛浩渺，不如南路为较近。

濠镜澳外东十五里为吉大汛，二十里为九星洲山，其下为九洲洋，又东十里为白排洲、野貍洲距澳三十五里，青洲距澳四十里，与澳内之青洲山名同而地异。又东为榕树头距澳五十里，为零丁山下为零丁洋。又东南至三角山距澳四十里。赤洲在其右，大头洲跨其上赤洲、大头洲距澳同五十里，又东为老万山距澳六十里。东西二山相距三四十里，各设炮台东炮台距澳六十里，西炮台距澳八十里，与大屿山屯哨为犄角，当老万山。东西炮台之中则为南宁门距澳七十里，其与西炮台稍近者则为狮澳距澳八十里、杯澳距澳九十里；而竹洲距澳一百里、鬼洲距澳一百二十里、三牙排距澳一百一十里，遥遥相望，与零丁山皆为香山、新安分界处。

澳外南为大碇、小碇距澳四十里，又南为浪烈距澳五十里，为大冈距澳五十里，为细冈距澳五十五里。又南左曰蒲台石，右曰横洲各距澳六十里，又西南为根竹洲距澳一百一十里，为双柱距澳二百五十里。

山川

虎跳门山，在县西南九十里，东九里有土城、焉山，西接新会崖门舵嵝尖山，对峙如门，中通海道。水中巨石名虎矢石，岿礨攒立，风浪之声，硼礚震隐，崖㟝为之㴸㴸，山巅有东炮台，与新会西炮台交错。又西八里，则崖门之炮台相望焉。南为大、小虎海，遥见独崖、赤鼻二山，如萍浮两点耳。《采访册》

两耳岭，在土城之西十里，丹崖崄巇，磝磝相轧，上有两石崒屼，尖锐如马耳，故名。

雷珠山，在土城西南十四里，其山周约二里，海水环浸，中成一洲。

南望碧波，溲减泘涢，龙鳞结络，渔艇鹤汀，咿哑不绝。南半里有小山环列，名小雷珠，其西北四里许，即匪门，登山见其碉楼。

王蓝山，与两耳岭相接，崭然耸翠，势若屏扆，下有深堑，中建护龙寺。俱同上

石瓶山，在城南一百四十里，土人号为南山。《方舆纪要》右侧有石，击之声如铜鼓。《采访册》

国朝陈书诗：石亦有金质，铿锵一击中。何曾归典乐，不得让青铜。磊落自如此，声音殊未穷。无须寻博物，西蜀刻良桐。

和风山，在县西南一百二十五里，排掌奔腾，包络群山，上峙三峰，秀立云表，探奇者莫能登其巅矣。

金鼓山，在土城西八里，左侧有大石重叠，扣之作金鼓声。

高城山，即大岭髻，在县西南一百三十里俱同上。案：申《志》作六十里，误。叠岫层峦，周回如城郭。元末民避寇居之。申《志》西北有黄石涧，东有儒巾石、茶杯石，状若人治，而非刀斧所就。《采访册》

文楼山，在县西南一百四十五里。中拔一峰，平峙如台。陡崖鸟道，上有村居，其麓平原广二十余亩，自然开豁。山之西五里逾海为大虎山、小虎山、三虎山，断列巨浪中，自成洲岛，烟水苍茫，渔舟逐队，渚居者渐庶矣。

荔枝山，在县西南一百四十里俱同上。案：申《志》作八十里，误。其阳有林子，后岭烽堠。申《志》其山旧名罗冲村，明黄副使𫇭之祖母崔命僮仆沿山遍植荔枝，大抱凌霄，因名前为牛牯麓山，下有石，高丈余，广五尺，余石根棱棱，俨成小字笔意如生。《采访册》

鹤兜山，在县西南一百二十五里，岿墩而复，陆盘纡三十余里，林壑翳深，昔为盗薮，今则有居民矣。

白蕉山申《志》云：俗谓海旁岐石为蕉，其山广十里。北为桅夹门，石竖如桅夹，对列若门，故名二山。皆分峙于海中。

上洲山与下洲山相对，中距三里，西临海，在土城之北八里。山之阳有居民。

郁角山，在北坑山之东，出为风门坳，其山有巨石，高二丈余，广丈余，上有字，如虫鸟篆。

蜻蜓洲山，在土城之北二十八里，昔在海中，今皆成田，有民居。

三门山，在海中，三山齐断如门，今皆成田，仅留小河，前半里曰竹洲山，为达邑城要津。

大沙山，屹立海中，山之南属新会。山顶有石，勒香山、新会分界字。俱同上

龙归岩，在县西南九十里。申《志》宋黄懒道人结庵于此，今有龙归寺。东七里为登仙石、椒邱巨石，崛礨成岩上横石，茎广七尺许，长二丈余，如虹飞越半空，下临无地，黄懒道人坐化之处，弟子并于二岩，塑像事焉，每晴雨祈祷，夜见灵光往来于二岩之间。《采访册》

黄杨山，在县西南七十里。《大清一统志》与鹤兜山连，距虎跳门山二十里，延袤五十里，高六百余丈，山气常曀冥郁拂，夏午犹寒，蹊径蹇产异色不名之花，缨峦带阜。山原之上有大池，世谓之天池，皎然冲照，净而不流。山腹有石门，其中引水飞罩，倾澜瀑布，或枉渚声溜，潺潺不断。下为澄潭，其水阳焊不耗，阴霖不滥，无能测其渊深也。耆旧云与海相通，上为乌岩山，又上为摩天岭，曰神仙墟，林藿绵蒙，藤苗葱蒨，微飙暂拂，则芳溢于六空矣。《采访册》邓光荐祥兴中避兵于此。黄《通志》题诗于崖。申《志》赵时鏦建金台精舍于山左，与龚行乡三人隐焉。前有山田数亩可耕，今犹足供僧粮。岩洞多素心兰、午时莲、芭蕉、吊钟花，黄杨树山顶则产黄杨茶山，僧采以飨客，可消暑瘴，得者珍之。北之麓折东为大臣山，曰也字山，又西北八里为小赤坎岗，亦名大臣山。《采访册》其阳有烽堠，又廿里曰荔枝山。《大清一统志》

按：宋邓光荐避元乱，在黄杨山上之乌岩山，黄《通志》甚晰，且诗云赠赵承节者，即时鏦也。时鏦家在黄杨山下之大赤坎村，建金台精舍于乌岩山左，与龚行乡三人隐焉。玩赠诗意甚明，绘写景物亦切。黄杨山梁金震诗亦本黄《通志》，而申《志》误以五桂乌严为乌岩，指为邓光荐隐居之地，不知乌严山虽高峻而近于邑城，仅三十二里，非山泽遗老所能遁迹也。阮《通志》不考，两载之，亦牵混。

大托山，在土城东北三十里，西望虎跳门四十七里。四际皆海，周遭二十余里，连冈盈畴，枕水通阡，村落环居，俨然佳境。上有碉台，弁兵守焉，出为马齿门即马鬣门，折西三里为石门山，南则大蕉头山。

《采访册》

黄麖门山，左右有石如麖，阻激潮流，水滕漂急，前为小托山，袤十里，皆在海中。

独厓山，在土城西南五十里，尖覆如阜，独立波涛中。东为黄梁都虎山，西为新会百峰山，此山为香山、新会、新宁三县分界。

赤鼻山，在土城西南五十七里，与独厓山遥立海中，高二丈许，广里余。洪波风翻，时冒其巅，为香山、新会二县分界。

荷包山，又名牛角山，在土城之南七十里，与大芒山列峙汪洋中，高数十丈，广十余里，中有南北二环，商贩渔船住泊口众，西属新宁海界，南则重溟。

三角山，在土城南六十二里大海中，距黄梁都之南鄙陆地二十里，孤立如三角。

文湾山，在土城之南六十二里大海中，峰峦秀卓，与连湾山对峙，中界浪白滘海，自成一港，湾拱如门。有鸡心洲收束其势，山横列如城垣，广三十余里，内有村落。明正统间，佛唧叽夷泊居浪白之南水村，欲成澳埠，后为有司所逐。

连湾山，发自新宁铜鼓山、大金山，越海而来，为郡邑之外关，在土城之南六十里大海中。西南为文湾山，东南与三灶大淋山对峙，名鸡啼门，波涛震激，虽午晴无风，犹濛然汹汹。北为文楼山、涌浪山，南则天水混茫矣。俱同上

三灶山，在县西南二百里海中，林木葱翠，中有三石如灶，故名。有田三百余顷，皆极膏腴，其西为浪白澳。《大清一统志》乌沙海汇其东，与横琴相对。《广东舆图》皆抵南番大洋。申《志》古为海寇所据，今俗安耕凿，士乐诗书，弦诵之声，熠然而起。《采访册》

皋兰山案：阮《通志》作高澜，今从申《志》，在三灶西南二十里大海中，五峰桀竖如指，谷多兰卉。

碧青山，在大三灶之南三里，南临海，草带交晖，苔衣胥化，涵蒸海气，岚影常鲜，行者莫不拥楫眺观裴回爱玩矣。

白水寨，在沥涌。怪石巉岩，雨后洞水齐下，声震一方。

赤水流，在太平村左。石磴崚嶒，飞水历其间，如白虹盘曲，飞腾

上下，久坐者神为之摇矣。都人士时登高于此。

水潦槽，在黄梁都山，背阳，能备旱潦。

大板桥水，在黄杨山下，由石门坑桥，经龙归桥，至风流桥，出斗门涌，凡十三里。

大深坑水，合古井坑、鹤兜、砥石脑诸山水，至乾雾，出湾口，凡二十里。俱同上。以上黄梁都。案：兹篇亦以支脉为次序，故先叙黄梁都。

飞云顶，桀起于五桂之东南，为恭常都主山。群峰骈衍，众阜排罗，远近瞩视，常若复立于烟霄之上。东五里为潭井，东北七里为锦石，十里为北山，南九里为西山。《采访册》

凤凰山，在城东南一百里，高七十丈，广十里。其阳有尖峰、石牛诸岩。《广东舆图》东界南坑，北接官塘冈，西为金竹园、白蟹石、古壑诸峰，南赴海。申《志》旧有怀庵，左有虎溪，折而西，为花雨岩瀑布、千寻悬崖，而下木樨、藤萝交映，白云岩侧有记，公庐因僧记汝曾此著书十余年，故名。邓谷《凤凰山记》山顶有凤凰髻，巉岩陡绝，中一岩，如莲花状，曰观音岩。有池曰凤凰池，周围数亩，多杜鹃、瑞兰。池外峭壁万仞，空中拔起怪石十余丈，曰浮屠石，曰凤凰塔，石角一门，天然独开，下临无地，侧身而过，始入平砥，宽广数丈，坐可数十人，回顾奇花异鸟，万态千形，非好胜探奇者鲜至焉。阮《通志》

南蕉山土人呼为南山，与凤凰山对峙。绝顶有泉清澈不竭，曰龙潭。前有三军岩。申《志》，又详《事略》。

风门凹岭，在凤凰山南，旧有银矿，今无。暴《志》。案：银矿在鸡拍山南六里，距风门凹八里许，旧有烽堠，今亦废。

鹅峰，在县东南九十里，南为马山、凤鹤山，东为东山、鸡公山，外为大海。居民采捕常在鸡公山下。《采访册》

大角山，在县东南八十二里，由南山经风门凹二十里至海涯。横堵众流，及人海，西折而东，迅流金星门外，渡海即淇澳山，海中潮汐，北通东洲门、虎头门，东注金星门。

赤花山，在县东南八十三里，悬崖险峻，中有石室。

石人山，在县南九十五里，岭多巨石，有石人、石室、石碓、石磨，旧传仙人之迹，又多兰，与石榇中有清泉，名曰水流响。溪中水石相攻，巅响外发，常如鼓革声。

大仙岭，在县南一百里，雄伟特立，高入云霄。其阳为鹰石，产兰蕙鹰爪诸花。下有石洞，山麓后有石泉，上有仙人迹，群鹤翔集，故村以古鹤名，转东为杯珓石，多蛤蚧，大如草屦。

翠微山一作翠眉，又名大环山，在县东南一百一十五里，广五里，高六十丈，由凤凰山迤逦而来。山卓立而石嶙峋，巅平若砥。其东崖有石屏，屏外大石广五六丈，曰平台。下有古社，坛壝幽寂，乔松数百株，屈曲飞舞如虬龙。其南坳为白鹤林，鹤巢群集，见人不惊，泉三穴皆清冽。西临秋风角，南接鹦管山，北望仙人岭，海色山光，景物洒如。

石牛岭，在香山场后，其山有石如牛隐伏于林木葱蔚间。

将军山，在前山寨，越海西南八里东十五里，为龙井山，其麓有岩，俨如堂室，可容八九人，水从石罅潆泻而出，折下曰龙泉涧，瀑布百丈，如雪练曝于白石之上，静而无声。

廉泉洞，在北山村东南五里，石室深窈，窗棂俨具，涌濡飞溜，分绕左右，古榕生石隙中，盘曲槎枒，荫覆其上，树下石坳如盂泉注其上，溢而下泛，四时不绝。两山拱夹为垣墙，海水环绕如鞶带，崖谷共清，风泉同啸，怪石缘溪，苍松夹径，斯亦胜游之选地也。

鹅槽山，在灶贝村西七里，下为秋风角，与将军、龙井山隔海相对，距濠镜澳十五里，为入澳津口之一。上有碉台遗址，形方，石砌，周十余丈，高六七尺。

鹦管山一作英管，在凤凰西南，峙立海中，高五百余丈，周回三十余里。山之东腰辟一洞，名曰锡坑，平坦宽广，田数十亩，村民耕牧其间。麓之西北名大湾底，环海深入，田数十顷，渔舟耕舍聚处如村市，南俯芒洲，北眺鹅槽，从海中望之，山形如荷盖浮于水面。俱同上

金星山，在县南一百里案：当作东南。二峰相峙，隐若双龙，中有小屿如珠。郝《通志》亦曰金星门。《广东舆图》南汇大海，涛翻若山，黑黄苍赤，备具奇观。《采访册》

旗纛澳山申《志》作奇独澳山，今作淇澳山，在城东九十八里水道七十里。横巘拂云，崇岗叠浪，远望如旗，张建于海外。其上支峰曰鸡山，巅有石，高十余丈，广亩许，如平台，曰赤岭，高数千丈，可观日出。

其下西北曰夹洲，在海中，与群山相对，中分一涧，屹然如门。东北曰鹿耳滩，乱石突兀，中有峭壁，豁辟若户，下视横门，波流环绕，风涛有声。西南曰蒲湾，渔庄杂处，左有南海神庙，北曰蟹岛，海中小洲也，形如蟹，浮水中。北则横门，潮汐直注，其下东曰松涧，从群山飞出，直泻百丈，乔松古木，幽寂郁森，人迹鲜至。同上

零丁山，下有零丁洋。申《志》内洋曰小零丁，外洋曰大零丁。小零洋有二石，一乌一白，对峙中流，高可百余仞，旧称行朝双阙，今渔人称双筯云。《粤中见闻》

望门山，在县东南一百一十里，起自北岭，延袤二十里，至海门。突起群岫，隔九星大洋，内包乡都，外泊舟舰，渔樵纷集。张《府志》

濠镜澳山，在县东南一百里，突出海中。《大清一统志》有沙堤名莲花茎，中设关闸，北接北山岭，南峙莲花山，再南为众蕃住所。《采访册》，详《澳门》东与东澳山相对。郝《通志》

青洲山，在澳门北二里许，前山寨南四里。一望葱蒨，周遭皆水，如金山然。《采访册》，又详《澳门》

白石排，在前山寨西南十里，秋风角西三里。石从海中涌出，矗然如小阜，鸟翔集其中，常数百群。

南野角，又名娘妈角，在前山寨西二十余里。

鹤洲，在巨海中，高峙一山头，东而昂尾，西而伏，形如立鹤，上接磨刀门、南野角。

蜘洲，在前山寨西北十里，小山绵亘苍秀，周回八九里，与鹦管山相距四五里。

企人石，在澳门西十五里，又二十里为挂碇山，三十里为灯笼洲，七十里为马鬃洲、白春环。俱同上

大吉山，山之东，中水曰内十字门。小吉山，山之西北，中水曰乾门。澳山，山之东南，西对横琴，水中曰外十字门。其民皆岛彝也，今迁。申《志》

案：内十字门有四山，曰蚝田距澳六里，曰大小马骝距澳十里，曰上潞，曰茫洲距澳十里。外十字门有四山，曰舵尾，曰鸡颈距澳十五里，曰横琴距澳三二里，曰九澳距澳二十五里。地则同，而古今称名互异。又乾门

之南曰过路环即盐灶湾,今客民私采石处,曰潭仔距澳十二里,皆与十字门近。

小横琴山,下有双女坑案:疑即谢女峡。旧志樵夫见二女溪上,就视之,化双鲤。申《志》今有双鲤石。《澳门记略》

大横琴山,幽峻为寇所伏,元末海寇王一据之。洪武二十八年,寇平,诏虚其地。申《志》

深井山,即仙女澳也,亦名井澳,在横琴下,宋端宗御舟尝至此。同上

案:双女坑在小横琴山,仙女澳在大横琴下之深井山,事迹不同仙女谓陈仁娇,详《仙释》。《澳门记略》牵混为一,今从申《志》,盖大小横琴虽曰相连,实东西相距也。

马蛟石,在莲花山北麓,石擩而硗无趾,三小石承之,相传浮浪至。《澳门记略》

响石,在莲花山南麓,扣之硿礚,前有蔡烈妇墓。《采访册》

三奇石,一洋船石。相传明万历时,闽贾巨舶被飓殆甚,俄见神女立于山侧,舟遂安,立庙祠天妃,名其地曰娘妈角。娘妈者,闽语天妃也。于庙前石上镌舟形及"利涉大川"四字,以昭神异。一海觉石,在娘妈角左壁立数十寻,有墨书"海觉"二字,径逾丈案:题字者不可考,石壁下有林国垣诗,后镌云乾隆三年仲夏同海觉泐。一虾蟆石,其形圆,其色青润,每风雨当夕,海潮初上,则阁阁有声。同上

石磴石,在香山场后,松柏山石,高丈余,中有缝,俨分二截,如磴状,雨则水从石缝中出,若磴之磨物然。《采访册》

石溪洞,在松柏山后,洞有石榻,宽广坐可数十人,榻下泉流清洌,外则溪水环绕,松木蓊郁。

升斗石,在香山场东北,溪口有大小二石,如升斗形,溪多沙。水不为沙所阻,从二石中流,是年米价平;或侧出,则米价昂。土人常以此占丰歉。

石甑山,在香山场之南,石高数仞,屹立山巅,形圆直如甑下,有小石盘错其中,春夏云霞蒸蔚,如爨烟然,因以得名。土人又名为谷围石。

白莲洞，在吉大村西四里，相传古有僧人隐迹于此，遍洞种白莲，今仍存，其址上有石室，殊幽胜，对山亭亭尖耸，如童子参拜然。下有石岩，清泉滴溜。

　　阿婆石，在前山寨城外，遵海而南，有丛石，周遭里许，参差众石中，一石状如老媪，垂首坐水上，俗以阿婆名之，虽飓风海溢，亦不能没其顶云。

　　三台石室，在前山寨城东三里，山高四五十丈，巅平坦，有石二枕地上，横矗一石，架之如盖。然中空可容出入，石壁上昔人镌"三台"二字。

　　石龟潭，在前山寨灶贝村前，怪石欹嶔，如龟、如鹤、如鹿、如老人，错列于海岸。每当风雨迷离，烟波溟濛，诸石隐见恍若走者、飞者、行者、立者、出入往来者，诡形异状，神肖如生，观者惑焉。俱同上

　　燕子石，在县东一百一十里海旁，以形似名。旧志赣商死于山上，一宿蚁衔泥成坟，号贡章墓，疑唐孔彰墓也。黄《志》

　　槟榔石，当十字门两沥中，尖锐卓突，隐见无定，舟触之立碎。《采访册》

　　百峒溪，在凤凰山之东，百峒飞瀑而来，中有石高砥众流，上镌"百峒溪"三字。又见《金石》

　　芦花水，在大仙岭东，石笋高出五六尺，喷溢如芦花，又东为绿潭，恒见神女出没，大旱致祷，神女见则雨至。

　　飞云岭，左涧水历牛渌坑、北山坑，会金鼎山，同出上栅官涌桥，入于东海。其右涧水历双龙、西山、那洲、牛栏坑、会同村，出水澈桥，过茅湾涌，入孖洲海。

　　三尖山，右涧水过大仙岭、门限岭，汇外界涌，出孖洲海。

　　山窑迳，左涧水过大小赤山、大小南山，至东岸村，出大闸桥，入于东海。

　　凤凰山，左涧水过神前迳山、崖鹰钻山、龙潭坑，出鸡拍村涌口桥，入于南海。其右涧水过东坑、铁帽山、铁铃岭，会南大涌村前，出坦洲海。其中支涧水过香山场，合外神前村、乾涌南村、新村，出升斗石，入于东海。

翠微溪，过大甑山、牛铁岭、上涌汇，会鹅槽山，出蜘洲海。

峡口沥，在南屏村西八里，将军山峙其东，鹦管山峙其西北，接鹅槽、坦洲、孖洲、蜘州诸港之水，南达外洋，长十里许。两壁峭石，水急如箭，而涡潭旋转潆洄，如螺纹焉。风雨将作，则云雾杳冥，海豚跳跃，嘶风吸浪，黑黄苍赤，出没波涛，险怪万状。以诸山为外障，故内则溪谷丛杂，此为要隘也。俱同上

九星洋，在城东南海中，有九岛如星，为九星洲山。《广东舆图》，案：即七星洲山多石岩、石室，可坐十余人，其草芝兰。阮《通志》

天井湖，在官塘南之湖仔峡申《志》云在下栅村，误。峭壁飞瀑，浮险四注，贯于湖中，天然若井，静深不穷，峡上有仙人跟迹数处。《采访册》

石牛潭，在下栅村前，有巨石肖牛，若渡水状，其形半没潭中，半浮潭上。《采访册》

澳山泉，曰大龙喉泉，曰二龙喉泉，曰小龙喉泉。俱在东望洋寺右。曰山水园泉，在西望洋寺下。皆水自石出，清冽甘美。

红黑海，在澳门关闸侧，其沙堤长十里，广五六丈。堤之西则水色清碧，堤之东则浪涌红黄，故俗有此名也。而关闸以南其沙堤之色微黑，又与关以内沙色截然判分。俱同上

十字门，水东自东莞虎头门经黄角、东洲门、涌口门、金星门、九星洲、零丁山、濠镜澳来，西由海洲、古镇，经三门口、南野角、大小横琴、合濠镜澳出十字门。《广东舆图》，以上恭常都

香山县志卷二

舆地第一下

都里

长安乡恭常都，故延福里恭字围，在城东南一百里，图二。申《志》同今增场都，图三，村七十九。《采访册》，按：申《志》村二十二，暴《志》五十四

淇澳申《志》原名奇独澳，司署去城东九十八里，水程一百二十里，上栅原名莲塘境，见金石门，去城八十里，下栅墟俱申《志》，去城八十六里，官塘暴

《志》，去城八十三里，东岸村去城八十六里，唐家去城九十一里，鸡拍俱申《志》，去城九十六里，上北山今增，下北山俱去城七十五里，下栅村去城八十五里，东岸涌里数同上，南洋去城八十一里，鹅母岭去城八十二里，西山去城八十七里，三家村去城八十九里，里埔、外埔俱去城九十里，石头冈去城八十三里，埔尾、燕仔埔俱去城八十一里，松柏仔、园林俱去城九十二里，正坑、鸡堂下俱去城九十五里，羊寮俱今增，去城九十八里。已上共二十五村，为上恭常司属。

外垦、沙田俱去城七十八里，锦石去城八十一里，何头埔去城七十五里，金竹尾去城八十三里，潭井里数同上，佛迳去城八十四里，双龙俱暴《志》，去城八十五里，俱去寨五十里，新围暴《志》误入谷都，去城八十二里，去寨十五里，那洲申《志》，去城九十一里，会同暴《志》，去城九十三里，牛栏坑今增，去城九十五里，萌尾山去城八十四里，埔仔去城八十五里，黄宁堂俱暴《志》，旧名黄泥塘，去城九十五里，俱去寨东北四十里，神前申《志》，去城东南一百二十里，去寨东十八里，已上共十六村，为上恭常戎属。

前山寨申《志》，军民府署，去城一百二十里，白石去城一百二十三里，去寨三里，下村去城一百二十里零，去寨一里，北山岭俱暴《志》，去城一百二十八里，去寨东南八里，吉大申《志》，去城一百三十里，去寨东南十二里，望厦县丞署，去城一百三十八里，去寨十八里，湾仔去城一百三十里，去寨正南十里，山头园去城一百一十八里，去寨北一里，牛塘坑俱暴《志》，一名莲塘坑，去城一百一十七里，去寨二里许，灶贝申《志》贝作背，去城一百一十四里，去寨六里，翠微申《志》微作眉，去城一百一十五里，去寨东五里，上涌去城一百一十三里，去寨东七里，南大涌去城一百零八里，去寨东北十二里，北山去城一百二十三里，去寨西南三里许，南屏俱申《志》，旧名沙尾，去城一百二十五里，去寨西南五里，山场即香山场，去城一百二十里，去寨东一十五里，南村、新村俱去城一百二十五里，去寨东十里，庵山、黄茅斜又名杨梅斜，俱去城一百一十三里，田墩去城一百一十里，去寨东北十五里，东坑去城一百零五里，去寨东北二十里，果福缘旧缘作园，去城一百十二里，去寨东北二十里，白沥港去城一百零五里，去寨东北十五里，界涌里外村旧作界涌，去城一百里，去寨东北二十五里，古鹤俱暴《志》，去城九十五里，去寨正北三十里，南面山又名南便山，去城一百三十二里，去寨正南十八里，龙环去城一百四十里，去寨南二十里，过路环一名盐灶湾，去城南一百六十里，去寨南四十里，潭仔去城南一百五十二里，去寨南三十二里，横琴上下村去城南一百七十里，去寨西南五十里，龙田去城南一百三十八里，去寨正南十八里，长沙墟暴《志》误入谷字都，去城一百一十里，去寨东北十里，南坑去城一百二十五里，去寨东十三里，五丰去城七十里，去寨东北五十里，下微去城九十里，去寨东北四十里，松柏仔里数同上，马坑去城一百二十里，去寨东北二十八里。已上共十三村，俱新增。又案：自前山寨，以下为下恭常戎属。

沙尾申《志》注：今迁，暴《志》复存，今改名南屏，奇独澳申《志》注：今迁，暴《志》复存，今改名淇澳，神围、蠔潭、楼前、网涌、南坑俱申《志》，名久废，石锦暴《志》。疑今锦石，山窑、茭塘逐口、上埔、海门、对面山。俱暴《志》，按：湾仔、石锦、海门三村，查俱与澳门隔岸，统名对面山，今止存湾仔一村，余俱无考

潮居乡黄梁都，故延福里黄字围，在城西南一百五十里按：《采访册》土城距县城一百二十里。旧图四，今存二。申《志》村一百九十四。《采访册》，案：申《志》村十七，暴《志》村六十七

斗门墟暴《志》，有土城司署，去县城一百二十里，南村暴《志》，群山、万安俱今增，一名犁壁，南门暴《志》，去城一百十八里，去土城西二里，春苑里、李边水俱今增，大沥岐申《志》，暴《志》岐作淇，去城一百十九里，去土城西一里，新墟去城一百十八里，去土城一里，贝底水去城一百二十里，去土城一里，沙田里俱今增，去城一百十七里半，去土城二里半，斗门申《志》，去城一百二十一里，去土城东二里，葫荫去城一百二十三里，去土城二里半，深潭潭俗作㘭，去城一百二十里，去土城北二里，安羗去城一百二十二里，去土城二里，大埔冈去城一百二十四里，去土城四里，合水寮去城一百二十五里，去土城东南五里，黄保山保一作宝，去城一百二十三里，去土城东三里，璧塘去城一百二十三里，去土城三里，松山去城一百二十四里，去土城四里，田心俱今增，油柑环暴《志》环作埔，去城一百二十五里，去土城东南五里，俱近黄保山，鸭屎寮即合水寮，俗名鸭屎寮，里数详上，莲塘去城一百二十六里，去土城六里，牛涹塘去城一百二十三里，去土城三里，红背岭俱暴《志》，里数同上，斜排今增，一名排山，黄沙坑暴《志》沙作西，俗作汪西坑，去城一百二十五里，去土城南五里，山蕉园暴《志》蕉作椒，去城一百二十六里，去土城东六里，擘口石今增，去土城六里，白沙岭去土城七里，古井坑去城一百二十九里，去土城南九里，长连埔去城一百

二十六里，去土城南六里，南边埔俱今增，去城一百二十六里，去土城六里，小濠涌申《志》，去城一百二十四里，去土城六里，大濠涌申《志》总名濠涌，去城一百二十六里，去土城八里，横岚一作王蓝，去城一百二十七里，去土城九里，台石港一作台港，去城一百二十七里，去土城九里，新村俱近大濠涌，汉坑俱今增，去城一百二十五里，去土城南五里，琵琶坑暴《志》，去城一百二十七里，去土城七十里，黄狗陂去城一百二十六里，去土城六里，赤水坑俱今增，去城一百二十五里，去土城南五里，俱近汉坑，龙口暴《志》，去城一百二十五里，去土城七里，冷水坑今增，去城一百二十四里，去土城四里，龙源暴《志》，去城一百三十三里，去土城十八里，鹧鸪岭今增，去城一百二十六里，去土城十二里，小沥岐申《志》分大小沥岐，暴《志》岐作淇，去城一百十五里，去土城北五里，石嘴暴《志》，去城一百一十六里，去土城北四里，李屋围今增，去城一百十五里，去土城北六里，三洲暴《志》，里数同上，近李屋围，小赤坎申《志》统名赤坎，去城一百一十二里，去土城之北九里，上洲去城一百十二里，去土城八里，下洲去城一百十五里，去土城五里，员岭、大环去城一百一十里，去土城北十里，乌石头去城一百零九里，去土城北十一里，潮源俱今增，去城一百一十里，去土城北一十里，大赤坎暴《志》，去城一百一里，去土城北十里，朝南里去城一百一十里，去土城十里，庵山、官涌、乐丰、炭厂去城一百零八里，去土城十二里，小黄杨去城一百里，去土城之东北二十一里，大黄杨去城一百里，去土城东北二十里，龟头去城一百零五里，去土城十六里，井岸去城一百零七里，去土城东二十三里，水口俱今增，去城一百零六里，去土城东二十二里，龙坛申《志》，去城南一百一十里，去土城十八里，北澳今增，去城一百零六里，去土城十七里，油麻埔暴《志》，去城一百零八里，去土城十六里，霞村今增，西坑申《志》，去城一百零九里，去土城东一十五里，员山仔去城一百零四里，去土城东十六里，俱近龙坛，石门坑俱今增，去城自东近十里，自西远十里，近莲塘，旧泥湾申《志》，去城一百一十里，去土城东二十二里，新泥湾申《志》，总名泥湾，去城一百零九里，去土城东二十四里，周屋围近泥湾，尖峰俱今增，去城一百零九里，去土城二十五里，乾雾申《志》，去城一百二十五里，去土城南十五里，东雾暴《志》，去城一百二十五里，去土城南十四里，大郭坑去土城十里，白泥坑去土城十六里，西平去土城十七里，罗涌迳俱今增，去土城十八里，海北头暴《志》一名海泊头，去城一百二十二里，去土城南十八里，崩沟即是西平，去城之南一百二十五里，南佛暴《志》

名南禅佛，去城一百二十二里，去土城二十五里，大坑去城一百二十三里，去土城南二十里，旧平山去土城二十一里，新平山去土城二十二里，牛山去城一百二十五里，去土城南二十二里，涌浪去城一百三十七里，去土城南二十六里，高村去土城三十七里，沙美俱今增，去城一百四十五里，去土城南三十六里，东澳暴《志》，去城一百二十三里，去土城南十七里，南安去城一百二十里，去土城南二十里，东湾去城一百二十里，去土城二十一里，湾口去城一百二十一里，去土城之南二十一里，高田去城一百二十三里，去土城南十七里，山坡阳去城一百二十二里，去土城南十八里，西埔一名细埔，去城一百二十一里，去土城一十九里，黑山去城南一百二十二里，去土城十九里，大埔去城西南一百二十一里，去土城东南二十里，犁壁俱今增，去城一百二十里，去土城二十里，荔枝山申《志》，去城一百三十五里，去土城南一十八里，三家村近枝山，虎山去城一百三十七里，去土城南二十一里，旱塘俱今增，近虎山，一作瀚塘，去城一百三十八里，去土城南二十三里，沥涌暴《志》，去土城二十九里，地下山、花稔、背底水、大冈埔去城一百三十九里，去土城南二十七里，大片田去城一百四十里，去土城二十六里，白箖林一作大托林，去城一百四十一里，去土城南二十九里，乌泥头去城一百四十二里，去土城三十里，李坑去城一百四十四里，去土城南三十二里，独松已上俱今增，与虎山相隔一山，别为一洞，总名沥涌，南山申《志》，去城一百三十五里，去土城南十六里，沙笼墟今增，太平埔暴《志》，去城一百二十七里，去土城南十三里，禾丰暴《志》，去城一百二十八里，去土城之南一十四里，中和今增，去城一百二十八里，去土城南十三里，罗涌申《志》，分大小罗涌，里数同上，俱近南山，柏郁柏一作北，马锣山俱今增，里数俱同上，沙冈暴《志》，冈作江，去城一百三十四里，去土城十六里，岩下、石闸、咸荡俱今增，去城一百三十四里，去土城十七里，山底去城一百三十四里，去土城十五里，马山俱暴《志》，去城一百三十二里，去土城十八里，龙窟今增，窟一作佛，去城一百三十二里，去土城十八里，芋葵暴《志》，近龙窟，里数同，龙安、网山去城一百二十九里，去土城十二里，龙椅近龙口，里数同，夏村俱今增，去城一百二十九里，去土城十三里，江湾申《志》江作冈，近夏村，里数同上，七里今增，赤山坑暴《志》，去城南九十五里，去土城东三十里外，横山东南县属，西北属新会，去土城正北渡大有滘十七里，蜻蜓洲南县属，北新会，马墩墩一作礅，北新会界，小蜻蜓俱今增，去城九十五里，去土城正北二十三里，澄涌暴《志》，月坑、螟虾头俱今增，俱去城九十二里，去土城渡海正北三十七里，大托暴《志》，为下五村总名，小托、南村、北村、中村、十门坑俱去城九十一里，去土城东北渡海二十三里，白蕉里、白蕉外二村统名白蕉，去城九十里，去土城东渡海二十四里，大虎去城一百三十里，去土城西南过海四十里，二虎、荷包即牛角山，去城一百六十里，去土城西南渡洋海七十五里，浪白、连湾孤岛，文湾俱今增，内有南山、北山、屋场三小村，同一岛，去城一百四十里，去土城正南五十八里，三灶申《志》，去城正南一百三十五里，去土城东南渡海六十五里，为下二十五村总名，雅墩暴《志》名牛婆墩，旧有盐场大使署，新墟里数俱同上，茅田俱今增，去土城六十四里，六灶暴《志》，去土城六十三里，沙嘴今增，去城南一百三十里，去土城八十一里，黄榄坑暴《志》，去城南一百三十二里，去土城六十三里，屋边今增，去城一百二十七里，去土城六十八里，春花园暴《志》，去城一百三十八里，去土城六十九里，草堂去城一百三十九里，去土城七十三里，圣堂去城一百三十八里，去土城七十里，鱼弄俱暴《志》，去城一百三十七里，去土城六十七里，西洋田去城一百三十六里，去土城六十六里，蛋家湾去城一百三十四里，去土城同上，企沙去城一百三十五里，去土城六十一里，大林去城一百二十九里，去土城五十九里，横石基去城一百四十里，去土城六十八里，木头涌俱今增，里数同上，金竹园去城一百里，去土城八十里，田心里数同上，莲塘俱暴《志》，麻步头、蒲鱼墩、黑沙湾俱今增，上表、下表俱暴《志》，同去城一百五十三里，去土城八十三里，已上二十五村统与三灶同一孤屿。高澜、飞沙、铁炉俱暴《志》，沙白石今增，俱去城一百六十五里，去土城正南渡洋海八十里。已上三村与高澜同一孤屿，芒山暴《志》，地在高澜之西，里数同荷包。

墟市 附

平岚墟、墟仔市、下栅墟、长沙墟俱恭常都；斗门墟、沙垄墟俱黄梁都，《采访册》。

物产

草

蒜 大蒜为葫，小蒜为蒜。《尔雅翼》。仙蒜产象角山，叶高尺许，夏秋之交，抽茎作碎，花紫色，其头能治中毒呕逆。《采访册》

苦瓜 锦荔枝，即癞葡萄。《本草纲目》。俗呼菩荙，煮他物不苦，语云，自苦而不以苦人，有君子之德焉。《物产略》。产土瓜岭良。《采访册》

兰出五桂、凤凰山，桠兰花大香厚，品最上，一茎及桠，有开至五十余花者，称隔山香。大青兰花青碧墨，兰品甚贵，气清芬，色如淡墨，一干至三十余花，立春元旦开。草兰喜霜雪，不资灌溉。黄兰色淡，黄瓣有小红纹。报喜兰吉事则开，悬户可催生。鹿角兰花紫蕊黄，小玉兰清香淡白，翡翠兰色如翡翠，同心兰八瓣双心，睡兰花开卧于盆边，鹤顶兰蕊卷如筒，中有猴头像，双睛炯然。竹叶兰叶类竹，红兰花小而丽，球兰花似团球，文殊兰如玉簪。《物产略》。风兰如珊瑚，枝叶小而细，开花似梅。《采访册》

麻苔蔓生多芳，叶似荔枝，子入药，土人采以煎服，解小儿麻毒及麻后痢，多生云梯山以南，其处有麻苔坑。《采访册》

万年松亦名苔松，产凤凰山，高数寸，干之数岁，渍以清泉，碧绿如故，盘植以为珍玩。《采访册》。凤凰山有洞莫测，其底下有万年松，西洋人欲取，终不可得。《袁子才文集》。洞名神仙岩，此松高不逾丈，时有岩溜滴其叶，不知何代物也。《采访册》

菖蒲尧韭。《本草》处处有之，九节者，生凤凰山涧中。《采访册》

铁篱竹坚劲，出老万山。《采访册》

木

桔花如橙花而小，实黄，熟大如杯山，桔亦名山橘，木高尺许，野生，实大如指头，邑人采以煮糖，多出云梯山。《采访册》

安石榴张骞出使西域得涂林安石国榴种以归。《博物志》。邑东南有榴花山，以产榴花得名，植于园林，□黄白花，甜酸苦实，各种皆具。《采访册》

树兰高丈余，花似鱼子兰，而香烈过之，五叶者贵，其花不落，三叶者花次日即落，俱不能度岭，度岭不花而萎。《杂记》。黄梁山中产之。《采访册》

夜合色白开以夜而半合，生凤凰山者高丈余。《采访册》

茶古作茶，五桂山产神仙茶，乡人于清明前后，穷日搜摘，无过两余，凤凰山茶味亦清馥，近山人采之。黄杨山茶寺僧所贵重，用以供客。老万山茶解暑辟瘴气，破布叶作茗饮，清热消暑，能解冈，香山中多有之出，大字都黄道山者良。《采访册》

蚊子木叶厚有棱析叶或茎，蚊蚋飞出，破镬山有之。《采访册》

鱼

石首鱼一名石头鱼。《岭表录异》。一曰黄花鱼。《临海志》。身约骨细，鳞色如金，首有白石二枚，腹中白鳔可作胶。《本草纲目》。黄花与白花皆鲈属，黄花惟大澳海有之。《采访册》

蚝即牡蛎也。《岭表录异》。水淡则蚝死，然太咸则蚝瘦，大约淡水多处蚝易生，咸水多处蚝易肥。《采访册》。黄梁都厓口等处多蚝塘，塘在海中，无实土，但生蚝处即是各分疆界，丈尺不踰，踰必争，海边居人妇女能打蚝，潮退乘木器行沙坦，凿蚝肉，纳于筐，潮长乃返。《物产略》

沙蚬形如白蚬，肉白，微有沙屑，多出厓口村外沙头海中。《采访册》

海胆出连湾浪白诸海，大小不一，如椀如杯，如梅杏，状类南瓜，壳硬顶滑，口在底，身多纵纹，有小点，如蜜珠肉，色似鸡卵黄，有四瓣。鲜者甘美，盐渍亦可食，海人投水底取之。《物产略》

建置第二

城池 炮台附见

前山寨城，北距县一百二十里而遥，南至澳门十五里而近。明万历二年，设关闸于莲花茎。天启元年，始立寨印光任《澳门记略》。国朝康熙五十六年，建土城，周围四百七十五丈，高九尺。阮《通志》下厚三尺，上厚二尺。暴《志》每城二十丈，增筑子城一丈，凡二十四丈，为门三。《澳门记略》南曰前丰，东曰物阜，西曰晏清。《采访册》，案：阮《通志》误以澳城三巴等门为寨城门北逼于山，故不门。起炮台兵房于西南二门，上台各置炮四位，又分置城上者六，二门外复建台，列炮各十，皆知县陈应吉经理之。《澳门记略》乾隆十年，设海防营。嘉庆十四年，立专营制澳夷，作为前山营。阮《通志》关闸加筑石垣，建哨楼一座，修复营房九间，距关闸三里，建营房六间、望楼一座、烽台三座。前山营添建军装局一间、兵房四百一十八间，并修复海防营旧兵房九十间、火药局二间、演武亭一所。知县彭昭麟经理其事案：明天启元年设参将。国朝康熙三年改为副将，寻以都司代。雍正八年，设县丞。乾隆八年，设海防同知。十年，立海防营。嘉庆十四年，立前山营。十五年，改归广州协辖互。详营制及澳门。二十三年，署县钟英修兵房药局。《县册》。案：阮《通志》十四年知县彭昭麟钟英捐建，未悉

黄梁都斗门墟土城在县西南九十里。《采访册》。案：暴《志》云县南一百五十里，误城方一里。《澳门记略》乾隆二年建，周围二百丈，高七尺五寸，上厚四尺，下厚五尺，雉堞用砖，东西城上各设台楼一座案：土城只东南二门，皆有楼，西字盖南字之误。炮九位，知县李景厚经理其事。暴《志》

英管山炮台，国初建，垒巨石，高三丈余，广数丈。《采访册》

三灶山炮台在县西南一百五十里，营房十八间，有官署，康熙五十七年建，乾隆四十一年、五十年、五十九年修案：今已倒塌，惟守兵数人移住村内。

老万山东炮台在县正南海面，水程二百里，营房二十二间，雍正十年建，乾隆二十三年、四十五年、五十七年、五十八年，嘉庆元年十三年、道光元年递修。

磨刀角炮台在县西南五十里，营房十四间，雍正十二年建，有官署。乾隆三十年、三十九年、五十一年、六十年递修。

大托山炮台在县西南水程六十里，营房十五间，雍正十二年建。

虎跳门东炮台在县西南一百里，营房十五间，雍正十二年建。

公署

海防同知署，在前山寨城内，原副将署，乾隆九年改建。据《澳门记略》延一十四丈，袤一十六丈。大堂三间，前为月台，中为甬道，东西吏房六间，二堂五间，幕厅二间，后堂五间，厨舍各具，仪门五间，左土地祠，右寅宾馆，大门三间，两旁号房、皂隶房，前为东西辕门，鼓亭二所，南为照墙，围墙七十丈，高一丈，旁为箭道马房。暴《志》

案：印光任《澳门记略》，乾隆八年，总督策楞奏设海防同知，即以授光任。九年，建署于副将府地。官始于光任，署建于光任，书成于光任，确据无疑。暴《志》乾隆十四年建，误。

黄梁司巡检署，在黄梁都城，雍正九年建雍正九年，总督郝玉麟疏称：香山地居滨海，在在险要，西设香山司一员，西北设黄圃司一员，东南则属典史管辖。属内黄梁一都，地方辽阔，孤悬海岛，距县治窎远，向无文员驻扎，典史势难兼顾，匪类易于潜藏，请添设巡检一员，驻扎弹压。阮《通志》。嘉庆五年修，道光二年，巡检张国栋修。《县册》

淇澳司巡检署，在淇澳堡。《县册》。案：阮《通志》在澳门，误乾隆三十四年建乾隆三十四年，部准裁归善欣乐司巡检，添设香山、淇澳司巡检，将欣乐司衙署变价凑建。阮《通志》。案：《采访册》署已圮，巡检常侨寓县城。

黄梁司属仓，在巡检署侧，一县丞属，未建仓。《县册》

副将署，在西门内永宁街，康熙七年建。阮《通志》。案：暴《志》天启元年建副将署，误。天启元年，特改设参将于前山寨，详《营制》及《澳门》

左营都司，嘉庆十五年移驻城内公所，未建衙署。阮《通志》旧署在前山寨。暴《志》。

左营守备署，在东门内，原千户所旧址详大有仓条。旧署在前山寨。暴《志》。案：康熙七年，移副将驻县城，五十七年，因副将旧署建

右营都司署，一在小榄小河洲，一在黄梁都城，更番驻扎。阮《通志》原分防潭洲、南顺罟草汛。雍正九年，奉文冬春驻小榄，夏秋驻潭洲。十二年，夏秋改驻黄梁都城。暴《志》。案：阮《通志》小榄及黄梁都城都司署俱云康熙七年建，误。盖康熙七年所建者，乃南顺罟草汛原建之都司署也。今小榄及黄梁都城之都司署亦倒塌未修，都司僦居小榄，而黄梁都城只按期巡视一次

前山营游击署，在寨城内，嘉庆十四年建。阮《通志》。案：《营册》即都司署旧址

学校

凤池书院，在翠微乡，乾隆二十二年知县彭科倡建。张《府志》嘉庆二十一年案：阮《通志》作二十三年，误，知县马德滋修复彭科原拨南沙水坦一项三亩，以低洼难筑，与刘天佐换第七围潮田四十亩零。《采访册》。

凤山书院，在前山寨，乾隆二十二年知县彭科倡建拨给二洲等处坦四项九十八亩。阮《通志》。

金山书院，在下栅墟，乾隆二十二年，知县彭科倡建。嘉庆二十一年，知县马德滋重修彭科拨给聚龙沙等处坦七十一亩零。阮《通志》。彭科《九书院记》：今夫书院之设，与学校相表里者也。学校建于一邑之中，而书院不妨广为之创立。庶四乡之有志于学者得以就近肄业，而无负笈之劳，则有其举之必筹画以善其后，此正有司之责有不容己者焉。香山旧有丰、榄二山书院，外此或阻山界水，向往者往往不能至，而陶成或犹有所限，是以继丰、榄而起者，曰鳌山，曰旗山，曰桂山，曰东山，曰凤池，曰凤山，曰金山，六七年来皆次第举行，弦诵之声，遍于四野，而延师课士之规，视丰、榄以为准。猗欤，盛哉！顾余之所虑者，事每不难于创之之劳，而难于仍之之久。邑中人士，其因乎地之近而肄于丰、榄间，及散布于鳌、旗诸学者，主席之修脯几何？修葺之所需几何？余筹之至熟，而又不欲以议捐议置，重劳我衿耆士庶也。适有内沙地有请入官者，凡若干顷，因斟酌以分拨于各书院中，俾有所藉，而修脯于此出，修葺于此需。于以励风俗、育人材，仰体上官右文之意，以上答圣天子作人之化，而余区区之心，亦得永藉于勿替。第是举也，为各书院善后之图，而未能遍为立石，惟将所割田亩之数，备书条例于丰山首建之区，而各书院之所需，皆以此而推可也。至于主是席者，或仿白鹿洞之遗规，或如胡安定之设，教先

器识而后文艺，余固不敢越俎而为之赘云。

澄澜书院，在黄梁都土城外左侧，道光二年，黄梁司巡检张国栋倡，绅士捐建膏火田、蒲鱼墩田十六亩五分，知县蔡梦麟给垦小托西沙尾坦一顷、灵珠南环坦三项，张清远、李树德捐蒲鱼墩石围九涌沙挖琴尾田六十五亩，汤铭堂、缪观成捐石门坑、大蕉环、丫輋坑田十七亩九分七厘。同上（《采访册》）。

天衢书院，在黄梁都龙归寺前，道光三年，黄梁司巡检张国栋倡绅士捐建。《县册》

黄梁都乡学，在土城内，乾隆二十八年建。

坛庙

白公祠，在黄梁都乾雾村，康熙四十年建，祀署县白章。

梁津

天妃桥，在濠潭村天妃庙前，元民周元建石为梁。申《志》国朝乾隆间村人吴达廷增石梁二。《采访册》。按：桥今在前山寨南门外

马坑桥，在鸡拍村，元民鲍录事建。同上。案：《旧志》在白石村，误

水彻桥，在古鹤村，闽商建，雍正六年乡人梁明作易以石。暴《志》

官涌桥，在上栅村，乾隆十四年乡人卢文起倡建。同上。张汝霖记：自古圣人观象制器，作舟楫以利天下，后世师其意而广之，而桥以起其用，石则踵事之智欤。周诗曰：造舟为梁，相地宜也。夏令曰：十月成梁，顺天时也，桥之为义大矣哉，故以言乎在上，可以观政；以言乎在下，可以观德。昔判史王周，出见桥坏，覆民租车，乃自督过，偿粟而治之，人称其贤。余谓待见而治，其遁吾目而不治者正多也，如周者，可谓补过，未可谓为政也，此政之说也。宋祁睹雨潦妨蚁，编竹桥而渡之，一僧嘉其阴德。德于蚁者偏，德于人者全。偏者易见德而德微，全者不见德而德大，此德之说也。我国家圣圣相承，周官之政，纲举而目张，修理桥梁，载诸令甲，又特颁恩谕，凡直省桥梁圮废，动帑修建，一时通都大邑，以及山陬海澨，民无病涉者。是以政成于上，而士大夫之居家与乡曲小民之好行其德者，亦蒸蒸焉。呜呼，何其懿也！香之东负山临海，官涌当上栅诸村孔道，纳众溪而涵潮汐，渡舟弗给于行。进士卢君倡众伐石而桥之，盖创举也，是役也有四德焉：昔无而今有，元也；易险而为通，亨也；惠遍于一方，利也；功及于十世，贞也。天地德终于贞，而化起于贞。卢君沈静端悫，躬行其德，以率其乡，贞如石焉，桥之奏功者固宜。抑吾闻之，德者政之本。卢君抱仁戴义，式于乡闾，异日出而服官，其所以顺天时相地宜以为利者，皆可作桥观也，即谓卢君之政于是乎具，亦奚不可之有？桥袤一十四丈，广五之一，经始于乾隆十四年某月某日，越某月某日落成，是为记。

大闸桥，在东岸村右侧。《采访册》。详《水利》。

聚源石桥，在北山岭村前，为往澳通衢，乾隆间建，道光四年官民捐赀修，长三丈五尺。

六斗桥，在翠微村南昔，经理社仓者私收谷六斗，乡人罚建桥，因名，水势湍急，一桥门不能容，屡崩塌，嘉庆间增一门。

教场新桥，在前山寨鹳管埔，嘉庆十六年寨民建。

瓦窑涌石桥，北山乡民捐建。

通天桥，在飞驼山下。

两仪桥，在圆榄潭口。

通济桥，在黄梁都土城东北二里，初架木，乾隆间易以石，长石丈余，水门三。

龙归桥，在龙归寺前，旧架木，道光七年易以石，长十丈水门三。

三续桥，在乾雾乡东，石梁长五丈水门三。

沙龙桥，在沙龙墟东北半里，石梁长二丈，水门二。

接龙桥，在荔枝山村右，乾隆五十四年建，石梁长三丈余，水门二。

达德桥，在南门村右侧石梁。

大石桥，在乾雾村东石梁。俱同上（《采访册》）

长行渡

石岐往黄梁都斗门、小赤坎、荔枝山一，往澳门大马头顺搭沙尾、前山、三灶一，往斗门涌一，往沙梨头、澳门、唐家、海门一，往澳门、前山、灶贝一，往翠微顺搭恭常都一，往前山、翠微、蜘洲、孖洲、沙尾、北山、澳门一，往三灶、牛婆墩、窦口一，往澳门、沙梨头、大涌、赤坎一，往三灶、大涌、牛婆墩、运塘、澳门一，往茅湾、平岚、雍陌、石塘、乌石顺搭澳门、蜘洲、孖洲、坦洲一，往古鹤、界涌、外浦、雍陌顺搭大浦、沙江、平湖、石塘、前陇、塘礅一。

大榄往黄梁都三灶顺搭大托、高澜、乾雾、上下川一。

黄梁都往新会县江门一，往新会水口天平一，往新会大涌口一。

三灶牛婆墩往新会江门一。

上栅官涌口顺搭下栅墟至石岐一。

下栅往顺德陈村顺搭唐家东岸、淇澳后门涌湾头澳一，至石岐一。

淇澳至石岐顺搭麻子、涌口、泮沙、下栅东岸一。
翠微中心涌、白坟肚、桔仔园往新会江门一。
前山庙过桔仔园一。
大环过江尾头一。
海门过烂泥湾一。
古鹤过茅湾一。
沙尾过对海一。
北山湾仔过澳门一。
北山村前过前山白坟马头一。
前山过澳门马头一。
界涌过石塘一。俱《县册》

香山县志卷三

经政第三

禄饷

黄梁都司、淇澳司俸廉与香山司同，皂隶各二名，半支工食，共银六两。俱同上（阮《通志》）

香山协副将俸银五十三两四钱五分八厘，薪银一百四十四两，心红银一百八两，蔬银七十二两。《则例》养廉银六百四十二两二钱六厘。阮《通志》

前山营游击俸银三十九两三钱四分，薪银一百二十两，心红银三十六两，蔬银三十六两。《则例》养廉银四百两。阮《通志》守备千总把总外委与香山协营员同。《营册》

赏恤红白事，香山协岁拨银六百七十二两左右营各三百六十六两。前山营岁拨银一百六十九两九钱四分。阮《通志》

公费香山协岁拨银七百二十八两左营三百六十四两九钱八分，右营三百六十三两七钱二分。前山营岁拨银一百六十两二钱六分。阮《通志》

案：营册弁兵俸饷由藩库给，马乾由道库折给，本色粮米由县库给。

积贮

香山协原贮谷一千九百四十石，内拨兵五十名，谷五十四石，归入海防营存贮外，尚贮谷一千八百八十六石。阮《通志》

前山营原海防营贮谷一百零八石案：雍正九年，总督郝玉麟疏称：营内共丁家口，除月饷月米外，别无资藉。每当青黄不接，日给不敷。前任督臣孔毓珣相择沿海紧要镇营买贮谷石，甚有裨益，臣察沿海镇营，尚有急需筹画，香山协与琼州镇协、龙门协、虎门协、广海寨共贮谷一万石，责成提镇盘查报结。

香山场贮谷三百七十一石四斗二升八合。俱同上

黄梁司属原社谷二百十石七升六合二勺，前知县许敦元俱亏缺无存共缺四属谷九千七百十石二斗四升二合，续奉宪归摊捐弥补。案：内每石拨补七钱二分，共银六千九百九十一两三钱七分四厘，存贮藩库，未经请领买补。

水利

梅花水，源石鼓砐梅花村，合香炉、乌岩、白银诸水，西注横坑，入北台海，经流三十余里，灌田甚广。俱同上（《采访册》）

大闸塘，在东岸村，前堤由东而西，袤延二百余丈，中置一闸，分四门蓄泄。闸内渠曰曲涌，灌田千余亩。西则下栅村、大陂头诸水，经石牛潭、淇头陂来。南则浮桥、沟心诸水，亦经淇头陂来，皆注曲涌入闸。东则鹤陂内外诸水直趋入闸，皆经东岸涌入于海。《采访册》

打布塘泉，在唐家村东南一里，阔径丈，深不盈尺，岁旱灌田数顷。同上

鹤洲沥，上接磨刀南塘角，香山、新会间诸水合流南注此，适当其冲，沥遂分，东沥较巨，南过香洲，恭常都卤田赖焉。西沥出大门、二门，黄梁都卤田赖焉。两沥潮汐各从其道，惟东风急则横溢于西，而黄梁都利；西风急则横溢于东，而恭常都利。盖西江下流将出十字门，咸潮为淡水所薄，故水所至则田美。

蜘洲北受诸水，东对白石排，坦洲、峡口两沥界其中，西对灯笼洲，孖洲、白蕉两沥界其中，南距英管山四五里，田数百十顷，今水道淤积。道光二年，海防同知金锡鬯议开渠七十余丈，引西流归东沥，使恭常都卤田藉以灌溉，兼便舟楫，以工大不果行。

上洲海，在黄梁都西北，为鲟鳇沥西派下流，西江水由此出虎跳门。大托海在黄梁都东北，为鲟鳇沥东派下流，西江水由此出泥湾门，黄梁

都卤田之利。

斗门涌，源西坑，迳石门阮，汇鹤兜山西北溪水，并汉坑北，经斗门北迤，西汇竹坑，又西入下洲海。西阮水，源鹤兜山，汇黄杨山东诸水，出龟头，入马骑门海。龙坛阮水，汇鹤兜东南诸溪，入白蕉。海泥湾水，汇尖峰诸溪，入泥湾门。海湾口水，源蟾蜍迳南，汇鹤兜南、龙坛北诸溪，南历乾雾，又南历东澳、竹蟀、高城、蛇山泉汇焉，入湾口海。沥涌水，源风门凹，经百辆坑、汇文楼山泉，入大小虎海。南田阮水，源蕉坑，至愚谷口，瀑布注焉，经虎山入石门海。荔山涌水，源小萌，背白叶林，经荔枝山、正阮、竹蟀、甘塘、罗涌迳、牛牯麓诸山泉汇焉，入洲门海。沙龙涌水，源凫鸭塘，高城、山灯、笼岭、茶岭诸山泉注焉，汇荔枝涌，入洲门海。江湾涌水，源崖鹰、老糠、百足诸山之北，汇鹧鸪纲山、江湾诸泉，入雷珠海。凡黄梁都旱田尽藉诸水之利。

三灶大口涌水，源草塘，注圣堂春花园，过迳屋边、茅田山，东南诸水汇焉，又经牛婆墩、鱼弄、西洋田，诸山水汇焉，又出大口涌，汇黄榄、坑六灶山诸水，入鸡啼门海，旱田赖之。俱同上（《采访册》）

盐法

康熙五十八年，上下栅灶户自首共税一十二顷六十七亩四分八厘八毫六丝九忽。

高澜三灶盐场，在县城之西南黄梁都，离城一百八十里，向无此场。自康熙二十三年展复本邑及南新顺各县里民陆续呈承垦筑，共池漏一百六十三口零，例以九亩五分为一漏，递年所产盐斤供配香山埠，额引六千零四十六道一分八厘零，每漏一口，岁输饷银二钱三分一厘一毫零，饷户自备赴县领批解赴盐法道投纳。暴《志》。按：《盐法志》香山场盐田一十三顷九十九亩三分，漏八百二十口，每灶一座，需用铁镬三口，该场每月分两旬耙晒，上旬初一至初六，开沙引潮水泡田，初七至十三等日放水，晒干田沙，用木耙推拨收，成堆归漏。以水淋沙，滴卤挑归寮池，买备柴薪，俟下旬潮水泡田时，然后煮盐。下旬自十六至二十二，潮水泡田，二十三至二十九，耙沙收沙，其耙晒煮盐，悉照上旬之法为之。

乾隆三年，复设香山场大使。《盐法志》。按：乾隆三年，总督鄂弥达奏请添设场员。案内略云，香山场向无大使，历系委员督收，查该场地方灶座甚属零星，必得专员料理，方无贻误，应请添设大使一员，以专责成。香山场委员署向在恭都，乾隆十三年，大使沈周详建在黄梁都三灶栅二十一年，建谷仓一所，在署右贮谷，以备该场晒丁，遇青黄不接，借给接济。同上。余见《古迹》。乾隆二十一年，裁大使改为委员。同上。按：张《府志》乾隆二十一年，总督杨应琚于奏请改设场员，案内以香山场只额收盐九千六百余包，为数无多，委员尽堪经理，因改委缺，其香山场原额丁课，仍归县征解香山场委官一员，每年饭食银六十两。管事二名，每名每月工食银一两七钱六分八厘九毫。巡丁四名，场员督率在各处隘口缉私，每名每月工食银五钱五分八厘六毫。俱在场羡项内支领。同上

香山埠盐生熟兼配，熟盐就三灶场配兑，生盐就省河配兑额。引俱场引，船赴香山场掣配，经三门、竹仔林、鸡笼石等汛，抵埠程限二十五日。《盐法志》

香山场额收熟盐九千六百八十五包，每包给价原定二钱六分，续定银三钱四分三厘二毫乾隆十九年题定春季夏初，每包加银一分，蒲包每筒给银一分二厘。水脚每包原定银四分七厘，续定银五分二厘八毫驳脚每包给银一分一厘。在场熟盐配埠，每包收价原定银三钱零六厘，续定银三钱三分每包计不敷银二分二厘。运省熟盐配埠，每包收价原定银四钱四分，续定银四钱六分每包羡银二分七厘。《盐法志》。按：阮《通志》本省行盐，有水客，有埠商，水客赴各场收盐运省，转售埠商配运行销。康熙三十七年，裁去水客，设场商出资养灶，埠商出资收盐，嗣因场商无力，官发帑金收盐，谓之帑本，由盐运司给发场员，在于各场收买，并发给艚船水脚，运至东关，配给各埠。所有运库发场之盐本水脚，即责令埠商于拆运引盐之时，按包缴回，谓之盐价。递年帑本盐价，辘轳转输，嗣因省河各埠商力疲乏，转输不全，乾隆五十年奏准改行纲，务令众商捐集资本，在省河合成一局，公同经理，各场盐斤由公局商人自行赴场配运，停止发帑收盐。嘉庆十七年，清查盐务，因局商经理不善，奏准撤去局商，另择运商办理，其盐田税自裁场后，准令各商丁养淡升科，抵补盐课，现在未据呈报详升。

乾隆五十五年，香山场委员裁汰，所有盐务总归纲局办理。阮《通志》

营制

国朝顺治四年，前山寨设参将一员，左右营千总各一员，把总四员，兵五百名。康熙元年，添拨抚标兵五百名，分防县城。康熙三年，改设副将衙门，添设左右营都司二员、守备二员、千总二员、把总四员、官兵一千名、通共官兵二千名。后奉文裁减，除陆续抽拨及逃故不准顶补

外，左营尚实存兵九百二十八名，右营兵八百六十四名。康熙八年，内更设营制，本营添设防守海口官兵四百零三名，配驾船只防守。同上（申《志》）

案：康熙七年，海贼充斥，副镇请移驻县城，以左营都司代之，仍留千总守寨，及分把总一哨戍守关闸。

香山协副将一员，驻县城，统辖二营，守备马步战守兵。暴《志》马战兵八十三名，步战兵四百六十五名，守兵一千二百二十一名，共一千七百六十九名。原例副将坐马十二匹，左右都司及守备每官坐马四匹，千总、把总各二匹，外委一匹，战马八十三匹，共马一百三十三匹。张《府志》。乾隆四十七年、四十九年，以香山水师无须战马，再经奉文裁减共五十匹。嘉庆十六年，又奉裁十七匹，坐马俱裁，今两营仅存骑操马三十匹。《营册》

哨船原额大小共二十五只。康熙七年，奉文将大船裁撤，另设复六橹、两橹及留营小船共二十五只。哨守狮滘、古镇、小榄、竹仔林、黄梁都各处海口。康熙二十七年，奉文设复外海艍船八只，内河桨船二十六只，共船三十六只。康熙四十二年，奉文裁减外海艍船二只，拨入广海寨，内河桨船一十四只，拨入碣石镇大鹏营、春江协吴川营、海晏砜州营等处。尚存外海艍船六只，内河桨船一十二只，两营均派。另左营捐复内河桨船七只，右营捐设桨船六只，共船三十一只，派守各汛。暴《志》

左营都司一员，原驻前山寨，领兵六十名。暴《志》嘉庆十四年，添设游击，其都司署奉行移驻县城，现未建。《营册》

沙尾口汛兵十四名距本营九十一里，上至前山营南、大涌汛十里，下至瓦窑头汛十里，麻子埔汛兵六名距本营九十五里，上至深湾汛十五里，下至平岚汛十五里，茅湾汛兵十三名距本营九十六里，上至平岚汛二十里，下至古鹤汛十三里，古鹤汛兵六名下至角头山汛三十里，三灶炮台兵二十名在本营西一百十里。已上陆汛。

磨刀角炮台在本营西四十九里，分防兵三十名，把总一员，拨防兵八十五名。

第一角汛兵十名距本营十九里，上至下闸汛十六里，下至北台汛十里。水汛，平岚汛兵十五名距本营四十三里，上至榕树埔汛十三里，下至茅湾汛二十里。陆汛，下闸汛兵七名距本营三里，上至右营上闸汛六里，下至第一角汛十六里。

水汛，新安汛兵六名距本营十里，上至右营南城门汛十里，下至双合山汛十里。陆汛，双合山汛兵六名下至石鼓汛十里，石鼓砬汛兵六名下至平迳汛一十里，平迳汛兵十六名下至蚺蛇塘汛十里，蚺蛇塘汛兵六名下至榕树埔汛十里，榕树埔汛兵六名下至雍陌汛十里，深湾汛兵五名上至北台汛十五里，下至麻子埔汛十五里，北台汛兵六名上至下闸汛二十里。以上陆汛。

吉大汛在本营南一百十五里，上至香山场汛十里，下至前山营十二里，分防兵十五名，把总一员，拨防兵二十一名。

瓦窑头汛兵十五名距本营一百一里，上至沙尾口汛八里，下至前山营关闸汛八里。

香山场汛兵六名距本营一百五里，上至鸡拍汛十五里，下至吉大汛十里。俱阮《通志》。

本营左哨千总一员，原驻防三灶炮台，专管三灶、高栏等汛。三灶炮台水汛，索罟一只，管驾目兵十二名；高栏水汛，四橹船一只，管驾目兵十七名；番鬼岩水汛，桨船一只，外委千总一员，又桨船一只，管驾目兵十四名。暴《志》今驻防雍陌陆汛。《营册》

本营右哨千总一员，原驻防前山寨炮台，专管前山、古鹤等汛，兼管茅湾，桨船一只，外委千总一员；沙尾口水汛桨船一只，管驾目兵十五名；秋风角水汛桨船一只，管驾目兵十五名；南野角水汛八橹船一只，管驾目兵十八名。暴《志》今驻防三灶炮台。《营册》

左哨头司把总一员，原驻防关闸，专管十字门等汛，外委把总一员，十字门水汛赶缯船一只，管驾目兵二十名，桨船一只，管驾目兵十五名。暴《志》今驻防平顶山陆汛。《营册》

左哨二司把总一员，驻防磨刀炮台今同。原专管磨刀下闸等汛。磨刀水汛，桨船一只，管驾目兵十四名，外委把总一员；蛇垇水汛，桨船一只，管驾目兵十四名，艉船一只，管驾目兵十四名；蠔壳头水汛，桨船一只，管驾目兵十四名。暴《志》

右哨头司把总一员，原驻防平顶山，专管平顶山涌口门等汛，外委把总一员，水汛四橹船一只，管驾目兵十七名，东洲门水汛艉船一只，管驾目兵十八名，巡查河道随捕船一只，管驾目兵十五名。暴《志》今驻防吉大陆汛。《营册》

右哨二司把总一员，原驻防磨刀炮台等汛。乾隆九年，奉拨属海防同知管辖，所遗磨刀角、蚺蛇塘、平迳营、榕树埔、平岚、北台等汛，归左哨二司把总兼防。暴《志》

黄梁都土城汛在本营［右营］南一百十里存城，外委一员，分防兵二十名。

大托山炮台在本营［右营］南七十五里，把总一员，分防兵二十五名，拨防兵六名。

东村汛兵六名距本营［右营］一百五里，上至黄梁都土城二十里，下至本协左营三灶炮台分界，五十八里。已上水汛。

虎跳门东岸炮台在本营［右营］西一百十三里，把总一员，分防兵二十五名。

叠石汛兵六名距本营三十里，下至三门船汛二十五里。陆汛。

万山东澳炮台，本营［右营］东南二百九十三里，上至左营十字门一百四十三里，下至西澳炮台七十里，兵五十名。水汛。俱同上（阮《通志》）

本营［右营］左哨千总一员，原驻防黄梁都土城等处，外委千总一员。小赤坎水汛，桨船一只，管驾目兵十二名。暴《志》今驻防白鲤沙水汛。《营册》

左哨头司把总一员，驻防大托山炮台等汛，领外委把总一员，泥湾门桨船一只，管驾目兵十三名。暴《志》今驻防同。《营册》

左哨二司把总一员，原驻防浮墟等汛，领外委把总一员，浮墟四橹船一只，管驾目兵十四名，小屯畔桨船一只，管驾目兵十三名，三角塘桨船一只，管驾目兵十二名。暴《志》今驻防虎跳门东炮台。《营册》

东濠口四橹船一只，管驾目兵十三名，桨船只管驾目兵九名，六顷汛桨船一只，管驾目兵十二名。暴《志》今驻防大托炮台。《营册》

海防营驻前山寨，同知一员，领把总二员，分左右哨，马战兵十名，步战兵二十名，守兵七十名，共兵一百名，桨橹船四只，巡查东西南三处海面，战马十匹，各官坐马四匹，共一十四匹。直隶督标以县丞属之。《营册》

按：乾隆八年，总督策楞奏请将肇庆同知移驻澳门前山寨，弹压澳彝，照理猺同知例，于香山、虎门二协各抽拨把总一员，兵五十名，分为左右哨，归海防同知管辖。嘉庆十四年，又将本营改为前山营。

前山营驻县南一百三十里，东至香山协左营、吉大汛十里，南至澳门娘妈阁海二十五里，与香山协左营洋面界，西至香山协左营沙尾汛六里，北至本营南大涌汛十里。嘉庆十四年，督抚奏请设立专营控制澳门，移平镇营游击守备，兼拨千总、外委，作为前山营，隶左翼镇管辖。嘉庆十五年，因设水师提督，区分水陆，改归广州协管辖。阮《通志》

关闸汛在本营南十五里，把总一员，分防兵六十名上至前山寨城十五里。

南大涌汛在本营此十里，额外外委一员，分防兵十五名上至香山协左营古鹤汛二十五里，下至本营前山寨城，十里。阮《通志》。

内河桨船二只嘉庆十六年，在海防营原设，改为前字第一二号。又桨船二只，在澳门东西南三处海面往来巡缉。《营册》

嘉庆十九年，题准香山县香山司、小黄圃司、黄梁都司各设巡船一只。阮《通志》，据《司册》

炮位：防守县城炮，一十八位；三灶炮台，炮八位；前山寨城，炮一十五位；磨刀角炮台，炮八位；涌口门炮台，炮三位；虎跳门东岸炮台，炮八位；大托山炮台，炮八位；黄梁都土城，炮九位；老万山炮台，炮三位。张《府志》

按：两营及前山营各官衙署与炮台校场俱详见《建置》。各官俸饷及赏恤银两马料等项，俱详《禄饷》。

职官第四

乾隆八年，总督策楞题请添设海防军民同知一员，专理澳门夷务，驻扎前山寨，县丞移驻澳门，其同知照理猺同知之例，给与把总二员，兵丁一百名，统于香山、虎门两协内各半抽拨，并酌拨哨船四只，以资巡缉。暴《志》香山海防军民同知题调冲要缺，乾隆八年以肇庆府同知移设驻前山寨。阮《通志》

香山丞，康熙四十三年裁，雍正八年复设，驻前山。暴《志》

黄梁都司巡检，雍正九年添设。《司案》乾隆二年，藩司萨以粤东地处滨海，亟须巡缉，奏准香山司、黄圃司、黄梁司各设巡船二只，每只巡兵十二名，工食在裁汰民壮项内，按季赴藩司请领，嗣以县丞所辖地

方，均属紧要，复在黄梁司巡船二只内抽出一只给县丞管驾巡缉，递年奏销，仍在黄梁司额内作正支销。暴《志》

淇澳司巡检，乾隆三十四年添设。阮《通志》

黄梁都司巡检：

雍正：张有智直隶三河人，十一年任。

乾隆：王循直隶良乡人，九年任、吕时泰顺天大兴人，十五年任。俱暴《志》、缪廷琨汉军正白旗人，四十年任、张开石大兴人，四十八年任。

嘉庆：包均钱塘人，四年任、鲁景揆汉军正红旗人，八年任、王峤宛平人，十二年任。

道光：张国栋遂宁人，元年任、姚熙益南城人，七年任。

淇澳司巡检：

乾隆：盛世光直隶良乡人，三十四年任、王承熙宛平人，四十四年任、李秉熺江夏人，五十一年任、沈大耀大兴人，五十九年任，有传。

嘉庆：杨永宁汉军正黄旗人，七年任、吴溶宛平人，十四年任、王汝大兴人，二十二年任。

道光：朱静涵大兴人，六年任。俱《档册》。

国朝

香山协副将驻香山县。都司二员一驻前山寨，一驻黄梁都。守备二员，千总四员一防前山寨炮台，一防三灶山炮台，一防小榄汛，一防虎跳门东炮台。把总八员一防磨刀角炮台，一防第一角汛，一防平顶山汛，一防关闸汛，一防炮台，一防东濠口汛，一浮虚汛，一防竹子汛。阮《通志》。

香山协左营副将都司守备、右营都司守备，俱外海水师。题补缺。

前山营原海防营，嘉庆十四年改以平镇营，游击守备各一员，移拨过营，俱陆路。题补缺。俱同上

按：香山协副将系康熙四年由参将改设，故表内先列参将，于年次方顺，又千总、把总，各志例不详列其人，故所载及守备而止。

参将副将：

顺治：马雄飞北直人，二年任，武举；蔡奎福建人，五年任，武生；张宏德湖广人，五年任，官生。以上二人申《志》；杨汝柏陕西人，五年任，官生；佟宇赓江南人，九年任，官生；马应魁本省人，十五年任，武生；徐迅江南人，十

八年任，武举。

康熙：张仲才陕西人，元年任、丁国栋北直人，元年年任，官生、刘之英陕西人，二年任，武生，以上参将、曹志陕西人，四年任，武生、刘世亨四川人，五年任、张友才辽东人，六年任、彭继勋辽东人，七年任，奉天籍正蓝旗人、张光焕北直人，十二年任，武举、白色光镶白旗人，十四年任，有传。按：各志光俱作先、崔登授福建人，十六年任、张凤寰陕西人，二十年任。以上二人纂《志》、罗淇浙江人，二十二年任，己未，武状元、朱明福建人，二十七年任，将材、吴郡福建人，四十五年任，行伍、林国元福建人，四十七年任，行伍、邓茂公福建人，四十九年任，行伍、陈良弼福建人，五十三年任。

雍正：蓝凤福建人，元年任，行伍、齐元辅北直人，二年任，行伍、汤宽本省人，三年任，行伍、柯麟福建人，七年任，行伍、黄锡申福建人，九年任，武生、陈汝键福建人，十二年任，世袭骑都尉。以上二人张《府志》。再列乾隆朝，陈汝键十七年任，黄锡申十九年任。

乾隆：林嵩福建人，六年任。纂《志》作十二年，行伍、林朝翼福建人，十三年任，世袭骑都尉、黄锡新福建人，十八年任、吴必达江南人，二十二年任，行伍、马铭勋福建人，二十五年任。《营册》铭作锦、陈勋福建人，二十六年任。《营册》勋作埙，进士、陈标福建人，二十九年任，武进士、林国彩福建人，三十一年任，行伍、魏文伟福建人，三十五年任、陈汝捷福建人，三十五年任、雷鹏福建人，三十九年任、林云福建人，四十三年任、陈大魁江南人，四十三年任、施国麟福建人，四十四年任，行伍、蔡兴邦福建人，四十七年任，荫生、谢廷选福建人，五十一年任，行伍、安廷赞直隶人，五十五年任，武进士、张维四川人，五十九年任，行伍。

嘉庆：张维四川人，元年任、潘滔本省人，三年任、周自超福建人，八年任，武探花、丁绍奉浙江人，十二年任、洪鳌浙江人，十四年任、徐廷豹浙江人，十六年任、罗凤山浙江人，十八年任、尹安国江南人，二十一年任、成杰江南人，二十二年任。

道光：徐世雄江南人，五年任。《营册》。

左营都司：

顺治：陈国栋、刘昆玉、石安邦、刘世虎、邵文学、崔毓德以上二人纂《志》。

康熙：杜之焕江西人，二十二年任，文学、李仙泽江西人，二十五年任。暴《志》江都、杨天相正白旗人，三十九年任，监生、宁继先陕西人，四十九年任，招民、陈政本省人，五十三年任，行伍、马仁使陕西人，五十六年任，行伍、钱寿本省人，六十年任，行伍。

雍正：佘元隆陕西人，元年任，行伍、林荣福建人，四年任，行伍、杨启忠七年任。暴《志》。澄海人，行伍、赖天祥福建人，十一年任，行伍、辛雄本省人，十二年任，行伍。

乾隆：黄云龙福建人，六年任，武生、王宾雷州人，八年任。《营册》作惠州，三年任，行伍、庚琏本省人，十九年任，行伍、刘清福建人，十七年任，行伍、吴定标本省人，十九年任、洪就福建人，二十一年任、陈吕佑本省人，二十四年任、巫鸣鼎本省人，二十六年任、林浚本省人，二十八年任。《营册》浚作俊、叶汉高本省人，三十年任、吴本汉福建人，三十五年任、朱时吉福建人，三十七年任，行伍、蔡兴邦福建人，三十九年任、邱世隆本省人，四十七年任、黄锡侯本省人，四十七年任、陈澄斌本省人，五十一年任、武尚礼本省人，五十一年任、陈国勋本省人，六十年任。《营册》作五十八年任，行伍。

嘉庆：魏大斌本省人，元年任、许廷桂本省人，五年任，行伍、陈凤高本省人，十年任、杜茂达本省人，十二年任、梅春魁本省人，十八年任、余时高本省人，二十年任。

道光：邓旋启本省人，元年任、傅清河本省人，五年任。以上二人《营册》。

右营都司：

顺治：张光升暴《志》作左营刘光斗、田雄暴《志》作左营、赵光熙暴《志》作康熙十二年任武进士。

康熙：邵文学十六年任，将材。暴《志》、窦五桂陕西人，二十年任，武进士、李明信福建人，三十二年任，行伍、张俊陕西人，四十一年任、高节河南人，四十七年任，进士、马立三陕西人，五十年任，招民、步珏北直人，五十四年任，行伍、施政和福建人，五十九年任，行伍。

雍正：吴陈勷本省人，二年任，武举、李文龙福建人，六年任，八年再任，行伍、蒋宗仪福建人，十年任。暴《志》作浙江人、童陈恩福建人，十三年任，行伍。

乾隆：陈澄浩本省人，五年任。暴《志》澄作钱、朱玉本省人，十四年任、

《营册》作满洲人、谭粹本省人，十九年任。《营册》作梓，二十年任、邱位中本省人，二十二年任、黄凤本省人，二十三年任、黄仁凤本省人，二十七年任、许建得本省人，二十九年任、古朝选本省人，三十一年任。《营册》作三十年、黄元臣本省人，三十三年任、施国麟福建人，三十五年任、陈彩本省人，三十八年任、李高本省人，三十八年任。《营册》四十二年任、梁秀本省人，四十五年任。《营册》作叶秀、许廷进本省人，四十九年任、汪世文江南人，五十三年任、来成基甘肃人，五十六年任、蔡国忠本省人，五十八年任。

嘉庆：邱振鹏本省人，元年任、黎君聘本省人，三年任、林邦藩本省人，七年任、曾钦选本省人，十年任、吴绍麟本省人，十八年任。《营册》作十六年任、潘汝渭本省人，十九年任、程恩高本省人，二十四年任。《营册》。

道光：王毅斌本省人，元年任、刘得高本省人，五年任。以上二人《营册》。

左营守备：

顺治：王良、何方荣城守、李世德城守、李文才城守、乔文焕、马文璧城守、姚德新城守、吴贵城守、朱成城守。

康熙：陈璠京卫人，武进士，九年任。暴《志》作右营、张行珍陕西人，武举，十二年任。以上十一人俱申《志》、王佐才山东人，二十二年任，行伍、马腾龙山西人，二十九年任，武解元效劳、朱映奎陕西人，四十年任，武进士、张凤仪福建人，四十九年任，行伍、刘勇陕西人，五十三年任，行伍、施政和福建人，二十七年任、施隆福建人，五十九年任，行伍。

雍正：刘进功浙江人，六年任，八年再任，行伍。

乾隆：张宾本省人，元年任，行伍、谢雄本省人，九年任，行伍、洪就福建人，十一年任，随征效力、吴敦本省人，十八年任。张《府志》作福建人，十七年任、陈荣本省人，二十一年任、马琳福建人，二十六年任、黄元臣本省人，三十一年任、陈升本省人，三十六年任、李似椿本省人，四十一年任、谢朝英本省人，四十五年任、曾君锡本省人，四十九年任、黄标本省人，五十二年任，行伍、吴殿高本省人，五十六年任。

嘉庆：吴遇春本省人，四年任。《营册》遇作阳、丁见高本省人，十四年任、林高本省人，二十年任，行伍。

道光：潘恩本省人，五年任。《营册》。

右营守备：

顺治：李朝宾山东人、吴贵福建人。以上二人张《府志》。

康熙：潘秉钺山东人，十四年任，武举。暴《志》作浙江松门卫人、赵云直隶人，二十二年任，将材、李开甲直隶人，二十二年任，武举、张世麟陕西人，二十八年任、王铭直隶人，二十九年任，武举、臧用河南人，三十六年任，武举、张凤仪福建人，四十年任，行伍、马立三陕西人，五十年任，招民、吴定鼎河南人，五十一年任，行伍。

雍正：杨正浙江人，元年任，行伍、刘起昌陕西人，八年任。按：起昌系八年署任，而郝《通志》亦载其名，故仍之、邝世超本省人，八年任。暴《志》及张《府志》俱作九年任，行伍、林天贵本省人，十年任，行伍。

乾隆：吴槐福建人，十年任，行伍、刘徐显本省人，十三年任，行伍、周正本省人，二十五年任、林俊本省人，二十六年任、张天助本省人，二十九年任、周天爵本省人，三十一年任、黄丽本省人，三十六年任、吴起龙本省人，四十一年任、李南馨本省人，四十三年任、翁继斌本省人，四十七年任、叶秀本省人，四十九年任、林朝柄本省人，五十六年任、吴清本省人，五十八年。《营册》作五十七年任，行伍。

嘉庆：黎君聘本省人，二年任，行伍、谭璋本省人，七年任，行伍、余时高本省人，十一年任、程恩高本省人，二十二年任、梁开桂本省人，二十五年任。

前山营游击：

嘉庆：张万清河南杞县人，十四年任、达色蒙古镶黄旗人，十七年任、张元麟山东东阿人，十八年任。

道光：常永蒙古正蓝旗人，二年任。《营册》。

前山营守备：

嘉庆：郑文麟汉军镶黄旗人，十四年任、叶常春本省高要人，十六年任。

道光：汪高本省归善人，四年任。《营册》。

香山县志卷四

选举第五

荐辟

[建置以前]：

赵若举黄梁都人，宋宗室，有传。申《志》。

国朝（乾隆）：

韦易翠微人，字文衍，雍正乙卯岁贡，元年丙辰荐举，博学鸿词。有传。暴《志》。

进士

宋（淳祐）：

赵时锹黄梁都南门乡人，字番冈。《采访册》。番禺廪。申《志》。南海人。《粤大记》。今隶香山。阮《通志》。十年庚戌逢辰榜。郝《通志》。宋宗室，邑令怪夫之子，官承节郎。申《志》。案：邓光荐《虚山记》云，寓公承节郎，番阳赵君时锹记作于景炎二年丁丑，距淳祐十年庚戌已二十六年，而犹称为寓公，则赵举进士时，仍未籍香山审矣。大约赵以避乱寓居香山，其子孙家焉，后之作志者遂援之入此邑选举耳，然无他文可证，故存之，俟考。

明（成化）：

黄鉌黄梁都荔枝山人，字世美。《采访册》。十一年乙未科谢迁榜，官广西按察司副使，整饬柳庆南宁兵备，分巡右江道，祀乡贤。有传。《粤大记》。案：鉌别作镛、纶，皆误。

国朝（雍正）：

梁景程黄梁都乾雾人，字明绪。十一年癸丑科会试第二百三十七名，殿试陈倓榜第三甲六十九名，河南石梁县知县，调宁陵县知县，署归德府。《采访册》。

国朝（乾隆）：

卢文起上栅人，字深潮。暴《志》。十三年戊辰科会试第一百二十三名，殿试梁国治榜三甲，贵州遵义府仁怀县知县，改韶州府教授。阮《通志》。有传。

国朝（道光）：

鲍俊恭常都香山场人，字宗垣。三年癸未科会试二百十九名，殿试林召棠榜二甲第二名，庶吉士刑部山西司主事。《采访册》。

武进士

国朝（嘉庆）：

杨朝安恭常都北山村人，字仁畅，二十四年己卯恩科会试中式三十七名，殿试三甲第八名，钦点蓝翎侍卫。《采访册》。

乡贡

宋（淳祐）：

赵时锹九年乙酉科。见《进士》。《采访录》。

乡举

（无）

举人

明（正统）：

邓志上北山人，字子学，十年乙卯科第五名，广西迁江教授。《采访册》。案：申《志》作下栅人。是科中式四十人，郝《通志》作四十一人。

邱斌官塘人，九年甲子科第十七名。广西平乐训导。申《志》。

明（嘉靖）：

郑之藩莲塘人，十年辛卯科第七名。申《志》。祖鸿。

黄廷珂黄梁都荔枝山人，字振之，十一年壬辰岁贡。《采访册》。

郑士美莲塘人，三十年辛亥贡。申《志》。

黄周黄梁都人，字汝乾。四十四年乙丑岁贡，万历四年丙子铨福建莆田主簿，升湖广王府典仪。《采访册》。案：暴《志》作潮州府教授，署海阳县，误。祖铨。

明（万历）：

郑同寅莲塘人，字悍所。元年癸酉科第六十三名，德化县知县。申《志》。

梁斗耀黄梁都人，字光辰，一字节章，三十一年癸卯科第四十一名。《采访册》。

明（崇祯）：

梁荷乾黄梁都人，字旋辰，九年丙子科第二名。《采访册》。

国朝（康熙）：

郭以治翠微人，字论部，四十四年乙酉科第十名，福建漳浦县知县。暴《志》。

邝永清黄梁都小濠涌人，字崇岳，榜姓毛，五十六年丁酉科第三名。暴《志》。《科场条例》载，是年停止五经应试，又五十五年，定二场论题，专用性理表题，不许出本年时拟近事。

国朝（乾隆）：

郑江界涌人，字国楫，六年辛酉科第四十名。父天辅。暴《志》。有传。《科场条例》载，乾隆七年，以御史陈大玠奏停止文武互试，又，是年限科举人数，每举人一名，录科六十名。

郑述任莲塘人，字华望，九年甲子科第六十六名。暴《志》。有传。阮《通志》云，是科中式七十九人，与前科同。《番禺志》《揭阳志》《潮阳志》载，是科复试革去曳白举人张元一名，余科无复试者。

余楫官塘人，字济宽，九年甲子科第七十二名。暴《志》。

黄应溪黄梁都人，改名应南，字衡大，十二年丁卯科第三十三名，九江府瑞昌县知县，子寿棠。《采访册》。有传。

陈相柏黄梁都南山人，字定南，三十六年辛卯科解元，惠州府教授。

梁廷健黄梁都乾雾人，字顺矩，四十五年庚子科第二十三名，祖景程，叔佑。

郑上阶界涌人，字德翰，四十八年癸卯科第六十五名，阳山县教谕，祖天辅，父江。

梁佑黄梁都乾雾人，字申符，四十八年癸卯科第七十名，父景程，侄廷健。

吴定魁翠微人，字履鳌，五十一年丙午科第四十一名。

邓熊上栅人，字华矩，五十七年壬子科第四十六名。

梁麟书黄梁都乾雾人，字叙元，五十九年甲寅科第六十五名。

国朝（嘉庆）：

赵时植黄梁都人，字廷质，六年辛酉科钦赐。

赵廷魁黄梁都南门乡人，字子睿，二十一年丙子科第三十六名，改名廷扬。

国朝（道光）：

唐履阶恭常都唐家人，字世阶，元年辛巳恩科第二十六名。阮《通志》云，是年特恩加科二十名，共九十四名。

贡：

明（正德）：

黄廷玺黄梁都荔枝山人，字定之。岁贡，十六年辛巳永宁训导。《采访册》。

明（隆庆）：

郑士焕莲塘人，六年壬申选贡。暴《志》。

明（万历）：

赵克礼黄梁都人，字宏让，元年恩贡。《采访册》。

郑邦栻莲塘人，字崇敬，九年辛巳选贡，江西教谕，广西荔浦县知县。《采访册》。有传。

黄柄黄梁都荔枝山人，二十六年戊申岁贡，潮州教谕，署海阳县事。《采访册》。案：申《志》、暴《志》年次皆同，而不云署海阳县。申《志》又载黄炳，黄梁都人，万历五年丁丑岁贡，潮州教授，署海阳县，而暴《志》不载。盖炯与炳字若，或申《志》误分列二人，暴《志》不晰注。

郑奎莲塘人，拔贡，江西临安府推官。申《志》。按：应作选贡。

明（天启）：

梁光裔黄梁都乾雾人，字益昆，五年乙丑岁贡。《采访册》。

明（崇祯）：

梁荷乾黄梁都人，三年庚午科副榜。《采访册》。

贡年次无考：

鲍彦廉恭常都人，交趾支封主簿、周鼎恭常都人，北京抚宁卫经历。申《志》、马骏恭常都人，江西泰和县丞、聂聪恭常都人、温南金莲塘人，江西武进县主簿。暴《志》、郑逵莲塘人、郑述莲塘人，贵溪训导，详仕官，俱同上、郑侯莲塘人，岁贡、方恒宝莲塘人、郑一相莲塘人，万历年岁贡。申《志》。

国朝（顺治）：

金鼎乾恭常都人，五年戊子拔贡，任永安教谕，南雄府教授，迁江西清江县丞，擢陕西蓝田县知县。《采访册》。

梁宫捷黄梁都乾雾人，字祺生，八年辛卯副榜。《采访册》。康熙元年壬寅岁贡。申《志》。康熙辛卯己酉科两中副榜，子天叙，有传。暴《志》。按：康熙辛卯是五十年，己酉是八年，相距甚远，暴《志》误以为辛卯科，作康熙年耳。

梁国章黄梁都乾雾人，字敬韬，十二年乙未岁贡。《采访册》。有传。按：暴《志》作十一年。

国朝（康熙）：

韦带翠微人，四年乙巳年拔贡，乡饮正宾。暴《志》。

邝士式黄梁都小濠涌人，字楷如，九年庚戌岁贡。是年廷试。惠州府龙川县训导。《采访册》。

梁嶙黄梁都乾雾人，字岣只，二十八年己巳岁贡，二十九年庚午科副贡。《采访册》。

梁天叙黄梁都乾雾人，字遐昭，四十四年乙酉岁贡。《采访册》。有附传。

梁苑黄梁都人，字上都，五十三年甲子科副榜准贡。《采访册》。

国朝（雍正）：

郑士俊莲塘人，字杰三，由府学八年，庚戌岁贡。暴《志》。

国朝（乾隆）：

杨绍熙恭常都北山人，元年丙辰科第六名，副榜贡，三十六年铨授嘉应州与宁县教谕，寿一百有二岁。《采访册》。

鲍士鳞香山场人，五年庚申岁贡。暴《志》有传。

郑述任莲塘人，七年壬戌岁贡。暴《志》。见《举人》。按：暴《志》本传称其癸亥贡，盖纪其部准之年，此则言其奏荐之日耳。

韦潮翠微人，字学帱，十三年戊辰岁贡。暴《志》有传。

韦可任翠微人，字文舆，十八年甲戌岁贡。

邓谷上栅人，三十五年庚寅恩科副榜贡第十一名，教谕考取直隶州州判，弟熊、侄天秩。

吴翰恭常都南大涌人，字藩宣，五十九年甲寅岁贡。

国朝（嘉庆）：

韦大章翠微人，字东伟，元年丙辰岁贡。

陆大魁恭常都人，字炳熙，九年甲子科副榜贡第一名。

唐士鲲恭常都唐家乡人，字尚信，十九年甲戌岁贡，铨选训导。

国朝（道光）：

唐襄臣唐家乡人，字世庚，元年辛巳恩贡。

梁履高黄梁都乾雾人，字炳南，五年乙酉科钦赐副榜。

武举

明（嘉靖）：

郑于明莲塘人，二十八年己酉科。申《志》。

明（隆庆）：

黄允芳黄梁都荔枝山人，庚午科。申《志》。

国朝（康熙）：

郑三接莲塘人，三子科第三十三名。暴《志》。有附传。

国朝（乾隆）：

吴应元翠微乡人，字履云，五十三年戊申科中式第四十四名。

国朝（嘉庆）：

陈纲黄梁都南山人，字汇定，五年庚申恩科第十二名。

梁光黄梁都乾雾人，字德瑶，二十一年丙子科第二十九名。

仕宦

宋

赵若桃黄梁都人，字君实，景炎二年授承直郎、礼兵部架阁。《采访册》。

明

天启：

梁大机例贡。申《志》。黄梁都乾雾人，字于京，三年特恩给札授礼部儒官，另文起用。《采访册》。

崇祯：

郑巩莲塘人，四川彭山县主簿。申《志》、郑孔先莲塘人，例贡。广西布政司检校，申《志》作孔光，署经历。暴《志》、赵宗明黄梁都南门人，广西桂林府经历、陈心汤黄梁都南山人，广西桂林府经历。俱同上（《采访册》）。已上文职。

万历：

周高扬黄梁都东澳人，字千霄，二十八年功授香山三灶抚猺守备，引见加授宣武将军，世袭厥职、梁贵福恭常都人，南京锦衣卫指挥。俱同上（申《志》）。

国朝

康熙：

郑晓莲塘人，字粲侯，附贡生，山西乐平县知县，升同知。暴《志》、郑兆基莲塘人，字殿云，候补主事，改发贵州试用同知，委办理苗同知，署婺川县知县、郑士宏莲塘人，字德涵，贡生，由教谕升江西布政使司。

嘉庆：

黄玉函黄梁都人，居城内，字韫辉，翰林院待诏、钟岳乔恭常都人，字禹封，廪贡，七年，署德庆学，正十九年署定安县训导。

以上文职。

顺治：

周复东黄梁都东澳人，高扬孙，德颢子，由邑庠生袭香山三灶抚猺守备世职。子嘉谟，邑庠生，康熙年间袭。孙天授，邑庠生，再袭。乾隆四年，奉裁。

康熙：

吴升翠微乡人，字乾始，六年香山协左营左哨千总、郑九琨莲塘街人，字公性，七年前山寨把总，战亡。暴《志》。有传。

雍正：

徐士桂恭常都前山人，字贵任，由行伍洊升春江协总兵，历任二十余年，有传。《采访册》。案：桂暴《志》误作贵、梁万黄梁都乾雾人，字盈晃，十三年，香山协右营外委千总。

乾隆：

何聚兴恭常都南村人，由行伍潭州千总、韦韬翠微人，字贻略，虎门左翼镇中营把总、何化龙恭常都南村人，字希悠，东莞营左司把总、徐绍祖恭常都前山人，字圣元，香山协右营把总、钟邦彦淇澳人，三十八年，任香山协镇左营把总，署千总、韦高翠微乡人，字贻标，香山协左营外委、欧凤鸣黄梁都古井坑人，由行伍，乾隆五十二年随征台湾，拿获盗首林爽文、庄大田等，议叙赏给超等军功札四张，擢雷州营中军守备，署吴川营都司，嘉庆六年，敕授武德骑尉、梁廷瑞黄梁都乾雾人，字本矩，香山协右营把总，四年敕授武信骑尉，署千总、谭钧黄梁都排山人，字秉珩，广海寨外委千总，署巡城把总、赵国荣黄梁都南门乡人，字殿恩，新会营外委、赵连成黄梁都人，字耀英，新会营外委、邝连得黄梁都小濠涌人，字由观，香山协右营外委、梁建忠黄梁都人，字义行，由行伍，惠州平海营千总署，大鹏营守备、赵建成黄梁都人，字耀基，新会右营千总，敕授武略骑尉、杨贤忠恭常都北山人，字贻检，虎门提标把总、陈天保黄梁都中和村人，字敬尊，由武生虎门提标左营把总，敕授武信骑尉。

以上武职。

封荫

明

万历：

黄廷珍黄梁都荔枝山人，字席之，以子周湖广王府典仪，四年赠修职郎、黄溱黄梁都荔枝山人，字本舆，以子炳潮州府教授，赠修职郎。俱同上（《采访册》）。

崇祯：

梁大畿黄梁都乾雾人，字于京，以子国栋彭泽县知县，十六年，赠文林郎。祝《志》《采访册》。已上文职。

国朝

康熙：

梁齐嵩黄梁都人，字岳峙，廪生，以子金震安化县知县，六十年敕赠文林郎、邝必第黄梁都小濠涌人，字瑞元，邑庠生，以子士式龙川教谕，十四年赠修职郎。《采访册》。

乾隆：

卢光尧上栅人，以孙文起韶州府教授，移赠文林郎、黄翰维黄梁都人，以孙应南即应溪江西九江府瑞昌县知县，赠文林郎。

嘉庆：

黄上达黄梁都人，字君岳，武生，捐营千总衔，以子玉函翰林院待诏，六年赠登士佐郎、陈元彩黄梁都人，字宏基，以孙相伯惠州府教授，十四年赠文林郎、陈赞廷字永誉，以子相伯赠文林郎。

以上文职。

康熙：

钟应鸾淇澳人，以曾孙宝左都督管陕西固原镇潼关参将事，赠荣禄大夫。《采访册》。

乾隆：

徐秀芳恭常都人，以孙士桂游击，诰赠怀远将军；何相朝恭常都人，以孙聚兴潭洲千总十六年，赠忠显校尉、韦昭翠微乡人，字学阜，以子韬虎门左翼中营把总，三十八年赠武信骑尉、徐建高恭常都人，以子绍祖把总，敕赠奋武校尉、韦明翠微乡人，字学翠，以子高香山协左营外委，三十八年癸巳，赠修武校尉、何文凌以子凤朝福建提标，后营外委，六十年封修武校尉。

嘉庆：

欧道隆黄梁都古井坑人，以孙凤鸣雷州营中军守备，六年四月十六日赠武德骑尉、赵刚黄梁都南门乡人，武庠，以孙建成新会右营把总，赠武信骑尉、欧元桐黄梁都人，以弟凤鸣前任罗定协右营千总，元年移赠武略骑尉、梁廷桢黄梁都人，字周矩，监生，以子建忠龙门左营守备，二十四年移封修武左校尉，二十五年晋奋武校尉、杨昭炯恭常都北山人，邑庠生，以嗣子朝安蓝翎侍卫，元年赠武德骑尉、杨介夫恭常都人，字仁侃，以子贤忠把总，元年封奋武校尉、陈英伯黄梁都中和村人，字定章，以子天保虎门提标左营把总，元年赠武信骑尉。

以上武职。

饮宾

明

永乐：

刘贴宜恭常都人，诏曰民有年高善行者，给之冠带，时士大夫有荐公，公辞，遂就公家授焉。《采访册》。

景泰：

卓祖贵官塘人，四年。《采访册》。

万历：

郭文俊翠微人，字从吾，四年。暴《志》、梁沛黄梁都乾雾人，字天雨。《采访册》。

天启：

梁继韶黄梁都人，字敬善，元年。《采访册》、梁大畿黄梁都人，字于京，三年。《采访册》。

国朝

嘉庆：

周同穟黄梁都东澳人，字颖佳，监生，十六年、周规行黄梁都东澳人，字品佳，府庠生，十六年。

道光：

张凤仪恭常都人，字保成，政使司理间四年。

海防第六

前山寨。国朝改设海防同知，专立前山，营制澳夷。张保骚乱，各要隘设碉楼、水栅，可谓筹之详矣。夫固圉之方，因地为守，今昔既殊，险易亦判。今综全势观之，有内海防，然后一县之门户密；有外海防，然后全郡之门户密。内海防则一县之近地自为势，外海防则合数县之守望以为势。夫防于外，诚为至要。然内匪不清，驯为海寇，故内能严，而外始绝其根。况设防以为民也，邑近水乡，一港一汊，悉通外洋，海寇可直入，尤不能不随地为之备。自石岐南至第一角，东至东濠涌口，北至县港口，西至象角头，此内之内者也。象角头，东抵县治十余里，皆小港耳，其势似稍缓。然北接第四沙、太平沙，东接县港口，田园错杂，蜑户寥寥，奸人借作崔苻薮。不忧大寇之窥伺，而仍忧小丑之跳梁。县港口、东濠口、第一角，则咽喉也。距县治或十余里，或二十里，沿岸村庄，声援可借。今碉楼水栅，与民守之，但措置未尽善，则指臂或不灵。自第一角南，迤东历蠔壳头至磨刀角，迤西历螺洲门、黄麖门至马齿门一名马鲚门。又西至虎跳门，自东濠口东，迤北至东洲门，此界乎内外者也。东洲门插入于海，望之如牛角然，昔人以为东北极冲，致憾于防次冲之榕树门，而不防极冲之东洲门。盖谓其足为东濠外蔽，而又以据南北之限也。蠔壳头插而入于海，犹之东洲门也。昔人谓蠔壳头西望新会之厓门，犹东洲门东望东莞之虎头门，重以守第一角不守蠔壳头为忧。夫昔人之忧，忧磨刀海当其南冲，并忧三门海当其西冲耳。今西望阡陌纵横，其势颇异。惟南来一径，扼险为难。若厓门，在虎跳门外，西折而北入，专为新会南冲，与蠔壳头无涉，并与香山西南内地无涉。非若东洲门之三面劳顾盼也。非若东洲门与虎头门之海道直通也。然西以防内奸，而南以防外寇，亦要地矣。且南来之径，稍内则蠔壳头当其冲，稍外则磨刀角当其冲。既守之于蠔壳头，又守之于磨刀角，则蠔壳头偕磨刀角为外护，而势不病其孤。与古人所谓战在一处、守在一处之说相合。故磨刀角不容缓耳。磨刀角西与小托相对，则县南与县西诸口之汇也。小托右与大托相对，为黄麖门。大托右与井岸相对，为马齿门，则黄梁都之左户也。黄梁右户，惟虎跳一门，海面不宽，扼吭为易。东西炮台又与新会分守，胜于铁锁之截，则香山西海由南入北之径固矣。既防磨刀角、虎跳门，又防黄麖门、马齿门。此内若螺洲门，若三门滘，若竹洲头，若涏涌，若上下洲汛，凡黄梁都北境，皆可高枕卧。惟沙田辽阔，西邻新会，内匪出入，踪迹难稽，较象角头尤甚。弁兵巡哨，是不可不严者。自象角头西，迤南至叠石海，则县治之西戒，而虎跳门内之东径也，越沙田而西分数径，而北达于古镇，守叠石足以尽截东入象角之路，未足以尽截北入古镇之路。古镇东西海，皆郡南吭膑。东为曹步之横琴海，当小榄西南，西为鲟鳇沥，界新会东。昔张、郭诸匪，出入为常。今横琴海石堰左右交，几断一径矣。惟南连太平沙、第四沙至象角，东折达浮虚海，其潜匿内匪，犹黄梁都之北境也。鲟鳇沥界两县，阔二三里。古镇外海二乡，如张左右翼，实一方束咽之处。外则虎跳门海，既由南直抵厓门海，亦北抵三沙口，东折而并流，内则西达新会之江门，西北达新会之潮连，北达海洲、小榄，与顺德之马滘、江尾，而横琴海北与会于尖冈。今横琴海既不足忧，自当专意于古镇，与外海协力守鲟鳇沥，使顺德之南、新会之东得外蔽，以成郡南内地关键也。由尖冈越沙滘而北，右折为石牌海，为东埒口，乃小榄一乡之冲，而近地诸港之总也。东埒口北为二埒汛，又北为顺德北侧海，东埒口东迤，南为较剪口，又东南为罟步，又东南为横迳，又东南为县港口，皆内地也，而一望沙洲，群丑藏聚，与象角头等处相勾引，所虑者惟此东埼口。东北为波头汛，则大黄圃也。大黄圃东南为乌珠，为横档，为独子，直达于三洲，则东洲门之北也。大黄圃东北为小黄圃，小黄圃东北为罟草土城，为潭洲。潭洲南，迤东为黄旗角，皆番禺、顺德之南戒也。诸乡四面环海，海面亦阔，几不能互为援。欲择扼要之地以守之，使诸乡无东顾忧，则莫如蕉门。黄旗角南，迤东至蕉门，则内外之界，而最要之区也。蕉门右，西抵独子，既为乌珠增一外蔽。蕉门左，北抵虎门，更为全郡键其东户。蕉门之势牢，虎门之力纾，而内地防御，不虞其逼促。故番、顺境上与香山邻者，皆恃以为安。且东与东莞南沙对岸，南与东洲门遥相望，地虽小，固雄镇也。嘉庆中，议筑炮台于黄角山，旋以地非扼要，改建于蕉门。诚以海寇之来，经蕉门，不必经黄角。蕉门既入，海港已歧，潭洲、黄圃诸村落，四围浩瀚，人人自危，不若并力守蕉门，以成丸泥之势。譬犹制虎者，搏诸内则甚难，拒诸外则较易也。但中流岛屿，其势稍孤，能守之，则南沙东洲借以为势；不能守之，则指臂既非，鞭长不及，其势尽溃散而无所用，故非重兵不济耳。自东洲门南，为涌口门，又南为金星门。门南为九洲洋，东为淇澳堡。淇澳浮寄海中，东与新安大屿山近，有事只内援之，而内不借以为援。诸门虽雄，距县东而隔越重山数十里，无待资为保障，亦不能资为保障。盖门能限南北，不能限东西。海舶东来，在在可泊，附近居民有警，自为守而已。自金星门南，迤西经鸡拍、吉大至澳门，自磨刀角南，迤东经南野角、秋风角至澳门。澳门为广州南戒尽地，无澳夷居之，则为孤岛；有澳夷居之，则为要区。故昔人屡忧之。澳南有十字门，十字门西，大横琴与三灶到督环斜对，中为横州。三灶西迤北为鸡啼门，又西为连湾，为浪白，又西迤北为大虎。三角山居大虎、浪白间，左右海如两肋，皆要领也。大虎西迤北，则西入厓门，北入虎跳门，而西南接新宁上下川界，警备不可不严，虽诸处海道日浅，数十年后，或渐作桑田，而目前尚宜谨键其门，多设巡哨于内。此外如黑山、高澜、大芒、黄茅头、荷包湾，尽舟师游奕之所耳，非一台一汛所能支也。往者黑山置炮台，以难防御毁之。毁之，诚是也。与其资寇，不若撤防也。若老万山，虽在大横琴南六十里外，与黑山情形则又异。寇得黑山不能守，得老万山足以守，故防香山之老万山，犹防新安之大屿山也，非防其出入，而防其盘踞也。要之，海防之防海寇也，地递变则忧递纾；海防之防澳夷也，时愈久则患愈迫。前明驱佛郎机与倭奴，后西洋人居之，尚循谨无他虞。迩来西洋为红毛所胁，且利其富饶，以房屋为红毛居停。红毛日强，西洋日弱。澳夷之消长，即事端所由生也。恐将来西洋有反主为客之形，红毛成有挟而求之势，则意外生变，无有穷期岂，仅为一邑害哉！故广州海防，以香山为要，而香山海防，尤以澳门为要。然澳门已有专篇，兹不详述，惟剌取旧籍所载、险恶处所及、采访所得胪于后，终以风潮附焉，其台戍别详《建置》《营制》。

中路之备，则在屯门、鸡栖、佛堂门、冷水角、老万山、虎头门等澳，而南头澳在虎头门之东，为省会门户，海寇往往窥伺于此，为阑入之途，则东莞、大鹏之戍守宜切也。又西为峡门、望门、大小横琴山、零丁洋、仙女澳、大灶山、九星洋诸处，而浪白澳在香山澳之南，为番舶等候接济之所，则香山所之戍守宜切也。<small>顾祖禹《方舆纪要》</small>

…………

广州海势浩渺，盗寇靡常。前明所患日本诸岛，多自闽趋广，柘林为东路第一锁钥，使先会兵守此，则可以遏其冲，而不得泊矣。其势必越于中路之屯门、鸡栖、佛堂门、冷水角、老万山、虎头门等澳，而南头为尤甚。或泊以避潮，或据为巢穴，使添置重兵，预为巡哨，则必不敢泊。既不敢泊，则其势必历峡门、望门、大小横琴山、零丁洋、仙女澳、三灶山、九星洋等处，而其西浪白澳为尤甚，乃番舶等候接济之所也。使添置兵船，预为巡哨，则亦不敢泊。夫其来不得停泊，去不得接济，则海滨居民，不皆安枕而卧哉。<small>张《府志》</small>

外洋则自小星、笔管、沱泞、福建头、大崟山、小崟山、伶仃山、旗纛屿、九州洋而至老万山，岛屿不可胜数。处处可以樵汲，在在可以湾泊。粤之贼艘，不但艚艒海舶，此处可以伺劫。而内河桨船、橹船、渔船，皆可出海，群聚剽掠。粤海之藏垢纳污者，莫此为甚。<small>陈伦炯《海国见闻录》</small>

…………

濠镜澳者，邑之南陲，孤悬海上者也。陆行百二十里可至，设关焉。

关之外割而住海外诸番千有余家。诸番人随山势高下，筑宫室，树卉木，结台榭，月有廪给，食吾香之粟，而居积其货。番船来往，万里倏忽，有司不得稽。按：先臣庞尚鹏尝忧之案：原文此下有"疏见《艺文志》"五字，今疏见《澳门》。入关而东，沿乎海者，吾香东陲也，曰吉大，有炮台；迤北曰鸡拍，有炮台，曰角头山，有炮台；又迤北，曰平顶，有炮台，曰涌口门，有炮台；又极北，曰东洲门，在邑之东北极矣。其插而入于海也，望之如牛角然。自东洲迤西，曰榕树门，则入县正北矣。自榕树门来者，有二港，一曰小隐口，再曰东濠口，今两口为之设哨船矣。两口之间曰水洲山，山设炮台，以扼其中。哨两口，以张其翼，曰是固吾北维乎。而榕树之外，独缺东洲之守，是舍其极冲，而防其次冲也；防其正北，而舍其东北也。是可忧也。自东濠口而西，曰县港口，水由番、莞来，至浮虚铺锦之海而极阔，至是稍收焉，直吾香之西北也案：此为县之东北及正北地，西字疑误，谓其直入吾县，设哨焉。使番、莞严哨握其外，吾香于黄角、黄圃握其冲，则掎角成而县之西北固矣。夫番、莞岂不诚内地乎？然樯帆风马，咫尺千里，恐呼之或不及，吁之或不应，未可纾吾忧也。自县港口而入，曰张婆澳，有炮台。又稍入，置栅水中，曰上栅，忧其奸之阑入也，亦忧其奸之逸出也。又入，则县治矣。过县治而南，曰沙涌，曰下栅，其制犹之上栅也。又南，曰曲涌，有炮台。又南，曰第一角，海邑之西南门户也，有哨焉。昔之人曰，花茂曾守此矣，则未知其仅二三哨船焉，否也。自第一角而南望，尽迁没矣。山岛耸峙，旷无人烟。迤东，地势稍折而入，曰北台，曰深湾，有炮台焉。又迤东，曰蠔壳头，蠔壳之插而入于海之南向西，犹东洲门之插而入于海之东向北也。蠔壳而西望，会之厓门，犹东洲而东望莞之虎门也。舍蠔壳不守，守第一角，犹舍东洲门不守，守榕树门以内也。非不守也，力不及也，是可忧也。由蠔壳又东，曰南野角，曰麻子埔，有炮台；曰茅湾村，有炮台；曰秋风角，有炮台。又东则香山寨矣，有镇兵以分其忧者，此也。过寨而东，邑之迤南尽矣，又为吉大。环香皆水也，犹之广郡诸县落之皆水也。县治而外，其附近者，龙眼都，县治在其东，龙眼在其西，龙眼之西，亦县之西。阻沙为口，曰象角口，有哨焉，有台焉。自象角口入，而近乎县也，曰狮子滘，有哨焉。出象角而南，曰竹仔林，有哨焉。是皆县之西陲也。自象角口而西北望，原田错绣，曰大榄都，则入于内而近顺德矣，有台焉，有哨焉。自竹仔林而西北望，曰古镇，镇近新会，有台焉，有哨焉。自竹仔林而南望层峦，曰黄梁都，民已迁矣，地已墟矣，可不忧黄梁。夫必迁其民，墟其地，而后可不忧也。此岂设险守国意耶？地必有形，广狭大小，衺延险易，皆形也。有形而后有胜，守此可以兼彼，策此可以应彼，故曰胜也。香浮海中，寸寸可念也，尺尺宜守也。于是因其有口者以驻哨，哨即胜也；因其地之稍高可望者以筑台，台即胜也。然而台不数人，哨不数舟，台之相去或数里，或数十里，舟之相去近或数十里，远或百里，以为传烽递警可也，以之截杀堵御，则疏焉矣。况其地广大，而多山川之要，会极香、会、宁三县之冲，弃而弗守，尤有可忧者存焉，故曰形胜志忧也。申《志》，《形胜篇》

香山地濒海，背枕花洲，前俯澳门，厓山峙其西，虎门扼其东，乃番夷市舶交易之所。遵澳而南，右舵尾，左鸡鸣，右横琴，左九澳，峰峦表里，四立纵横，成十字，曰十字门。水有艨艟哨桨之相比，陆有亭障壁垒之相望。屈绍隆曰：广州诸舶口，最是澳门雄。地实为百粤锁钥，其提防之具，可一日弛与？张《府志》

浪白澳、十字门、老万山、零丁洋有海道哨兵把截所四，石岐在县西，东洲门在县东，乾雾在县南，大人岭在县北。营堡有镇头角营、南禅佛营、县港口、象角头、浮虚营、大埔洋营。《天下郡国利病书》

⋯⋯⋯⋯

蚝壳头西与平冈对峙，南距磨刀角约三十里，北距芙蓉沙数里，第一角十余里，西为广福沙，海道连新会，内外之间，最要区也。《采访册》

案：昔人尝以不守蚝壳头为憾。今以形势观之，守蚝壳头，兼守平冈，则为南戒扼其至冲，并为西戒扃其偏户。而第一角之守于内者，势亦倍牢。且许廷桂之败也，以内河狭无退步也。其受鑱而至无退步也，以沿岸之无援也。磨刀在外，不能应之，以海阔而势孤也。此若有备，则失势于外，犹可整旅于内，何至受狂寇之穷追乎？且海寇由三门西来，则可不经磨刀，而不能不经蚝壳头，故蚝壳头为尤要。

磨刀角，一孤洲在水中，东神湾，西小托，为蚝壳头外障，有炮台

守之，然不能无藉于近援。嘉庆十二年，贼围磨刀，得神湾为应，围遂解。详《事略》

案：磨刀西拒小托，海阔而深往者，寇出入由之，以小托无戍守，而磨刀炮台势不能及耳。

马骝门，有炮台，守大托、黄杨间东西互通之径。南向桅夹门、泥湾门，可为外应。其北大托、小托之间，曰黄麖门，亦东西海互通。俱同上

泥湾门、鸡啼门两门之间有桅夹石，蕃鬼岩然。惟大小托、大小磨刀有港，可泊船。印光任《澳门记略》

泥湾门，在白蕉西，黄梁都东，马骝门南冲也，白藤山蔽之，险可守。《采访册》

桅夹门，在白蕉东又东，为妈角海，内洋之最冲也。其外鹤洲、登龙洲，皆昔日海寇游息所。

虎跳门，东香山，西新会，一水为之界。北距鲟鳇沥八十里，门外右折入匪门，亦北行八十里，为鲟鳇沥分流处。海道视匪较直，水势视匪较缓，商舶出入多由此。

案：县南要道，黄梁都东西皆当其冲，但西只虎跳门，无他道可虞，故专力守之，一方自固，若其东海面阔而港口多，由泥湾门、桅夹门、磨刀角，则直达而北矣。由马骝门、黄麖门、三门海，则横突而西矣。故黄梁东北，在在险要，黄梁之西，防御为较易也。

叠石，西为新会界，昔巨浸也。今沙田中互南北，道分为三四，而海仍深阔，一道东趋，则县西境咽喉也。距象角头二十里，今有炮台。

案：县西旧有象角头营，今已成内地，守象角不如守叠石矣。且北人之径虽多，亦足断其一径。

……………

曹步，东临横琴海，南戚角海，东北流板海，县北境东西横越之路，昔海寇屡泊此。

案：象角、叠石之北，古镇、曹步之南，数十里无汛哨，香山、新会土匪互相勾连，出入则以此为门庭，啸聚则以此为渊薮，清盗之源，所不容缓。

……………

东洲门，横跨海上六七里，喷薄迅激，水作旋涡，潮落时上下悬流数丈，舟人候平流乃过。东北稍内接横门，回头雁山者，横门之二门也。外为横洲，名横门。横门视东洲门较小，弯曲成环，水势平缓，可泊船。从南来者，或惮东洲门险，驶东折入横门，路颇迂。二门水甚浅，直东四十里，为龙穴山，与水师提标中、右两营分界，北距虎门八十里。海舶入郡城者，往往直从淇澳，东上龙穴入虎门。其入县城者，亦直从淇澳，东上龙穴，径三洲入东濠。然龙穴左右多浅，数百斛之船仍绕东洲门斜上。邑人邓谷曰：东洲门为内河要路，上引江流，黄淤奔注，下汇沧海咸潮，香山上下海相交之门户也。旧为防倭要津。

案：县东北外洋，海道最直，阻山为隘者绝少。南备于东洲门，北备于蕉门，西备于东濠口，声势互相助矣。二洲、三洲居其间，则彼此皆可借为近应也。

……………

金星门，在县南百里，淇澳之西，唐家村之东，海中两峰相对，中有小屿如星，故名。昔蛮蜑多澳于此，相聚为寇。《方舆纪要》

金星门、东洲门可泊艚艉艚船，洋舶不由之。金星门之旁有鸡笼洲、小茅山。《澳门记略》

淇澳即淇蠹屿，在县东南海外，又东南六十里为新安县南头，以零丁洋为界。北则九洲洋，邻内地。西南距澳门五六十里，南距老万山八九十里。以其地僻易薮盗也，置巡检司，防招诱，严接济。《采访册》

澳东，为东澳山，又东为九星洲，山九峰分峙，多岩穴，奇葩异草，泉尤甘冽，商舶往来必汲之，曰天塘水。其下为九洲洋、鸡拍山，多暗礁，不能寄碇。又东为零丁山，东莞、香山、新安三邑画界处，下为零丁洋。《澳门记略》

老万山，在蒲台石东南，自澳门望之，隐隐一发，至则有东西二山，相距三四十里。东澳可泊西南风船，西澳则东北风船泊之。山外天水混茫，虽有章亥不能步鳌足鹏翼之所。至岁五六月，西南风至，洋舶争望之而趋，至则相庆。山多伏莽，故名大奚山。宋绍兴间，降其人充水军。庆元间复乱，讨而墟之，戍以兵。雍正七年，两山各设炮台，分兵戍之，及瓜而代，与大屿山屯哨为犄角，则澳门、虎门之外蔽也。

案：《广东舆图》《广州志》皆以大奚山为大屿山，此据《仓格军门志》以老万山为大奚，误。

澳南有四山，曰蠔田，曰马骝，曰上滘，曰芒洲，为内十字门。又二十里有四山，曰舵尾，曰鸡颈，曰横琴，曰九澳，为外十字门。夷商舶出入，必由之。

案：十字门，自乾隆五十四五年始有闽、潮人凿山取石。今屯集数千人，即昔所谓畲蛮之类，重洋峻岭，接济既便，藏聚尤多，倘夷人诱致之，如倭奴故事，则来也有近应，出也有退步，事更有不可问者。无事虽不敢为变，有事未尝不可忧也。有心人欲驱之，但生计所营，室家所托，皆在于是，诚未易言轻动。然防闲之道，宜预筹矣。或欲迁诸老万山，宽以年限，待其自徙，此亦安插之一术也。

横琴山下有仙女澳，一名深井山，澳曰井澳，宋益王昰南迁泊此。横琴二山相连，为大小横琴。元末海寇王一据之。南一山，曰银坑，水最甘冽，又南五十里，曰蒲台石。

案：澳南、澳东诸岛，皆舶薮，渔船多集此。明初海患多，蛋户为梗，故籍而用之。嘉庆间，鲸窟纵横，半为渔户，而屡与之抗，能稍折其锋者，亦惟渔户。其为盗也，有所迫也。衽席风涛，所得者不足以供汛兵巡丁之索取，故生计日绌，稍强者即愤而为盗。若其与盗抗者，大抵生殖有资，身家自重，故往往请于官，以渔为捕焉，此又无待籍之然后用矣。其势既殊，其情亦异，视乎抚驭之有道耳。

澳西不十里，有北山，下为北山村、沙尾村，西为登龙洲。其与秋风角对峙者，曰南埗角，旁为挂椗山，船可寄碇。他如鸡笼洲、横洲、白藤、大淋、小淋、三板洲，皆孤绝，无寄泊处。

秋风角、娘妈角，一山嶙然，横插于海，磨刀掎其西，北接蛇塂，南直澳门，险要称最，上有天妃宫。俱同上

挂椗角，在澳门西北二十里，自澳门妈祖阁对岸银坑群山连亘直上，至挂椗角屹立海中，北为登龙洲，为南埗角，西为芒洲，一望弥漫，则横琴、三灶间也。磨刀海自北来，至挂椗角，左右分二道。东北一道，由秋风角经青洲抵澳门，北山、南屏诸村，藉群山为南障。其海面宽而

浅，商舶入澳，常候潮于此。其东南一道，直达马獭洲南岸，为大钓环，海面不甚广，妈祖阁与银坑对岸，则入澳之门户也。银坑右折而北，与马獭洲对岸，则入县之门户也。挂椗角、大钓环之间，固一扼吭地矣。

案：南埜角、登龙洲与挂椗角为应，前山北径也。能守此，则秋风角可稍缓。若欲藉为磨刀外藩，则其势不及矣。盖岸则渐迤而东，海则渐荡而西。海中诸山若浮若没，不能恃为阻隘，故截前山之北则易，而障磨刀之南则难也。

英管山，有炮台，南望芒洲，北望鹅槽，墩堠遥接，相为犄角。

芒洲沥，小山连合，浮于水面，周回四五里，北接峡口沥之冲，西界鹤洲，东连上滘，达澳门，南入下滘，与舵尾角形势相错对立，如门内十字门之一口也*大钓环越山而南为内十字门，东口为马獭洲，西口为芒洲*。水甚驶，舟楫多由此，澳门西路最要津。国初建碉台洲上，今洋巡战舰，常停泊其中。此香山水军分汛之一也。

前山寨，驻重兵，今立陆路专营。*俱同上*

案：以制澳夷，则陆为重；以御海寇，则水为重。前山当水陆之交，似不宜划然大判。前山既专隶陆路，则水师难以调发，登龙、挂椗、芒洲、鹤洲间襟带地耳，倘有急，其将坐视乎？陆需水，水需陆，其能无龃龉阻误乎？既有专营，固不如兼辖水陆矣。

黄梁都稍南为咸汤门，外为三灶门，产盐，有大使领之*案：盐场今废*。高澜山多鹿，元海寇刘进据之，明初平，有腴田三百顷，居民烟火与三灶相望，又有牛角山、鸡心洲、马鬃洲。*《澳门记略》*

三灶山，在城南三百里*案：《采访册》一百三十五里*。成化以后，有官军戍此。*《方舆纪要》*

灶口，其东南为大横琴，西为三灶，外洋、内洋之限也。广二三里，中一山，曰横洲，水最湍急。《一统志》所载乌沙海即此海。舶由高澜内来者，入鸡啼门，由高澜外来者，则入此门。*《采访册》*

鸡啼门，东岸为三灶，大淋、小淋间有大门、二门，门较小，西岸为连湾，外为重洋，内为鸡嘴汛，汛当门北冲，西通连湾、文湾，浪白为两口总汇，有汛，隶香协右营。浪白澳在澳门西迤南九十里，在黄梁都西南六十余里，鸡心洲当其南口，北为连湾，东为文湾，又东与三灶、大林山对峙，为鸡啼门，昔蕃舶薮也。今已淤浅，不能停泊。

案：浪白虽淤浅，而地最辽阔，瞭望颇难，且东则连湾、文湾以及鸡啼、咸汤二门之内，西则三角、大小虎，以达于新会、新宁，此径横贯之，固彼此侦谍之捷径也。

黄梁都之南隅，皆滨海地，曰草葿环，曰石狗环，曰芦亭环，曰榕树环，海面二三十里，直接浪白、三灶，沿海山旧皆有烽堠。狗山曰西烽堠，西南临榕树环。望水岭曰中烽堠，南临石狗环。望水岭东曰东烽堠，近鸡嘴汛，南临草葿环。海道自西而东，此皆必经之路。北折入内地，则鸡嘴汛为最冲。

案：县西南自虎跳、马鲚二门以外，防守绝少。黑山炮台既以不足恃毁之，则鸡嘴汛不宜缓视矣。

高澜，在三灶西南二十里，多盐田，又西荷包湾，有商旅，与新宁、上川、下川、大金、铜鼓近。地最荒远难稽，凡接济海寇，大抵在此。

案：香山海防南为最要，黄梁都介内外间，外则东而鸡颈，中而浪白，西而铜鼓、荷包、高澜、大小虎，内则赤坎、泥湾、三门蓄、鬼岩，而黄梁都居其中，尤要区也。昔人筑土城，设都司戍之以此，故今叙述之较详。

香山县志卷五

古迹第七

城址

香山镇，即宋金斗盐场。黄《通志》在县南一百五十里，地名濠潭。顾祖禹《方舆纪要》旧为金斗镇，属东莞，绍兴改为香山场，后迁于场前，村址废。《通志》

廨宅

香山场盐课司废署，在县东南二百五十里恭常都。郝《通志》

按：《方舆纪要》香山场在县南一百五十里，此云二百五十，疑误。

香山场委员署，在黄梁司三灶栅，原系场商馆舍。乾隆十三年，大使沈周详修谷仓一所，在署右。乾隆二十一年建，今俱废。《盐法志》

协镇旧署，在前山寨，明天启元年建。阮《通志》

茶亭，在县南四十里，岭高百余丈，中通一径，为恭常、谷字都及澳门往来要路。康熙间，僧定崖建亭，暑月施茶，知县陈应吉颜曰少憩。雍正间，副将汤宽倡捐置田十余亩。暴《志》后圯。嘉庆三年，知县尧茂德重修为三楹榜，曰以解渴烦。《采访册》

坊表

鸣凤坊，在黄梁都荔枝山，为举人黄銓立。暴《志》

冢墓

宋太傅枢密使张世杰墓，在县西南一百五十里黄梁都赤坎村。黄《通志》《说郛》云，世杰当景炎帝殂，复拥立祥兴于海上，与张宏范各军于南北岸。一夕忽大风雨，战皆不利，世杰舟覆而薨。翌早，诸军棺殓，焚尸岛上，其中胆大如斗，更焚不化，诸军号恸。须臾，云中现金甲神人，大声呼云：太上以我驰驱，关系不小，已多方措设恢复矣。由是诸军心皆不移，葬之赤坎村。陆秀夫作诗挽之有云：曾闻海上铁斗胆，犹见云中金甲神。盖忠义英烈，虽亡犹耿耿也。秀夫从龙于渊，盖在世杰之后云。相传世杰葬阳江县潮居里赤坎村，今考阳江无此里，亦无此村，则此为真墓无疑矣。申《志》引黄《旧志》五百年来埋没宿莽间。国朝乾隆十三年，知县张汝霖捐资修复，撰碑立石墓侧按：《碑略》曰，考《宋史》载，公溺死平章山下。《元史》谓死海陵港口，平章即海陵东峰，隶阳江境，公之瓣香祝天，覆舟于此无疑。故《一统志》即据是以定公墓。黄淳《志》载：公死，诸将得其尸焚之，函骨葬潮居里赤坎村。阿黄才伯则曰：阳江不见潮居里，此地真存太傅坟。果孰信而孰疑耶？余谓，陆公于厓门负帝赴海，今其墓乃在潮州屿中。盖太傅兵败，张宏范乘胜追蹑，二公虽已授命，残卒故部，势不获即于死所从容封窆，须携之稍远而后克葬，亦固其所。况赤坎村近在黄杨山麓，实故潮居里地，而平章所属曰寿文都，此其尤较著者，史书其所死而不详其所葬，后人遂以死所当之。要不越才伯所称，祀在阳江，墓在潮居者近是。先是将表公阡，风励士庶，冀得考证图籍，衷于一是。会张生沛景等来请，即割俸以倡。并置西坑逐田三十余亩，畀景等掌之，以黄梁都司巡检察核而尸其祀。公讳世杰，范阳人，宋太傅枢密副使越国公。事具《宋史》复新置土名马槽埔等处荒熟田三十九亩零，畀里人张沛昌等董其事。岁收所入，遣官春秋致祭。暴《志》迨张沛昌等子孙分徙，嘉庆十八年，知县马德滋断令张耀恩等承祀，仍令旧佃刘达士等每年冬节上期输纳租银六十两，缴库两次，给银二十两办祭，存银五两贮库备修墓用，余银三十五两拨丰山书院添充膏火。二十二年，黄梁司巡检以张燿恩等办祭潦草失时，知县钟英改饬该司承办行祭。《档册》

明黄佐张太傅墓诗：阳江不见潮居里，此地真存太傅坟。想像云中金甲在，松涛犹似拥千军。

按申、暴二志载，黄杨山其阳有赤坎冈，为张世杰墓见《山川门》。黄《通志》云在黄梁都赤坎村。黄淳《志》云葬潮居里赤坎村。寻群书皆称赤坎，无专指黄杨山者，而张令汝霖修复之墓，乃在大黄杨山上，距赤坎村八九里。然则其墓碑所辨则是，其所修之墓仍非也。今考之，小赤坎村冈向存古冢。父老相传为张太傅墓，与《志》符合。道光元年，有土民图利，诈称为马南宝坟，报马氏族姓，遂误立侍郎墓碑。核马氏族谱称，侍郎葬广州后背山，今不知穴云云，并无葬赤坎村之说。盖张马两墓一误再误，胥失之矣又按：秀夫死在太傅前，《说郛》传疑，姑存之。

宋邕州左右江提举刘中行墓，在恭常都前山寨之西北山。《采访册》

明知县黄瑜祖、黄温德墓，在大北山北丫坑。金《通志》、申《志》

阮《通志》：明文徵明撰墓志铭：黄氏其先人筠人，宋度支员外郎汉卿之后，元西台侍御史宪昭谪官岭南，道卒。子从简留家广州之南海，遂为南海人。至正间，东莞伯起兵靖广南，从简在行间，累功宣慰副使。宣慰子教，娶性氏实，生府君，少则岐嶷，为宣慰公所钟爱，命之曰温德，字曰朝贵。既而宣慰卒，父亦继亡，而天下大乱，岭南阻饥，府君凤遭悯凶，又属时艰，辛苦百雁，数贴于死已。又被籍为兵，初隶广州卫，徙南海，再徙东莞，间关流离，无所得食，而奉其继母林，往来兵间，客授自给，身虽屡空，而其母供具无乏也。母尝病思柿，且思见其嫂嫂，所居相去数十里，兵燹道棘，阴怜弥望，府君不惮，宵征卒致其嫂并柿以来，母病良愈。又尝被执于盗，与叔父敏争死，盗义而释之。少从高爵先生学雅，善为诗，诗清丽可诵。或时馔囊，而读书赋诗不辍，家人愠见不恤也。夫人关氏，山南巨族，素称诗礼家。夫人厚默闲静，相府君于傲扰之余，拮据卒瘏，用以有济。府君殁，丝畜粒聚，以图振植，底诸子于成，婚嫁以时，门户弗替益隆。然寡居深密，人莫能窥。邻妇每以缲织声候其所在，念舅氏孀女，贫不能守，撒环瑱以赠，且正言勖之，遂成其志。而夫人之子适龚氏者，亦以完节称，皆夫人有以式之也。府君卒于洪武壬申七月十四日，年四十一。夫人卒于永乐戊戌三月十二日，年六十有六。先是，府君卒之明年，其家徙隶香山，夫人乃负府君柩浮海，葬香山之大北山。至于诸子奉夫人合于府君之兆，实永乐十七年己亥也，距府郡之葬二十有六年矣。及百有七年，嘉靖丙戌，府君之元孙翰林编修佐为余言其事，俾为铭。府君俨朗激昂，而才智敏达，负其所有，思自树立，而岖崎迫塞，曾不得一振，以死有足悲者。然其子孙茂衍，至于今百年，日益贵盛，而其事卒有以白于世，则不可谓不幸也。府君四子：洙、泗、涵、洋。女一人，婿曰龚材。孙男八人：瑁、瑄、瑜、玠、琼、玟、瓒、琛。瑜仕为长乐知县。孙女六人。曾孙男十二人，蠽以子贵，赠翰林编修、阶文林郎。元孙十六人，而佐最著。铭曰：有闵府君，胡赋则醇。而命不辰，乃濡以沦。既承有家，亦贞厥履。有卓其瑛，胡棶而毁。匪棶而毁，庆衍在兹。聚有弗居，而后人之遗，乃百斯年，有引弗替。奕其缨簪，光厥宅里，西濠瀼瀼，府君所生，大北苍苍，府君所藏，孰匪邱首，有阶者室。我铭幽扃，以永无泐。

黄瑜《北山诗》：青门郁葱葱，北山佳气浓。不见邵平瓜，见此金芙蓉。芙蓉历冰霜，秀色射埤海。喟彼贞心人，素履长不改。我祖廓庙材，早没随蒿蓬。大母矢靡忒，白首甘所终。时不共钟鼎，世乱逐戎马。缅怀东陵侯，哀歌泪盈把。

明黄铨墓，在黄梁都荔枝山。张《府志》、暴《志》实在太平埔。《采访册》

寺观 附

龙归庵，在县西南斗门村，宋绍兴初建，元末久毁。申《志》今复建为寺。乾隆十六年，邝崇坡捐田十亩，以供香火。寺居龙归山半，四山罗列，夹道古松数百株，右有二榕连理为榕关，前有石台，外有大小二溪，通以石桥。天旱于寺祈雨辄应。《采访册》

金台寺，在黄梁都黄杨山上，宋末赵时鏦、龚行乡、邓光荐读书于此，筑金台精舍。今建为寺后，为文昌宫，两水夹流，瀑布百丈，下为龙潭，渊深莫测，山出茶，以本山泉煎之尤佳云。同上

怀园寺，在莲塘街黄沙巷，明郑一岳未仕时建，其后人于乾隆戊子重修。《采访册》

香泉寺，在黄梁都乾雾村北张赊山，康熙间乡人梁姓建。

护龙寺，在黄梁都浅坑岭南。

金石第八

龙归寺钟款

右钟在黄梁都斗门村，款云正统三年，又云信官主簿周成，考周成

柳城人，正统元年任主簿，见《职官表》。

洪圣庙钟款

右钟在恭常都上栅村洪圣庙，款云正统十一年。

乡主庙钟款

右钟在恭常都官塘村乡主庙，款云宏治十一年，又云新塘村神丁，按旧志，兹都有官塘，无新塘，然则官塘即新塘欤？

康真君庙钟款

右钟在恭常都东岸村康真君庙，款云嘉靖四十年。

太保庙钟款

右钟在恭常都上栅村太保庙，款云隆庆四年，又云长安乡恭常都莲塘境。考旧志，恭常都无莲塘村，名盖即上栅村之旧称也。

南洋庙钟款

右钟在恭常都南大涌村南洋庙，款云万历八年孟夏。

圣堂庙钟款

右钟在恭常都灶贝村圣堂庙，款云万历十年。

天妃庙钟款

右钟在黄梁都乾雾村天妃庙，款云万历十二年正月二十六日。

康公庙钟铭

右钟在恭常都翠微村康公庙，款云万历十八年孟春，其铭内炷字，即铸之别体耳。

侯王庙钟款

右钟在恭常都那洲村，款云万历十九年。

南洋庙钟款

右钟在恭常都古鹤村，款云万历二十九年辛丑春月。

但侯德政碑记

右碑在恭常都凤池书院。

康真君庙钟款

右钟在恭常都吉六村，款云万历四十七年。

星桥庙钟款

右钟在恭常都前山寨，款云崇祯五年。

三圣庙钟款

右钟在恭常都唐家村三圣庙，款云崇祯辛巳仲秋，辛巳崇祯十四年。

百洞溪三字

右石刻在恭常都。

宦绩第九

元

赵怿夫，端平元年任，三年十月卒于官，有惠政及人，子孙寓籍黄梁都。申《志》，《秩官注》

以上知县。

国朝

沈大耀，顺天大兴人，乾隆五十九年，任淇澳司巡检。《县册》廉而慈，时有叔与侄争水而殴伤其侄者，其侄讼之，大耀谕之曰，此微伤也，且以叔殴侄，当忍受，何必讼，其侄感悟而去。故事官市肉率半价，大耀必依民价给之。后卒于任，箧空如洗，民争赗赠，丧乃得归。《采访册》

金世任，字泰元，浙江义乌人，本名家子，以儒术干有司不用，则舍而学兵法。申《志》崇祯十四年申《志》，《秩官》任前山参将，以威信为澳夷所慑服。申《志》与县令顾其言申《志》，《秩官》协和共事，严饬士伍，毋敢厉民，军士经其节制，无不以一当百。是时，连岁荒祲，沿海诸乡间相聚为盗，世任曰是岂民得已耶？每奉上檄追捕诫渠散胁，多所存恤。申《志》

香山县志卷六

列传第十上

宋

阮与子，赤坎人。申《志》天性纯笃，读书通大义，早丧母，事父元辅尽孝。德祐二年丙子五月，父病剧，旦夕稽颡北辰，请以身代。黄《通志》开胁割肝，取一脔以疗病，病为之瘳。戴《通志》。黄《通志》作刲股和药乡里异之，以其事达于有司。经略使徐直谅赍以二帛，号所居为孝行

坊，将以上闻。会师旅不果，居五年，父没，哀毁逾礼。黄《通志》崇祀乡贤。申《志》

邑人黄佐曰：呜呼！父母全而生之，子全而归之，礼也。故刺股割肝，法制所禁，此韩愈所以有鄂人对与。虽然，世降俗薄，固有悖逆其父母者矣，以与子之事亲观之，宁少知愧哉。故论者原其一念爱亲之诚可也。

赵若举按：一作榉，黄梁都人。暴《志》本宋宗室，有拳勇。端宗景炎元年航海，若举赴难，授武翼大夫，带行在阁门宣赞舍人，召募潮居里民数百以勤王，擢广南东路兵马钤辖。宋亡，元张宏范遣兵欲屠潮居里，若举力以一乡民命为请，于是潮居里三百余家赖以安堵。黄《通志》兄若梓同时勤王，抱祭器入山，以存宗祀。《采访册》

元

赵梅南，黄梁都人，承节郎时鏄之孙，邑令怿夫之裔。申《志》本宋宗室，善书翰，浮游物外，好品藻诗文，尝作潮居八咏。阮《通志》引黄《通志》，附《阮泳传》同邑杨士元序之，以为因事陈词，气严理正，遂赓和焉。梅南往复辨论，必求工而后已。张《府志》。《与士元书》略曰，潮居山穷水尽之乡，刀耕火种之俗，盖遐裔也。仆生长于斯，每风日晴明，山川辉媚，未尝不登高望远，游目之际，偶与意会，不书所见，使其物迹湮沦，是林惭涧愧耳。因成八境诗，以寄情胜。不拟先生首阐一序，并诗品题承，转付默斋先生，仰尘匠石，运斤成风，斫鼻端之垩，斫者诚难受，斫者亦不易。昨蒙发至改本，披味再四，蒭芜截繁，撮机取要。浩乎吞鸥夷九湖于胸中，而无西子之累然。其中微有一二，不无疑焉，所谓诗无定鹄，会心是的，信矣。又于竹径构亭日狩菜门榜云：但存方寸有余地，不可一日无此君。申《志》自号意翁，寓意佳山水，随在而乐，颇尚空寂，不仕终。张《府志》

明

郑荣叟，莲塘人。申《志》果敢有谋。元末，巨寇劫掠县治，宣差达鲁花赤朵罗歹力不能支，乃率荣叟及邑人杨昆等移县于古寨山屯守，已而朵罗歹卒，人心动摇，有族人曰：橘官溺死，里人相传为神，荣叟投之以机，即迎祷之。每寇至，即言见一衣红人掠阵中，乡民奋勇百倍，寇辄遁去。筑垒凿堑，据守一十八年，龙潭贼卢实善等累攻不下。洪武初，征南将军廖永忠率兵至，乃奉籍归，附祀乡贤。郝《通志》

梁富，字东桥，黄梁都人。申《志》正统十四年，黄萧养作乱，乡人林帝祐附之，远近煽动，富激烈指陈大义，民无逆志。贼怒，胁富降，不屈，复大骂贼，贼杀之，投崖门海中。张《府志》英宗朝旌表义民，国朝雍正己酉奉祀忠义祠。《采访册》

郑鸿，字振仪，莲塘人。申《志》年十五，有声庠序，成化甲午举乡试第三，人屡恶会试，梁储为少宰，鸿胏附戚也，客或讽之。鸿正色曰：子徒知少宰能贵人，独不知人有良贵耶？遂决意仕进，卜筑莲峰下，凿池构亭，倘徉自乐。祀乡险贤。金《通志》

黄鈗，字世美，黄良都人。申《志》成化乙未进士，授大理寺评事，审谳有能名，升广西佥事，未几赋闲。会郁林陆川寇起，诏鈗军门听用，定郁林博白流民几三千户，清无征税米二千石，袭杀归化贼郭公才等，与陶鲁欧磐，皆威行夷獠，以功复前职，改江西佥事。擒瑞州贼王宏、湖广贼姚明礼，俱散其党，都御史刘大夏总督两广，以鈗尝有功广西，乃荐升副使，兵备柳庆、南宁，兼分巡右江道，莅任即卒。张《府志》子廷珍，字席之，赋性刚直，涉猎群书，精于医。事继母孝，处兄弟友。父殁，庐墓三年，卒年六十三。申《志》鈗祀乡贤。《采访册》

郑邦栻，莲塘人。暴《志》性孝友，补弟子员，授徒讲学，远近宗之。父丧，既葬，庐墓三年，遇讳日，水浆不入口，盖终身孺慕者也。以拔贡知广西荔补县，县辟西陲，民素顽犷，而长吏亦以地远，便为奸利，多无名之赋。张《府志》邦栻一以德化道之，蠲额外之征，春秋履亩，劝课农桑。申《志》不期月而其民大治。复饬学宫，励诸士以文艺。是年，邑生刘大业遂擢高第，近县土司恃险远，每夺民田舍，奴役之。邦栻为理谕清复民田数千亩，有以威劫其民为臧获者，悉复之。士民为建革杂税碑，构劝农亭，以示不忘之意，家居礼请乡饮，宾者凡十有九。时万历中乡评犹为近古，邑中虽有耆年旧德，无敢先邦栻者。张《府志》

梁思诚，字用孚，黄梁都乾雾村人。万历时寇犯境，兄用钦遇难。思诚惧伤父母心，乃弃举子业，专意侍养，自谓所居可隐，因号居隐。父母殁，独力营丧葬，出三百金产为尝田，供祭祀，抚兄子如己子。天启间举乡饮宾。长子应秋游，邑庠力学，著四书讲意五卷。顺治戊子，社贼起，以梁氏世德素行，相戒勿入其门。申《志》

梁国栋，字敬胜，黄梁都人。申《志》天启甲子举人，授彭泽令，廉以持己，敏以御物，民怀其惠，奸畏其威。张《府志》咸称为铁面梁公。甲申闯贼之变，附逆者蜂起，国栋擒获伪官三、伪印二，左帅兵所经州县，无不残掠，及过彭泽，诫曰，此梁侯境土也，慎无扰。申《志》以母老求归家，居十二载，读书自乐，年七十有一。张《府志》

卢志中，恭常都人，邑庠生，遇朔望，大集同姓子弟，讲孝友睦姻任恤，罚其不率者，县令表其门曰端。暴《志》

国朝

梁国章，字敬韬，乾雾乡人，沉毅有度，顺治间岁贡生。社贼之乱，多所残害，与兄尔励、侄星占密请兵计，歼其魁，乡人赖之，卒年六十五。《采访册》

赵之诰，字天章，黄梁都人，邑诸生，性和厚。时社贼欲劫乡，其仆应之，私往会，数日乃返。之诰不加责，且慰存其劳瘁，给以酒食，仆感泣，以实告，遂遣仆去密求救于邻，及期贼至，以救免，乡人赖安。《采访册》

梁源泗，黄梁都乾雾村人。申《志》邑廪生，生有至性，甘恬退居家，力行所学。父国栋尝为彭泽令，有声源泗。善事父母，母病，吁天愿以身代。张《府志》及亡，水浆不入口者旬日。申《志》服未阕，父又亡，益昼夜号泣，遂至失明。生平处己以信，接物以谦，课子弟以诗书，皆著声庠序。年六十双目复明，能书细字，学使准贡，举乡饮宾。张《府志》道光八年，以孝行旌。

韦元懿，翠微村人。暴《志》康熙五年，海贼潜袭翠微，元懿招众击之。《大清一统志》遇贼老鸦口，懿吼声如雷，贼皆辟易。俄而骁贼舞刀向懿，懿手格贼，刀贼亦手接懿刃，相持未决，懿头触贼胸仆地，贼众奔溃。暴《志》次年，庵山被寇，率众赴敌，贼素闻其勇，遮道击之，遂遇害，乡庵人祀于西社。《大清一统志》

梁宫捷，字祺生，黄梁都人。暴《志》性孝友，尤潜心理学。康熙按：康熙当作顺治，详《选举》辛卯己酉，两中副车。司训大埔，勤于课士，著有《长春集》，藏于家，长子天叙，字遐昭，乙酉明经。张《府志》

郑九琨，字公性，莲塘人。暴《志》前山寨把总。康熙丁巳七月，海寇钟吉生夜劫翠微村，琨闻警，率亲兵十一人驰至村口，谓众曰：贼贪财物，不虞我至，我分三队，从四巷杀入，黑夜中一可当百，众应诺。张《府志》徐千总立山顶，以旗招琨，且谓之曰：众寡不敌，毋徒自苦。暴《志》及曙，贼掳男妇而出，九琨忿曰：为朝廷守土，纵贼横行，何以生为？立呼十一人下山，扼贼路口，贼呼雅林与敌，琨砍林额小镜，镜碎有声。张《府志》吉生以鸟枪中九琨，九琨挥亲兵退，犹挺立作击贼状，贼不敢遽近，伺已众越田，方仆地死，其忠烈如此。《大清一统志》

卢间生，北山人，邑庠生。尝捐地立村，名曰双龙，构讲堂，课子弟，正业之暇，旁及诗歌，一时从游者，多著声庠序。申《志》

杨屏，字翰远，翠微人。痛母早逝，每遇讳日，辄悲泣不食。事继母如所生，兄弟六人，让美分甘，性尤豁达好施。岁饥，首倡捐赈，复捐己田，开凿沟道，灌溉村田数十顷，旱潦无虞，乡人德之。为文章雅好史迁。暴《志》足迹所至，燕齐三晋吴楚江淮间，随遇作为诗歌，纵横有奇气，领康熙戊子乡荐。张《府志》雍正丁未搜遗拔第一，授昌化教谕，旋升直隶固安县知县，著有《缶鸣集》。暴《志》

郑三才，字兼将，岁贡生按：暴《志》《选举》例贡，莲塘人。幼丧父，哀恸若成人，观者动容。事同怀兄四人，爱敬胼笃。康熙癸巳读书上涌村舍，草寇窃发，乡人失措，三才设策守御，寇不敢近。业师黄仁山贫未举子，用己赀为之买妾，因得子。里有恶少年凶横无忌，三才谕导之，少年感泣，化为良民，其与人为善类如此。张《府志》

徐士桂，字贵任，世居前山寨，家贫采樵，至凤门坳，山路巉巀，叹曰：他日得志，必辟此以利行人。后筮仕时即践其言，官至春江协镇，军政赫然，年七十告归，睦邻恤族，乡人德之。卒年七十八。《采访册》

韦易，字文衍，翠微人。暴《志》邑诸生，寄情诗酒，周览罗浮、丹霞诸胜，所至题咏，落落有奇气。雍正乙卯膺岁荐，乾隆丙辰应举博学鸿词，合省得七人，易列第三，已给咨就道，缘病谢归。年八十卒。著有《四书渌解》、《尚书毛诗渌解》数十卷、《四书制义》四卷、《诗文集》四卷。张《府志》

鲍士鳞，字万振，香山场人，乾隆五年岁贡，性和厚，笃于友爱。仲兄无嗣，命其子继之，为置田百亩，以厚其业。乡人有借贷者，度不能偿，辄焚其券，及寝疾，乡人戒毋放纸鸢，恐聒其耳云。《采访册》

郑述任，字莘望，莲塘人，少孤事母，先意承志，数十年如一日。教育幼弟古音，为名诸生，未几殁，全孀抚孤，无闲言。熟三礼。乾隆甲子举于乡。重然诺，严取与，而其与人交，则和平坦易。邑东门自前明改开，文明寝衰，述任毅然倡捐修复，合邑称之。暴《志》

韦潮，字学韩，翠微乡人，岁贡生，性孝谨。父母既殁，每月必哭拜于墓前。遇讳日，闭门终日，泪涔涔下。家贫，刻苦读书，至老不倦，动作必依于礼，所遗书一点一乙，皆无所苟云。著有《四书叙说》二十卷。《采访册》

卢文起，字深潮，上栅人，受知惠学使士奇，补诸生第一，旋即食饩。乾隆十三年成进士，是时士奇罢官归吴，贫售所居，文起合同门生醵金六百赎之，传至都下，有"弟子赎回红豆斋"之句，遂成美谈。谒选得湖南临湘令，调贵州仁怀县，山僻民贫，往往鬻子女，偿征税，犹迫追呼。文起至，宽贷之，立除其害。人苦不知书，文起颁刻诗文数种，以为程式，文教以兴。时有某妇与奸夫谋杀其夫者，投山穴中，访数月得尸不变，吏白当拆验，文起曰：伤痕故在，而必拆其尸，伊何罪也。因请于抚军，谓贵州山高土厚，凡尸不变而可验者，概勿拆。抚军嘉纳，方拟发荐，刻病假归，旋改教授仁怀。民为建遗爱祠。家居，与兄文兴友爱最笃，尝率乡人作官涌桥，民免病涉。张司马汝霖有记纪之。《采访册》

吴见贤，字履琼，翠微乡人，例贡生，性友爱，每朔望集诸弟于遗经堂，述先人之遗训诰教之。恭谨乐善，岁洊饥，首倡捐赈，及捐金已尽，复罄所积，独赈月余，存活甚众。山遥径在凤皇山之麓，为恭常都孔道，崎岖险僻，行旅忧困。先是雍正二年余乾宝捐金修之，然犹荦确陷深，至是见贤倡修于山半，复甃以石，至今行道者皆颂焉。乾宝，字非凡，职监生。《采访册》

赵时润，黄梁都人，太学生，正直好义。乾隆丙午丁未间，鬻产以救饥者，每岁歉，皆竭力赈恤，邑令旌其门。《采访册》

林应元，字芳锡，南屏乡人，有干才。嘉庆十三年，海寇肆劫，应元奉檄募拖缯船出大洋，擒盗匪甚众，制府以奋志急公旌其门。子世德桅甲门击贼，死之。《档册》应元愤恨成疾，卒年六十四。同乡监生容大振联属近乡，筑石海滨御贼，桑梓赖安，制府并表其门。《采访册》

林光洪，三灶乡人。《采访册》孝出天性。蚤失怙，家贫，佣工奉母，问所欲，必力致之。侍病体，察疴痒，足不离榻。母殁，哀毁柴瘠，庐墓三年。嘉庆壬戌，乡有会匪，群胁之。光洪曰：我世为良民，不汝从也，请辞母灵就死，贼嗟叹去。卒年六十二。后十八年，邑人上其行，题旌建坊。阮《通志》

唐文玑，唐家乡人，父德韶，授徒于墩，贫无厮仆，文玑代之。一日父病，医者束手，文玑祷于神潜，刺血和药以进，遂瘳。母卓氏疾，笃亦如之。卒年五十四。嘉庆二十四年，以孝子旌建坊于乡。阮《通志》

香山县志卷七

列传第十下

列女

梁氏，乾雾乡超常女，许字赵观照，未嫁而观照死，女闻讣奔丧，矢志守贞，克尽妇道，勤女红，以供饘粥。暴《志》舅姑没，典鬻殡葬，苦节三十六年，始终一致。张《府志》

梁氏，黄梁都人，彭泽令国栋女，年二十适诸生方如旸。越五年，如旸卒，子博甫三岁，稍长，教以诗书，遇古人忠孝廉节，必为之反复开导，孀居三十余年，博为名诸生。张《府志》参将何景道妻梁氏，亦国栋女，归八载而孀，励节教子仞荣成立，游于庠。阮《通志》

黄氏，荔枝山人，梁宝卿妻。暴《志》年二十一生一子，而宝卿死，黄事孀姑，抚幼子，至十八岁，娶妇生孙，而子又死。黄复抚孤孙，俾成立，万历二十六年，年八十卒。张《府志》

黄氏，乾雾村梁素蕴妻，二十七夫死，或劝之改嫁，呼天恸哭，教子士朴成人，卒年六十二。

容氏，年十八，适翠微韦仁伯，半载而仁伯死。孀守事姑，姑死，出所积置尝田建祠，俾族人奉祭祀。万历四十四年，县令旌其卢曰节孝可风，卒年八十二。

殷氏，黄梁都人，庠生曹懋周妻，年二十二夫亡，生子甫五月，守节至年七十。

梁氏，杨馨及妻，乾雾人。暴《志》于归三载，生子来凤。未数月，馨及死，茕茕孤寡，四壁空存。梁含辛茹蘗，足迹未尝逾阈，孀居三十八年卒。张《府志》

高氏，大涌乡林桐长妻，年二十，适桐四载，桐故，襁褓一女。矢志靡他，抚嗣子东荣成人，事翁姑孝养，历久不渝。同上〔张《府志》〕

郭氏，翠微人李公宪妻。暴《志》归仅逾岁，宪随伯兄肄业城北，未几病卒。榇归设奠，俟翁命立嗣，执丧成服。夕奠后扃户理妆，投缳而死。张《府志》

刘氏，前山寨人，适生员徐超汉数年，超汉卒，翁姑号哭悲甚。刘曰：老人不胜哀毁，且媳与孙在，即儿在也。于是抚孤子卿济成立，孀守四十七年，乾隆三年旌。俱同上〔暴《志》〕

以上国朝节妇。

卓氏，女，恭常都人，少知书。许字桥头村郑秩，未于归，秩死，卓欲奔丧，父母尼之，且改字莫氏子。郑故赤贫，舅姑亦不欲卓往，卓乃矢志绝荤食，闭门斋居。又惧莫氏期逼，则以鍼刺臂出血写书，乞郑梁劝舅姑来迎。郑梁者，其夫宗人也，悲卓志，倡拨田八亩，语其舅姑备礼偕耆旧往迎之。卓归，执妇道惟谨。越数载如新至，舅姑欢甚，若不知秩已死然。卓在母家故嗜静业，至是愈笃。既又念八亩所入，足供舅姑，无朝夕忧，乃因归宁，别辟一室独处之，断谷食八十一日，已而积薪自焚，卒年二十有四。郑耆旧闻之，复迎柩归，与秩合葬于万仲环。初卓之焚也，置所作忆心诗册于其侧，北风飘飘，火势甚烈，而诗独不毁云。

郑氏李式彦妻，年二十七守节、郑氏李绰文妻，年二十七守节、黄氏姚升富郑妻，年十九守节、林氏李敷文妻，年二十三守节。以上沙冈乡。

上下恭常都

容辛丑姑，南屏乡人，父母卒，矢志不嫁，抚育弟妹七人，治室家，完婚娶。明宣德间卒，年七十二。追嘉庆二十四年，族人请旌建坊。阮《通志》《采访册》

叶青姑，吉大乡人，年十六，兄死不嫁，助嫂抚孤，明万历间卒，年七十一。以下《采访册》

谭氏，涯口人，双龙村庠生卢敏妻。万历间，大字都贼梁子直劫氏，并掠媳及幼子，先强逼氏，不从，立投水死，时年四十九。贼感动，俾敏赎其媳与幼子归，烈妇尸不可得，葬其所遗发齿于石坟埔。

汪氏，翠微韦于逸妻，生于明隆庆己巳年，二十七守节，家贫子幼，母与姑悉令改适，不从，日夜纺绩，忍饥养姑。及儿长，偶拾遗金，氏遣持原处，待遗者还之。

林氏，北山乡杨元广妻，元广死，抚幼女，守节孝，事耄翁。姊氏改适，抚其子女如己出。杨生于明万历间生，卒年不可考。

黄氏，香场乡邑庠生鲍昭妻，年三十守节，姑目病，每晨舐之而愈，卒年五十五。

韦氏，界涌乡郑乐圃妻，国朝康熙三年，被海寇掠，毁容骂贼，至登龙洲，乘间投水死。

容氏，翠微韦炫斗妻，归半载，炫斗以事将自尽，与之诀，氏愿从死，易服理妆，同饮药卒。

许氏，翠微韦学组妻，年二十六守节，翁老子幼，采薪易米，以资奉养。卒年七十四。

吴氏，翠微乡郭世阜妻，年二十八守节，艰苦自甘，子云泽娶妻鲍氏，生子三岁，云泽死母，逼鲍改适，誓志不从。赤贫操作，抚子成立，姑殁，力营丧葬。孀守三十余年，姑媳双节。

郑氏，东岸黄敏诗妻，孝事耄姑，鞠幼子有成，嘉庆廿一年旌。

卢氏，翠微韦贻聘妻，年二十四守节，家贫无子，或劝改适，不从。卒年五十一。

许氏，翠微乡监生泉继室，年二十七，泉死葬日，自经殉节。阮《通志》《采访册》

吴氏，翠微乡韦鲁干妻，饥寒困苦。夫尝取非义物，氏辄掷之，力谏不从，悲愤自经，救得免。夫感之，由此改行。后病笃，乡里重其贤，馈以薪米，不受而卒。以下《采访册》

程氏，古鹤乡李云开侧室，不容于嫡，已娠而鬻之，潜逃归。年二十八，云开死，贫困不给，嫡又时加挞虐。数岁，子亦殇，冻馁自甘。里人钦其节，多周恤之。

黄氏，翠微韦贻集妻，年二十九守节，家贫无子，以十指养耄翁，翁死力营殡葬，守节四十年。

卓氏黄汝周妻，年二十八岁守节，东岸乡人、佘氏黄珥卿妻，年二十九守节、谭氏黄燕光妻，太学生黄学鲲之祖母，年二十二守节、唐氏黄燕社妻，年二十六守节。以上东岸乡。

黄氏卢启经妻，嘉庆二十年旌、黄氏卢永睿妻，年二十守节、吴氏卢永厉妻，年二十四守节、邓氏卢炳炽妻，年二十八守节、梁氏邓昌典妻，年二十二守节、郑氏邓天英妻，年二十五守节、卢氏梁成弼妻，年二十守节、卢氏蔡丽琼妻，年二十六守节、鲍氏邓昌播妻，年二十三守节、卓氏卢道表妻，年二十八守节。以上上栅乡。

唐氏梁济绰妻，年二十七守节、吴氏梁台远妻，年二十八守节、陈氏梁元秀妻，年二十一守节、冯氏梁起昌妻，年二十九守节、郑氏唐善君妻，年二十八守节、黄氏梁兴让妻，年二十九守节、郑氏唐圣明妻，年二十四守节、梁氏唐章配妻，年二十六守节、卓氏梁登明妻，年二十九守节、唐氏梁兆桂妻，年二十九守节、梁氏唐世泰妻，年十九守节、唐氏梁廉安妻，年二十二守节、唐氏梁琮远妻，年三十守节、卢氏唐道启妻，年二十三守节、黄氏梁缉远妻，年二十三守节、唐氏梁觐南妻，年二十八守节、唐氏梁廉淇妻，年二十九守节、黄氏梁祖俊妻，年二十守节、梁氏唐世敦妻，年二十六守节。以上唐家乡。

唐氏卓开造妻，年二十五守节、黄氏佘纬天妻，年二十九守节、卓氏佘载宽妻，年二十一守节、郑氏卓龙德妻，年二十九守节、吴氏佘信交妻，年二十四守节、黄氏卓迥泰妻，年二十八守节、郑氏佘浩苍妻，年二十六守节、郑氏卓可升妻，年二十三守节、郑氏佘德光妻，年三十守节、黄氏佘学敏妻，年三十守节、古氏佘信秋妻，年二十五守节、唐氏卓可让妻，年三十守节、黄氏卓开连妻，年二十四守节、黄氏佘楷宽妻，年二十九守节、梁氏卓开翮妻，年二十三守节、郑氏佘应敏妻，年二十六守节、梁氏卓开耀妻，年二十五守节、卢氏佘信登妻，年二十三守节。以上官塘乡。

卓氏谭立言妻，嘉庆十八年旌、唐氏梁炳光妻，年二十八守节、黄氏谭贤德妻，年二十八守节、卢氏林正义妻，年二十七守节、郑氏谭立建妻，年二十二守节、鲍氏钟由义妻，年三十守节、梁氏古逸深妻，年二十七守节。以上那州乡。

黄氏莫效文妻，年二十八守节、郑氏莫景贤妻，年二十九守节、郑氏欧阳汝端妻，年二十二守节。以上会同乡。

钟氏江活芳妻，年二十四守节、蔡氏钟涵印妻，年二十四守节、吴氏郭宗华妻，年二十六守节、杨氏钟叶喈妻，年二十四守节。以上淇澳乡。

卓氏鸡拍唐明千妻，廿七岁守节、杨氏邓名儒妻，年二十三守节、郑氏邓冲熙妻，年二十四守节、唐氏邓冲显妻，年二十守节、卢氏邓万恩妻，年二十八守节。以上上恭常都北山乡。

容氏明杨元冕妻，年二十五守节、容氏杨元声妻，年二十四守节、郭氏杨皆燕妻，年二十七守节、吴氏杨皆秋妻，年二十八守节、高氏庠生杨桂高妻，年二十八守节、容氏杨功煜妻，年三十守节、容氏杨德才妻，年二十九守节、郭氏监生杨功颖妻，年二十八守节、韦氏杨乔杏妻，年二十九守节、韦氏杨宴民妻，年二十守节、鲍氏杨章民妻，年三十守节、韦氏杨功试妻，年二十五守节、郭氏杨仁身妻，功试媳，年二十八守节、蔡氏杨绚韶妻，年二十四守节、吴氏杨仰贤妻，年二十九守节、吴氏杨超贤妻，年二十九守节、郑氏杨绚㦸妻，年二十八守节、温氏杨尧通妻，年二十八守节、容氏杨仁信妻，年二十六守节、容氏杨仁典妻，年二十九守节、林氏杨仁锦妻，年二十六守节、温氏杨尧通妻，年二十八守节、容氏杨达民妻，年二十六守节、张氏杨饶高妻，年二十五守节、吴氏杨仁协妻，年二十七守节、鲍氏杨倬汉妻，仁协媳，年二十五守节、蔡氏杨仁贤妻，年二十九守节、郑氏杨仁教妻，年二十五守节、容氏杨厚泽妻，年二十七守节。以上下恭常都北山乡。

徐氏叶建益妻，年二十九守节、苏氏叶建尧妻，年三十守节、叶氏曾上景妻，年二十七守节、曾氏叶业宏妻，年二十八守节、苏氏宋协超妻，年二十四守节。以上吉大乡。

徐氏蔡茂达妻，年二十九守节、叶氏徐维忠妻，年二十四守节、简氏徐直忠妻，年二十五守节、许氏吴东园妾，年二十八守节、杨氏汤仁周妻，年二十九守节、沈氏徐卿召妻，年二十九守节、杨氏蔡开时妻，年二十四守节、蔡氏郭泽沛妻，年二十六守节、郑氏郭泽沛妾，年二十四守节、韦氏徐圣忠妻，年二十二守节、容氏徐卿操妻，年二十八守节、鲍氏徐守忠妻，年二十三守节、郭氏汤兆明妻，年二十三守节、吴氏徐权忠妻，年二十九守节。以上北山岭乡。

容氏鲍维津妻，年二十三守节、鲍氏余珠聘妻，年二十一奔丧守节、容氏鲍维殷妻，年二十五守节、张氏鲍永汉妻，年二十六守节。以上白石乡。

宋氏何启兴妻，廿九守节，南村、廖氏陈照霖妻，十九守节，黄茅斜人、李氏柳焕青妻，年二十九守节、黄氏冯尚哲妻，年二十四守节、容氏林博都妻，年二十八守节。以上灶贝乡。

鲍氏刘恭大妻，年二十七守节、陈氏徐卿贵妻，年二十七守节、苏氏徐灿忠妻，年二十四守节、徐氏唐明妻，年二十四守节、吴氏严光显妻，年二十六守节、杨氏刘万尧妻，年二十七守节、叶氏欧阳光成妻，年二十七守节、吴氏刘祖培妻，年二十二守节、黄氏赵科妻，年二十六守节、曾氏吴礼和妻，年二十七守节、徐氏王佩玫妻，年二十七守节、李氏林渐修妻，年二十八守节。以上前山乡。

曾氏张意昌妻，嘉庆十五年请旌、莫氏吴大受妻，年二十八守节、简氏吴秉道妻，年二十二守节、卢氏吴秉轮妻，年二十四守节、梁氏吴秉轴妻，年二十守节。以上南大涌乡。

曾氏陈匡邦妻，年二十守节、吴氏罗展璠妻，年二十六守节。以上界涌乡。

刘氏林正奇妻，乾隆五十五年旌、杨氏容圣琏妻，年三十守节、韦氏容殿生妻，年二十二守节、杨氏郑凤来妻，年二十九守节、容氏林会达妻，年二十九守节、杨氏容达典妻，年二十九守节、杨氏林会敏妻，年二十九守节、杨氏容传则妻，年二十九守节、郭氏容廷简妻，传则媳，年二十九守节、郑氏容达书妻，年二十八守节、杨氏容达昌妻，年二十八守节、叶氏林逢胜侧室，年二十七守节、杨氏张开裕妻，年二十五守节、容氏林泽渥妻，年十九守节、杨氏容成兰妻，年二十九守节、郭氏张成略妻，年三十守节、林氏郑怀韬妻，年二十八守节、黄氏张成申妻，年二十五守节、韦氏容焕庭妻，年二十九守节、吴氏容爱庭妻，年二十八守节、容氏林德珩妻，年二十八守节、郭氏容名韬妻，年二十六守节、钱氏容达康妻，年二十守节、吴氏容光叙妻，年二十九守节、鲍氏张兴仁妻，年二十九守节、韦氏容成金妻，年二十八守节、温氏林德施妻，年二十九守节、蔡氏杨伦兴妻，年二十六守节、冯氏容光绍妻，年二十九守节、韦氏容廷渥妻，年二十六守节、郑氏容锦涛妻，年二十九守节、容氏林德佑妻，年二十九守节、罗氏张辅亮妻，年三十守节、陈氏容颖兰妻，年二十六守节、黄氏张茂咸妻，年二十一守节、杨氏容润庭妻，年二十六守节、鲍氏张兴绚妻，年二十九守节，以上南屏乡。

郑氏黄兼量妻，道光元年旌、鲍氏明吴洞泉妻，年二十八守节、鲍氏黄德敬妻，年三十守节、鲍氏国朝庠生黄嗣玉妻，年二十六守节、鲍氏吴子琰妻，年三十守节、鲍氏黄见田妻，年二十四守节、韦氏鲍世汉妻，年二十九守节、温氏吴世隆妻，年二十七守节、李氏吴泽扬妻，年二十八守节、郑氏吴德武妻，年二十六守节、刘氏吴德奏妻，年二十守节、韦氏吴显超妻，德奏媳，年二十八守节、黄氏鲍绍参妻，年二十三守节、郑氏吴明举妻，年二十三守节、鲍氏吴叶昌妻，年二十九守节、杨氏鲍仁海妻，年二十七守节、鲍氏吴炯昌妻，年二十九守节、张氏黄驭廷妻，年二十六守节、鲍氏吴世哲妻，年三十守节、鲍氏吴道昌妻，年二十七守节、杨氏鲍仁益妻，年二十一守节、区氏吴宗辉妻，年二十六守节、郑氏鲍仁魁妻，年二十九守节、林氏吴宗尧妻，年二十八守节、鲍氏吴世蕃妻，年三十守节、吴氏鲍仁毅妻，年二十五守节、吴氏鲍仁秋妻，年二十六守节、韦氏吴宗球妻，年二十三守节。以上香山场。

黄氏明韦安顺妻，年十八守节、郭氏韦卓会妻，年二十六守节、吴氏国朝郭昭凝妻，年十九守节、黄氏郭峒朋妻，年二十二守节、林氏郭名海妻，年二十四守节、唐氏郭振南妻，年二十七守节、余氏吴冠彩妻，年三十守节、郑氏韦文峣妻，年二十四守节、吴氏韦炫瑚妻，年二十四守节、杨氏吴兆嘉妻，年二十五守节、容氏韦学璇妻，年二十八守节、刘氏韦文易妻，年二十六守节、容氏韦文会妻，年二十四守节、鲍氏吴履熙妻，年二十七守节、鲍氏吴献臣妻，熙媳，年二十五守节、林氏吴兆前妻，年二十九守节、杨氏吴兆俏妻，年二十四守节、沈氏韦贻庭妻，年二十七守节、郑氏韦学彦妻，年二十九守节、陈氏职监吴国泰侧室，年二十七守节、容氏吴成锦妻，年二十八守节、王氏吴重今妻，年二十四守节、容氏吴发祥妻，年二十七守节、郑氏吴燕斯妻，年二十五守节、吴氏韦贻灿妻，年三十守节、黄氏吴达今妻，年二十八守节、杨氏监生韦贻源妻，年二十七守节、鲍氏吴履启妻，年二十七守节、杨氏韦东长妻，年三十守节、吴氏韦贻毓妻，年二十四守节、吴氏武庠生韦经邦妻，年二十五守节、陈氏韦贻皖妻，年二十八守节、吴氏韦东善妻，年二十七守节、吴氏韦东业妻，年二十三守节、郭氏吴履德妻，年二十三守节、鲍氏韦炫宠妻，年二十二守节、吴氏韦文秋妻，年二十一守节、冯氏吴辑五侧室，年三十守节、韦氏郭秀光妻，年二十二守节、郑氏韦贻观妻，年二十三守节、郑氏吴灿北妻，年三十守节、吴氏郭鹗骞妻，年二十五守节、吴氏韦学献妻，年二十二守节、韦氏郭昭昂妻，年二十六守节、郭氏吴庭修妻，年二十三守节。以上翠微乡。

陈氏古鹤乡郑盛天妻，年二十二守节。

黄梁都

邝氏，东澳周胜元妻，年三十而寡。妾杨氏，生二子，年二十三，同守节。国朝顺治十二年,贼掠村氏,艰苦流离,贼党以金招其子,氏峻拒脱逃,遂徙家肇庆,人悯其贞苦而栖止之,其孙宠于乾隆间始挈家归里。以下《采访册》

杨氏,三灶村薛明爵妻,在室时,闻夫家有丧,不以花饰鬓,年二十三,夫客死于外,有官人挟势唛媒,欲得氏,唆说百端,氏矢志不移。遗一瞽子亦死,依于所亲。每遇清明,氏积百钱付人为上墓。舅姑忌日,手挈小壶,槛焚楮从子家,曰身虽依人,妇道敢不修也。卒年十三。因侨居番禺。道光六年,由省垣恤嫠局请旌,七年准旌,仍建坊三灶村。

黄氏,许字叶阿能,及笄,阿能死,奔丧守节,艰苦自甘,卒年八十四。

容振姑,许字赵诚信,年十九,诚信死,其家人为许字别姓,投缳而绝。

赵捒,大赤坎人,许字新会莫培照,年十六,培照死,逾年,其祖母为许字别姓,投缳而绝。

梁爱姑,乾雾乡人,许字陈姓。夫有恶疾,母兄既为绝婚,矢志独守,终身不他适,卒年六十九。

苏氏,大托乡曹明汉妻,嘉庆十四年,海寇劫乡,被掳不屈,投水死,年四十二。

李氏赵大毓妻,年三十守节、陈氏赵赞恺妻,年二十六守节、梁氏赵耀岐妻,年三十守节、蒋氏赵朝列妻,年二十五守节。以上土城南门。

容氏赵巨宾妻,年二十四守节、黄氏赵定仁妻,年二十四守节、黄氏赵勤诚妻,年二十八守节、梁氏赵秉勋妻,年二十九守节、黄氏赵发盛妻,年二十三守节、梁氏赵发齐妻,年二十九守节。以上大赤坎乡。

赵氏余协成妻,年二十九守节、黄氏余章才妻,年二十九守节、周氏黄学圣妻,年二十守节。以上小赤坎乡。

何氏庠生梁铣妻,年二十一守节、卓氏梁延献妻,年二十五守节、林氏梁贞才妻,年三十守节、陈氏梁器矩妻,年二十七守节、邝氏梁德均妻,年二十八守节、刘氏梁森矩妻,年二十一守节、黄氏梁育行妻,年二十六守节。以上乾雾乡。

赵氏周兑侯妻,年二十九守节、许氏周作伦妻,年二十四守节、梁氏周琼佳妻,年三十守节、赵氏周巨侯妻,年二十四守节、刘氏周文佳妻,年二十五守节。

以上东澳乡。

周氏黄殿启妻，年二十一守节、周氏黄彰大妻，年二十八守节、梁氏黄明启妻，彰大媳，年二十余守节。以上荔枝山乡。

梁氏黄端启妻，年二十七守节、梁氏黄仁启妻，年二十七守节、梁氏黄印启妻，年二十八守节。以上虎山乡。

梁氏黄世颜妻，年二十一守节、邝氏黄辅宾妻，年三十守节、赵氏黄超萃妻，年二十一守节。以上大濠涌乡。

梁氏邝集佩妻，年二十四守节、赵氏邝由豪聘妻，年十九奔丧守节。以上小濠涌乡。

邝氏容文络妻，年二十五守节、邝氏容愉德妻，年二十八守节、黄氏容德庆妻，年二十五守节、赵氏容德耀妻，年二十六守节。以上龙坛霞村。

邝氏陈衍基妻，乾隆五十年旌、李氏陈璇开妻，年二十七守节、邝氏陈成璧妻，年二十七守节、邝氏陈珣开妻，年二十四守节、梁氏陈锡开妻，年二十九守节、梁氏陈永庆妻，年二十六守节、梁氏陈定境妻，年二十八守节、梁氏陈永亿聘妻，年十七奔丧守节、梁氏陈永泰妻，年二十四守节、张氏陈浓尊妻，年三十守节、殷氏陈部尊妻，年二十五守节、张氏陈怀尊妻，年三十守节、梁氏陈定政妻，年二十四守节、梁氏陈慕尊妻，年二十七守节。以上南山乡。

梁氏欧元拔妻，年二十余守节、杨氏监生欧九苞妻，年二十四守节。以上古井坑村。

曾氏吴定宽妻，年二十二守节、汤氏吴立兴妻，年十九守节、谢氏吴定广妻，年二十四守节、李氏吴立汉妻，年二十四守节。以上汊坑村。

钟氏三灶村吴立广妻，年十八守节、赵氏夏村黄国良妻，年二十四守节。

耆寿

明

按：耆寿类分男女，兹以其寿萃一门，故特合而表之。

卓祖贵，官塘乡人，居迩凤凰山，时偕童冠，引葫芦酌酒赋诗，徜徉其上。年臻耆颐，神愈清穆，世称隐君子。邱浚文兄庠士祖达，文行卓异，与弟祖贵互相师友。明景泰四年，举乡饮宾，卒年九十余。《采访册》

鲍瑞，字伯秀，子鹏，字宇洪，香山场人，父子皆轻财仗义。正德

间，年荒捐赈，邑令以尚义旌其门，年俱九十余。暴《志》

萧荟，字省吾，大涌人，万历乡宾，事百岁母，郑有孝行，年九十三，知县但启元旌之，曰齿德兼优。暴《志》

国朝

赵公谟，字壮猷，黄梁都人，邑诸生，居新会城邑，令重其儒望，岁时存问，年一百岁。

卢柏秀，上栅人，充保正，正直不阿，知县吴文照旌之，恩赉四次，年九十九。

杨绍熙，字若乔，北山乡人，副贡生，倡建凤山书院，任兴宁教谕，修学训士，邑生尸祀之，卒年一百二岁。暴《志》

卢文兴，字深瑞，上栅乡人，邑诸生。性真朴，孝事瞽母。乾隆甲午、戊戌、丁未洊饥，首倡捐赈，大吏旌以模范可风，卒年九十二。

吴曰峰，黄梁都汉坑人，年九十八，五世同堂，身见七代，恩赐七品，嘉庆十八年旌。

明

梁恭标恭都人，年一百九岁。

国朝

关可达三灶鱼弄人，年一百二岁，乾隆四十七年旌、吴务田翠微人、梁文炜恭标子，恭常都人。

国朝

黄首平恩赉三次，荔枝山人、钟万胜淇澳人。

已上年九十九岁。

明

吴达全南大涌人、黄秉光崇祯乡饮，香山场人。

国朝

钟信起南大涌人、郑大经莲塘人、柯庸亲大环人、郑述芳监生，古鹤人、吴志达五代同堂，乾隆四十九年报旌，汉坑人。

已上年九十七岁。

明

邓宣生员，举典学事，例授儒官，乡饮正宾，北山村人。

国朝

吴廷明恩赐八品，翠微人、蔡德建淇澳人、钟耀斌恩赉一次，淇澳人、梁晋岳乾雾人。

已上年九十六岁。

国朝

唐家良恩赉二次、梁仕任俱唐家村人、韦学鹭恩赐八品，翠微人、黄超相荔枝山人。

已上年九十五岁。

国朝

吴德千山场人，徐乡沛北山岭人，蔡象新、梁立汉恩赉二次，俱上栅人，郭秋浦恩赐八品，郭端和恩赐八品，俱翠微人，黄尚明小赤坎人，邝南极恩赐九品，小濠涌人，赵日拱恩赉二次，南门乡人。

已上年九十四岁。

明

赵克信乡宾冠带，大赤坎人。

国朝

郑丽棠莲塘人，曾玉韶古鹤人，郭士达、杨润科曾孙屏举人，夫妻双寿，俱翠微人，叶华积吉大人，梁聚义唐家人，钟锡球淇澳人，黄作业东岸人，唐与创唐家人，卓树德恩赉三次，官塘人，黄德宣恩赉一次，小赤坎人，梁峰乾雾人，黄汇参荔枝山人。

已上年九十三岁。

明

郭清翠微人、郑鹗生员，莲塘人。

国朝

郑芳莲塘人，吴渭昌香山场人，吴信齐、吴情轩俱翠微人，卓远来官塘人，王卓中淇澳人，黄裕猷恩赐八品，黄履泰恩赐九品，俱荔枝山人，吴曰一恩赉三次，三灶横石基人。

已上年九十二岁。

国朝

徐士伟恩赉一次，北山岭人、李奇参灶贝人、陈沛翼恩赐八品，古鹤人、郭以任武生，翠微人、钟开明恩赉一次、郭世球俱淇澳人、黄汝川东岸人、卢枚泰恩赉二次，上栅人、唐尚达恩赐九品、梁贻思恩赉二次，俱唐家人、黄上卿东岸人、唐禄千恩赉二次，鸡拍人、周自新恩赉一次，东澳村人、黄文照叠锡品级，夫妻双寿，荔枝山人、梁士章乾雾人、黄国重恩赉二次，荔枝山人、邝集好恩赐九品，斗门村人、容腾炳恩赉二次，夫妻双寿、容腾宣俱龙坛人。

已下现存

蔡富启恩赉一次，北山岭人、梁时远恩赉二次，唐家乡人。

已上年九十一岁。

明

吴信友务田子，翠微人、邓继禹北山村人。

国朝

郑宗岳生员，莲塘人，谭殿可那洲人、卓悦君俱官塘人，鲍绍基、鲍仁表俱香山场人，吴泽篪恩赐八品，山场人，杨皆重北山村人，赵公邻大赤坎人，陈天育苧葵人、梁逢奇乾雾人、黄学元恩赐九品，荔枝山人、梁宏绪恩赐九品，乾雾人、黄建福恩赐九品，芒山夏村人、黄星灿从九品，恩赉一次，荔枝山人、唐尚辉恩赉二次，唐家人、吴成进恭都翠微乡人。

已上年九十岁。

案：耆寿暨女寿补遗俱附卷末。

女寿

国朝

张氏淇澳钟君伦妻，年一百四岁，乾隆三年旌、容氏北山杨紫龙妻，年一百三岁，乾隆二十年旌，子绍熙，副贡，见《男寿》、卢氏上栅蔡彦奕妻，年一百十岁，乾隆三十八年旌、梁氏唐家村寿民，唐家良妾，年一百一岁。

明

郑氏大涌寿民萧荟母。

国朝

黄氏北山村杨皆义妻。

已上年九十九岁。

国朝

黄氏唐家唐国参妻，寿民家良母、张氏官塘卓乔君妻、徐氏吉大叶焕章妻、刘氏前山林凤举妻、陈氏乾雾梁角芳妻。

已上年九十八岁。

国朝

徐氏前山寨刘昌新妻、郑氏唐家梁济贞妻、赵氏小濠涌邝集成妻，现存。

已上年九十七岁。

国朝

陈氏乾雾梁卓生妻、刘氏荔枝山黄儒望妻，子应南，孙寿棠，俱举人。

已上年九十六岁。

国朝

刘氏淇澳钟仰超妻。

已上年九十五岁。

国朝

韦氏杨润科妻，曾孙屏举人，翠微人、吴氏鲍绍斑妻，山场人、郭氏淇澳钟冲霄妻、唐氏佘殿吉妻、钟氏卓连君妻。俱官塘人。

已上年九十四岁。

国朝

杨氏翠微吴梅松妻、卓氏蔡家章妻、梁氏卢贤侯妻、林氏梁成富妻。俱上栅人、蔡氏唐章宇妻、唐氏梁御钦妻，俱唐家人。

已下现存

卓氏界涌里村郑国瑞妻。

已上年九十三岁。

明

韦氏山场吴希文妻、侯氏莲塘生员郑鹗妻，夫妻齐寿。

国朝

鲍氏香山场吴世珊妻、黄氏张宏贵妻、孙氏林逢畅妻、刘氏吴冠章妻、徐氏郭孔祯妻、吴氏监生韦学守妻、韦氏吴成焕妻、陈氏吴兆爵妻。俱翠微人、梁氏官塘卓衍客妻、卓氏唐家唐章期妻、苏氏淇澳钟佐贤妻、蔡氏鸡拍唐演康妻、郑氏梁业高妻、蔡氏梁成叙妻、古氏监生卢匡妻。俱上栅人、黄氏小濠涌邝崇举妻、邓氏荔枝山黄习泰妻、赵氏大濠涌黄大振妻、黄氏小赤坎赵絿裔妻、赵氏乾雾梁万盈妻、梁氏南门乡赵观源妻。

已上年九十二岁。

国朝

陈氏前垄张永猷妻、杜氏外埔李淮珍妻、古氏桥头郑文签妻、刘氏吴德兼妻、杨氏吴敏超妻、杨氏吴就义妻、叶氏吴祥霖妻。俱山场人、吴氏韦清宇妻、郑氏郭厚庵妻、杨氏韦贻典妻。俱翠微人、郑氏北山村杨功燕妻、卢氏林宏相妻、杨氏区治盛妻。俱南大涌人、唐氏古鹤陈锡爵妻、卢氏监生佘廷觐妻、唐氏佘惠恭妻、卢氏佘量宽妻、郑氏佘泽宽妻。俱官塘人。郑氏上栅蔡锡惠妻、程氏淇澳钟开诚妻、陈氏古祖望妻、郑氏谭临可妻。俱那洲人。

已上年九十一岁。

国朝

黄氏南屏容致中妻、黄氏乌石郑端儒妻、李氏山场吴德三妻、韦氏生员杨朝锡妻、刘氏杨功奕妻。俱北山村人、麦氏韦成周妻、郭氏韦殿侯妻、黄氏吴守静妻。俱翠微人、赵氏乾雾梁万彩妻、梁氏荔枝山黄明玉妻、梁氏南门乡赵耀海妻、曾氏佘永贵妻、韦氏佘章晃妻。俱小赤坎人、古氏卓希望妻、孙氏佘孔尚妻、唐氏佘祖岳妻、卓氏佘恭让妻。俱官塘人、郭氏淇澳钟仰乾妻、钟氏上栅蔡备杨妻、徐氏唐家唐星开妻、梁氏唐家唐善朝妻。

已下现存

吴氏濠头颖瑞妻、李氏隔坑黄正居妻、冯氏豪兔高艺存妻、冯氏象角阮昆霞妻、伍氏安堂林恭擅妻、李氏大车林汉滔妻、甘氏四字都赤坎阮升妻、梁氏平岚卢恒万妻、黄氏乌石郑熙文妻、容氏杨仁修妻、容氏杨功昌妻、鲍氏杨功任妻。俱北山村人、杨氏翠微韦文嗒妾、蔡氏淇澳钟弼斯妻、唐氏唐家梁琼远妻、黄氏官塘卓献国妻。

已上年九十岁。

方伎

詹师，北山人，习庐山道术，以符箓治病。有失物相诬哄者，投钱沸油中，对钱施咒，常人手探辄得，如挹清泠盗，则灼烂服罪。变幻物态，役使鬼神，惟以利济为心，故老有能言之者。申《志》，参《采访册》

以上明。

补遗

耆寿

国朝

梁御简唐家人、钟彦方淇澳人、梁会德上栅人、韦卓灿翠微人、吴文雍黄梁都人，俱九十二、赵廷宽南门乡人，九十一。

女寿

国朝

许氏北山岭吴东园妻，俱九十、郑氏翠微郭厚庵妻，庠生达经母，年九十四。

事略第十二

杂记

老万山，自澳门望之，隐隐一发。山有人鬖结，见人辄入水，盖卢亭也。晋贼卢循兵败入广，其党泛舟，以逃居海岛，久之无所得衣食，生子孙皆裸体，谓之卢亭。尝下海捕鱼充食，能于水中伏三四日不死，事见《月山丛谈》，释今种有《卢亭诗》。《澳门记略》

上栅村太保庙拜石，明景泰初，黄萧养寇，粤都督董兴大破之。萧养夜遁，传有马指挥追蹑至境，祷诸神。越日，有黄鸟从空投枪而死。指挥因穷力诛养。寇平，以至灵至应扁表之，并献拜石。今存庙中，以藉杯卜，其响可闻数里。《采访册》

九星洲山下有古墓一，碑刻李张陈捕主神位，相传为明末守卫洋面者。其时海氛猖獗，三人同战殁，溺于零丁洋，土人收而葬于此，至今祀之。《采访册》

前山寨南城外立石将军二。故石将军躬擐甲胄，以剑拄地，盖为控制澳夷设也。其新者，乾隆五十二年，西洋夷人醉杀唐人，有司命增立，举剑指澳门，作欲杀状。所指不许，居民藉称税地，搭盖房舍以蔽之。相传立新石将军时，发故石将军前尺许地，有石刻，朱书雷煞二字，大逾尺，埋土中如新。即复掩之，卒不知其原也。

［张建宇，中山大学历史学系博士研究生］

淇澳岛

罗开富　刘国雄　徐俊鸣　江洁源 著
沈志刚 整理

[整理者按]

1934年秋，由中山大学派送法国学习地理学的孙宕越、吴尚时二人学成返校任教，时任校长邹鲁任命孙宕越担任地理系主任。孙氏接任以后，大力开展运用新地学方法编著广东新地志的计划。所谓"新地学"，按孙宕越在中山大学地理系主办的《地理集刊》发刊词中的解释，即有别于传统地理学仅关注地形水道、动植各物等自然规律的认识，而倾向于以社会科学的精神治地理学，更关注地理学知识在国计民生问题上的运用。罗开富等四人撰写的《淇澳岛》一文，便是孙宕越等人践行新地学方法的成果之一。

1934年冬至1935年春夏，孙宕越、吴尚时两位教授带领地理系毕业班学生罗开富等四人，三次入驻淇澳岛，对该岛地形、气候、土壤、植被等开展地理学考察，前后共历时17天。该文成稿后，首发于中山大学地理系主办之《地理集刊》1937年第1号，是创刊号上的首篇文章。此时作者四人中罗开富、刘国雄、徐俊鸣三人已在中山大学地理系担任助教。

孙宕越等人践行的新地学理念，重视对"乡邦切近之地"的考察研究，目的在有裨于国家建设。因此，罗开富等人对淇澳岛之考察，不仅关注于该岛之自然地理风貌，对岛上居民之衣食住行等人文内容也有关涉。尤其四人在考察岛上农业后所提出的"改进本岛农业刍议"，更是充分体现了以地理学知识应用于改善国计民生的新地学理念。

该考察报告详尽记录了20世纪30年代中期淇澳岛的地理面貌，以及岛上居民的衣食住行等生活图景，既是一篇出色的地理学考察报告，又是一份保存了大量历史信息的重要史料。据1947年《国立中山大学校刊》介绍，该报告一直作为中山大学地理系高年级学生研究区域地理之重要参考，具有十分重要的历史价值。该文发表时有中英文两个版本，本文仅保留中文版本，内容基本保持原貌。该文原有之图表也按原次序复制于文中。

参考文献

罗开富、刘国雄、徐俊鸣、江洁源：《淇澳岛》，《地理集刊》第1号，1937年。

孙宕越：《发刊词》，《地理集刊》第1号，1937年。

《附录：本系概况》，《地理集刊》第1号，1937年。

《地理系考察淇澳岛暨石歧翠亨聚落地理》，《国立中山大学校刊》1947年第2期，第3版。

地 理 集 刊

第 一 號

發刊辭	孫宕越	(1—2)
淇澳島	羅開富 劉國雄 徐俊鳴 江潔源	(1—34)
颶風	呂逸卿	(35—54)
廣州附近地形之研究	吳尚時	(55—64)
粵北與贛南湘南之交通與運輸	孫宕越	(65—82)
蘇聯遠東區	董紹良	(83—88)
中國之湖沼	沙學浚	(89—102)
黃埔港之地理位置	孫宕越	(103—110)
廣州漏斗灣至杭州漏斗灣之地形	吳尚時	(111—116)
瘧疾與地理	孫宕越	(117—126)
論鬱江流域之河道	吳尚時	(127—132)
附錄：本系概況		(133—140)
外國文摘要		(1—34)

《地理集刊》第1号目录

民国二十三年秋，宕越接理系事之始，即与系中同事商定应用新地学方法，编著广东新地志之计划。同人等咸认此为本系份内事，责无旁贷。然而新地学方法，在实地考察。旧有乡土志，虽或能供给几许材料，但非经就地逐一检核，采取无从。且新地志不特为自然与人文现象之系统记载，尤应对斯现象，——探其原委，阐其效用，如此，新地学乃有裨于社会政治之设施。本系同人，为谋急速实行此计划，乃于同年冬，由宕越与吴教授尚时，在广州三角洲环近，作简略之巡视。最后择定中山县属之淇澳岛，为实行之开始。该岛屿孤立，界限分明，种种现象，研究较易。寒假中，即派四年级学生罗开富、徐俊鸣、刘国雄、江洁源四人，前往该岛，依预定计划，分别考察，同时复作该生等毕业论文之准备。假满返校，从事整理。二十四年春假，复由宕越与吴教授率领四生，重赴该岛考察一周，斯篇乃定。诸次考察，皆为假期所限，疏漏之处，在所不免。

此篇成后，本当继续在他处做相同之考察，惟因本系之主责在教学，非比专门调查机关；且校款支绌，并无考察费之特别规定。虽在后此二年中，地理实习，绝未停止，然皆为率领多数学生作特殊地理问题之研究，以为教室教授之印证，性质不同。故前此计划，遂因上述时间经济及种种人事问题而中辍，实为深惜。然此后环境稍或允许，或外间社会人事之赞助，同人等仍当本初志而继续进行也。

孙宕越附识

绪言
第一章　地形
　　第一节　沿岸地形
　　第二节　内陆地形
第二章　气候
　　第三节　气温
　　第四节　风
　　第五节　雨量与湿度

第三章　土壤与植物

　　第六节　土壤

　　第七节　山地植物

　　第八节　海滨植物

第四章　农业

　　第九节　耕地

　　第十节　作物

　　第十一节　耕作状况

　　第十二节　农家副业

　　第十三节　改进本岛农业之刍议

第五章　住民

　　第十四节　人口

　　第十五节　聚落与交通

　　第十六节　社会生活

绪　言

淇澳岛隶中山县属，矗立于珠江口之西侧，在广州东南约八十八公里。珠江口外，岛屿棋布，其排列之方向，自西南至东北，与华南内陆山脉之走向相同。苟将诸山延长，显可与诸岛连续。淇澳岛亦此项岛屿之一，面积约十五方公里，其形略长，西南与东北两端为山地，中为平地。沿岸湾澳与岬角并列，形成曲折之岸线。本岛因处华南海滨，东南季风，来早去迟，每能灭杀冬季旱风之势力。台风亦可偶临。以现在气候情况观之，吾人不难推测，昔日亚热带雨林，当可满覆全岛（以至粤南全部海岸），惟以居民之斫伐，今仅因"风水"之关系，或以护村，或以护坟，全岛仅存三处小林而已。

本岛殖民，有可考者，始于宋代，现时人口约四千。唯一之定居聚落曰淇澳村。村建于岛中之平地而傍东北山地之竹鸡山麓，村后有林。村内街道颇为整齐，屋宇颇多以蚝壳为墙。主要道路砌以花岗岩块，隐示村中昔日之荣耀。居民以农为主，平地之西北部为主要稻作区，是为潮田，其在山麓及谷底者，谓之坑田。蔬菜之种植颇少，渔业与其他农村副业，均不甚盛。一切日用品以至食物之一部，咸仰给于附近之唐家与下栅两墟。前者与本村每日有艇来往一次，后者则每值墟期一次。因接触之频繁，本村虽有特殊语言与闽南语相若，村民莫不善操广州语。本岛系与大陆隔离，政府之权限，不无阻涉，且因密迩港澳，走私成风，不胜禁遏！①

作者因鉴本岛地理个性之明显，先后往该岛工作三次，竭十七日之考察，对于本岛各方面之地理现象，微有所知，用辑是篇，以引金玉。工作期间，备承孙宕越与吴尚时两教授亲临指导，初稿既成，复承两师详细删改，谨致谢忱于此。

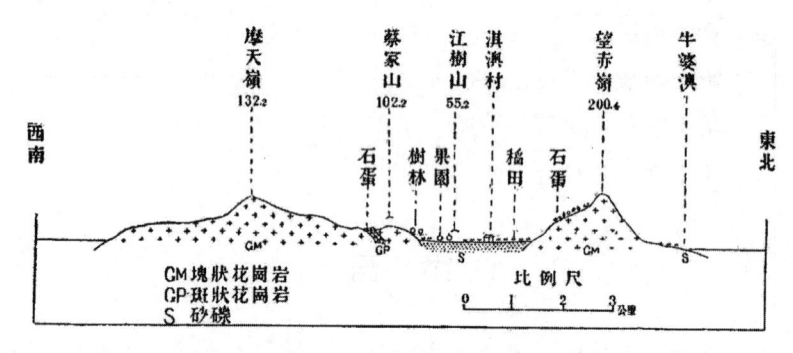

图五　淇澳岛地理剖面图
Geographical Profile of the Kei Ou Island

第一章　地形

本岛之面积虽小，其地形颇为复杂，既有本岛之个性而复有华南地形之普遍性，兹从沿岸与内陆两方面论之。

第一节　沿岸地形

展阅本岛详图，咸示山地向海突出，平地则缩入，造成几许半岛与湾澳，其沉隆海岸之征象，与华南海岸有一致之表现。苟取二十公尺之

---

① 因模糊不清，有4幅地图删去，提请读者注意。——编者注

等高线而改绘本岛地图，将见本岛拆分为西南与东北两山岛，环近复有零星小岛，两山岛之"沉溺河谷"（Drowned valley），均成湾澳，形成更曲折之海岸（图四）。今日，二十公尺以下之堆积平地，已将两岛连而为一。惟各部海岸之发展，殊不相同。兹因其个性之异，分全岛岸线为四段（图二）：自南扣角至公角为东岸，自青角头至鹤嘴为西岸，鹤嘴公角与之间为北岸，青角头与南扣角之间为南岸，以比较其进演。

（一）东岸 东岸之岸线，大致与岛中山脉走向平行（西南至东北），少湾曲。所向之海，较其他诸岸者为深阔（图一），而其所受海浪与海流之侵蚀亦较烈，只以岩石之节理向海倾斜，侵蚀之貌并不明显。[1]老虎窦山地，石蛋累累，斜坡直伸入海而无间，一若未经海侵者（照片一）。较显著之侵蚀地形可见于望赤岭之东麓白芒坑、南扣角等处，其侧面略如下图。

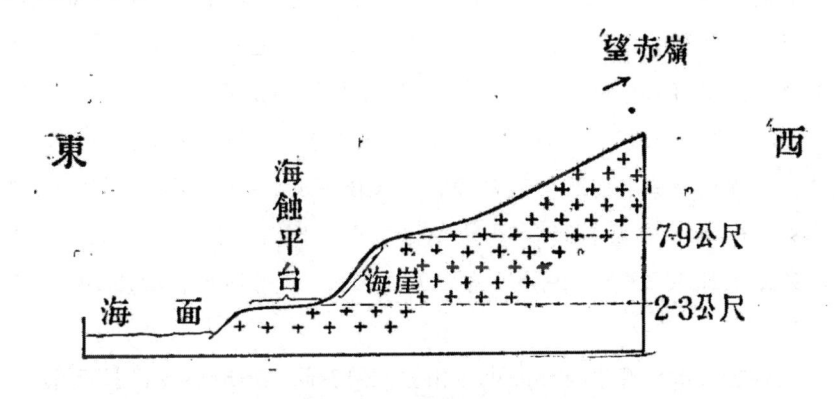

图六 望赤岭东岭地形之剖面
Morphological Profile of the E-Slope of Wangchiling

图中之海崖，高可五六公尺，以其岩石深受风化，崖壁之面积虽不甚广，而"散流"（Ruissellement）之冲刷，已足减弱其斜度。崖下有平台，宽可五六公尺至十公尺，台前复有小崖，骤视之，小崖固为今日浪力所达之限度，则平台与台后之崖均应视为过去之地形，惟细察台上并无堆积，足见海浪时临，则该平台者，或亦 D. W. Johnson 教授所称环太

---

[1] D. W. Johnson, *New England-Acadian Shoreline*, New York, 1915, pp. 168, 178.

平洋之"二公尺平台",① 不足为上升之证据者乎？

台后之崖高仅数公尺，台亦不广，表示海浪蚀去之物质并不多，苟更忆及老虎窦山地并无海崖，吾人可以推知海水到达今日之地位，为时尚晚。此项推论，似无大错，吴尚时教授最近在珠江三角洲内发现十公尺海蚀平台,② 台上海洞与海崖均甚鲜明，表示海水日昨始退至今日之位置，岛中所见，可以与此互证矣。

上述侵蚀地形既见于岬角，堆积地形乃见于湾澳之内。南扪湾、婆湾、东澳湾、牛婆澳，莫不有沙滩；湾愈深则滩愈广。本岸常受侵击，唯较粗之沙砾可以停聚。故其堆积物质与西岸绝异。

（二）**西岸** 西岸之岸线远较曲折，大角头与白角头两半岛向海伸出，造成深湾，使湾内之水静止，盐生植物（红树丛之类）安然滋生，更因面向内陆（图一），浪力与海流均甚弱，绝不显侵蚀地形，而珠江挟来巨量之幼泥，于此大肆堆积。本岛中央平地在淇澳村以北者，实为一泥滩，潮水盛时，可达村口，村民于该滩上筑堤阻海，以为"潮田"（潮田坑田之分详后），其面积占本岛田地之绝对多数。因上述堆积现象之特盛，堤外新成之泥滩发展甚速，在民国三年广东陆军测量局所制之本岛地形图中，该滩之面积与吾人前赴该岛工作时（民廿四寒假）所见者，相差不啻 50 公顷（每公顷为一万方公尺），平均每年增加 24000 方公尺！

该滩之大角头岬角与夹洲小岛相望，两者间之海峡，今已日就淤塞，水草露出水面，滩前红树丛亦向该小岛推进，苟堆积长此继续，该小岛不难与本岛相接也。

大角头之南，南坑内之泥滩亦盛。坑内复有小湾。诸小湾早已筑堤而变为潮田，惟南坑本部则仍荒弃，盖该湾之形，狭长而浅，纵使所筑之堤甚长，而所得之地殊小。

---

① D. W. Johnson, Supposed Two-metre eüstatic Bench of the Pacific Shores, Comptes Rendus de Congrès International-al de Géographie Paris 1931, Tome Ⅱ, Paris, 1933, pp. 158 – 163；吴尚时：《与约翰逊教授论"二公尺平台"书》，罗富开译，《国立中山大学校报》1937 年 2 月 25、26 日。

② 吴尚时：《十公尺海蚀台地之发现》，《国立中山大学校报》1937 年 5 月 20 日。

泥滩之外，本岸亦有沙砾之堆积，是为鹤嘴之小沙滩。沙滩见于本岸，殊属反常，岂以该湾甚小，凹入不深，所受沿岸潮流之搬运力乃较显著，泥去沙留，遂仅有沙砾之堆积乎？局部地形对于堆积之影响，在本岛之北岸，将益见其重要。

（三）北岸　北岸有特殊之个性，与上述两岸迥殊。海岸线大致与岛中山脉成正交，岬角与湾澳最显，鹤嘴吊颈石与公角三岬向海中远伸，使其间之井湾与大澳湾深为凹入，因是湾水静止，虽面向较阔之海（图一），其堆积仍为幼嫩之泥。两湾之中，大澳湾之泥滩较为发达，井湾者仅于潮退时见之，良以前者凹入较深，岬角相抱如钳状，后者则凹入较浅而湾口宽展也。

本岸之侵蚀地形固亦见于岬角，且较显于西岸者，惟与南岸相较，则差异实甚。

（四）南岸　南岸之演进与上述三者绝异。岸线亦与岛中山脉正交，但无湾澳，无堆积，复无岬角，全线平直异常，海崖沿岸可见，表现壮年之貌。查：本岸与大陆最相接近，与唐家半岛相望，造成千余公尺之金星门海峡，是以潮流急剧，海浪亦强。来往本岛与唐家半岛者，乘艇过此，每不堪其巅簸，其侵蚀力之强烈，当能想见，而岸线之早熟，自属必然矣。尤当注意者，金星门南侧之唐家半岛海岸，崖壁高峻，岬角均被冲削以成齐直岸线；峡中金星岛之四周，皆有明显海崖，洞穴甚富，吾人鉴于本海峡侵蚀力之强烈，不难推知金星岛在昔或有更大之范围，今已削蚀殆尽。

以上所论，多为现日之侵蚀地形与堆积地形。根据本系历年考察报告，华南昔日之海面几已确证高于今日。本岛之内，亦可寻出此项证据。

本岛中央平地之南端，有一河谷，自西趋东，其出口为沙滩所截，成为闭塞洼地，附近稻田仅见于洼地之中。洼地之出口极近海，苟为常态河谷，断无为沙滩拦锁之理，意者：锁口之沙滩或为昔日之沙嘴（Sand Spit），该洼地为昔日之滨海湖（Lagoon），沙嘴与滨海湖共同之存在，学者均认为上升之征象，[①] 而滨海湖复可由上升运动之继续，或因

[①] D. W. Johnson, *Shore Processes and Shoreline Development*, New York, 1919, pp. 259, 350－389.

海陆物质之填充,干化而成陆地。

上述沙滩之剖面略如下图。

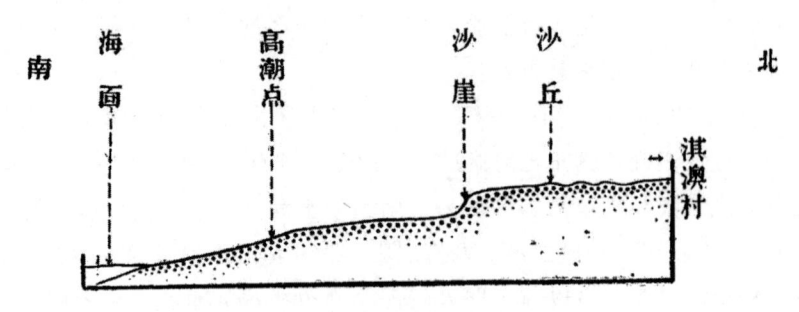

图七　东澳湾沙滩之剖面
Profile of the Sand Beach in Tung-ou Bay

该剖面显可分为三部:高潮点以下,常受海淹,草类不生;高潮点以上,海水之到达较稀,滩面不若前者之整齐,其右端之沙崖,殆为最高浪力之限度;崖后则有沙丘。本岛中央平原在淇澳村以南者为沙洲,直与岸边之沙丘相连。沙洲亦为居民食息之所,今既高出沙崖之上,显非今日浪力所能达,换言之,本岛今日高出海面者,已较高于曩昔。

北岸之吊颈石原为另一小岛,今则有颈滩（Tombolo）将其牵入本岛。颈滩出海颇高,上生杂树。全岛尽为粗沙,惟附近现日之堆积尽为泥质,可知该岛之堆积,必在过去海面较高之日。

最好之证据,可在东岸南圳坑见之。坑口有沙滩,高出海面十五六公尺,现为坑田所据（照片二）。夫既变为坑田,显非今日浪力所能达。以其高度推算,谓与三角洲内十公尺之海蚀平台同时造成也。[①] 可同样之证据,在内陆地形亦可寻见之。

第二节　内陆地形

本岛内陆,显可分为三部:西南与东北为山地,中央凹为平原。苟在本岛之西北或东南海中遥顾,将见地形之排列,适如"凹"字。两山在淇澳村之处,各有一小山伸出,相接弥密,从前是否相连,未可知也。全岛最高峰在东北山地,曰望赤岭,拔海 200 公尺,其他山峰多在 100

---

① 吴尚时:《十公尺海蚀台地之发现》。

公尺以上。中央平原在淇澳村之西北者为泥滩,东南者为沙洲,在沿岸地形中已有论及,兹不重赘,仅将西南山地与东北山地分述之。

西南山地面积略大于东北者,最高峰曰摩天岭,拔海 172 公尺。山多秃头而圆滑,间见成行之石蛋(照片三),一望而知为花岗岩之山地。除南扪坑之银坑水外,全山几无较大河谷,故所受之分割不裂,貌殊浑沌。厚层之松砂掩蔽全山,石蛋与海崖之外,并无岩石露头,盖在华南湿热气候之下,雨量集中于数月而与高温同时,湿热齐施,化学分解作用之迈进,固属必然;松砂因无植物之保护,"泻溜"(Glissement)特盛,于是山圆谷广,坡度平缓,呈露壮年之地形。

东北山地虽亦为花岗岩构成,其形貌与西南山地迥异。河谷之面积虽小,数量较多,大梨扣、小梨扣、浅水坑、流水坑,诸谷平行并列,自山麓割入山脊,因是诸谷间之白角头、犀牛地、大澳山、望赤岭,诸山几已独自成峰,而全山自较疏通,演进自较深造。① 河谷之方向多自西南至东北,山地所成之岬角亦向东北伸入海中,"震旦方向"(Sinian direction),于斯甚显。全山地势非常岩巉,石蛋之多,远不能与西南山地并论,老虎窦山地更全为石蛋所盖,因地势之岩巉,局部之斜度较大,"散流"侵蚀乃较显著。

两部山地,同属花岗岩,彼此石蛋之多寡,绝不相同,诚堪吾人研讨。在本岛之内,岩石不论粗粒与细粒,不论斑状与块状,均能产生石蛋,是故岩石之组织,似与此项问题无关,在大澳山上,吾人诚见化学分解作用跟循节理,以进行石蛋之营造(图八)。但在同一地点,苟无节理,或节理之系统较疏,则该现象不显,岂节理之有无与疏密,遂足以决定蛋石之营造耶? 东北山地,河谷较多,想亦节理势力之表现耳!

河谷不论大小,河床多显折坡("Rupture de pente")。东北山地更为常见(图三)。本岛岩石既极一致,侵蚀现象亦极和谐,吾人虽因河谷之短小而难以比较各坡折之关系,第坡折之存在,既普遍而不受构造之限制,殆为侵蚀周期之变换所致乎?② 坡折所在之处,表示最近侵蚀周期之到达点,以其开始尚晚,故坡折以下之河床,斜度反较大于上游

---

① R. Blanchard, *Les Alpes Franeaises*, Paris, 1928, pp. 8–17.

② Emm. de Martonne, Traité de Géographie Physique, Tome II, pp. 528–536.

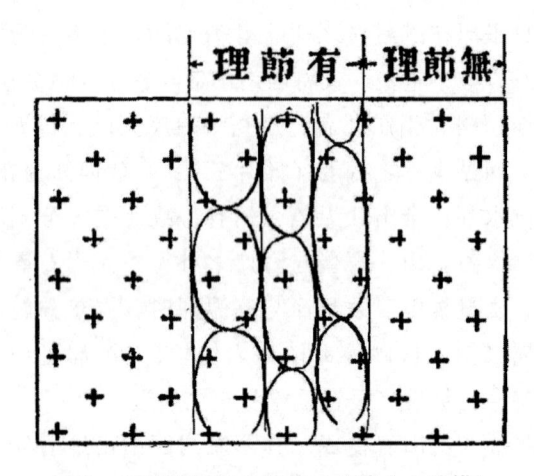

图八　花岗岩石蛋之营造（大澳山上略描）
Rough Sketch showing the formation of granite boulders on Ta-ou Shan

者。不少山坡，五六十尺以下之处，恒较峭于山上：公角之四周，吊颈石南部两端，望赤岭东西麓，青角头西麓，均若此，想为同一作用使然之。

至于机械分裂作用，除偶见"剥皮现象"（Exfoliation）之外，余均不显，良以气候湿热而昼夜温差尚微也。①

本岛之山地不高，但已感受风力侵蚀。大澳山上，孤立之石蛋为风力蚀去其支持物，遂成菌状，照片四所示，乃一标准"喀嗥"（Gana）也。西南山地，巅无石蛋，故无喀嗥，惟山巅原属光秃，风力吹刮之结果，或与泻溜之产物相混矣。

综上所论，本岛沿岸，东西南北四岸均有明显个性，或则沙滩发达，或则泥滩显著，此则岬角与湾交侵，彼则岸线平直而崖壁高峻；内陆各部之差异亦不弱，山地与平原之分既显，两部山地之貌，殊觉参商。惟沿岸与内陆两方面，对于最近之陆升或海降运动，咸有一致之表示。常态地形之外，在东北山地尚可窥见微小风蚀地形，而西南山地无之。茸尔小岛，不图地形之复杂如斯也。此种复杂性质在气候与植物方面，则

---

① 吾人数日内所测，昼夜温差最高不过 6℃。香港天文台纪录，最高亦不过 10℃。据 G. M. Merrill 氏所举花岗岩感受分裂作用最盛之地，气候常极干燥，而昼夜温差常达 50℃（见所著 *Treatise on Rocks*，*Rock Weathering and Soil*，New York，1921，pp. 269 - 271），则本岛虽有分裂作用，殆为化学分解作用之势力所掩矣。

和谐多矣。

第二章　气候

气候之论述，贵在有各种气候要素之实测；惟此地为一荒僻孤岛，未有气象台之设立。故以下所引用之数字，概以其邻近之澳门、香港及广州三地之观测为论据，以作比较之研究。诚如是，则未免有空泛之讥；故于章首，将余等在淇澳岛考察时短期观测所得，列为淇澳岛天气报告表（表一）；并以同时之广州天气报告表（表二）列后，以资互证。

第三节　气温

依纬度言：淇澳岛已入热带，气温较高，夏日尤甚；惟此小岛孤立海中，受海洋之调剂，故无炎暑之虞。寒暑之较差不大，而四季亦无明显之分。为明了其气温情况，故将澳门、香港及广州三地之气温表列如次（表三），以供参证；惟此三地材料之来源不同，时间亦不一致。澳门之气温，根据徐家汇天文台之报告，时期只有1916年一年之纪录。香港之气温则出自 Claxton 所编之《香港气候》（*The Climate of Hong Kong*）一书；时期最长，自1884至1928，凡四十五年。至广州气温，则探用中大农学院观测所所编之《民国十五年来广州气候汇编》。

观下表，以澳门、香港及广州三地之气温作比较之研究；尤以澳门与斯岛之距离，不过二十八公里；基此，吾人亦可推及淇澳之年平均温度，必在摄氏二十二度上下。据余等观测，日间之最高温度为下午二时，有达30.2℃者；最低温度则在清晨六时，然温度仍达24.1℃（表一）。由此观之，吾人益信斯岛气温之高矣。三地之年平均温度，大致相若（表三），澳门为22.5℃，香港及广州同为22.2℃，而每月之平均亦以澳门为最高；七、八月均达29℃，（依 Gherzi 之 Atlas Thermométrigue De La Chine，最高温为七月28.5℃，八月26.5℃，九月达28℃）。广州较低，每月平均最高为七月，28.28℃；香港最低，每月平均之最高者亦为七月，27.7℃。至澳门每月平均温度最高之原因，似为地位较南之故，抑或吾人所引用者仅得一年之记录而不甚精确耳。

表一　淇澳岛天气报告表
Weather Record of the Kei Ou Island
（民二十四年五月十七日至二十日）

地点	日期 月	日	时	气温 干	湿	相对湿度%	风向	风力	云量	备考
屋前空地	5	17	6pm	26.1	24.1	82.0	—	—	—	—
屋前空地	5	17	9pm	26.0	24.0	82.0	—	—	—	—
屋前空地	5	18	6am	26.0	24.9	89.9	—	—	—	—
屋前空地	5	18	8am	26.0	25.0	90.0	—	—	10	—
负山面平原	5	18	9am	26.1	25.2	91.0	—	—	—	—
山顶	5	18	10am	26.5	25.2	88.0	NE	𓏵	9	—
平地（稻田）	5	18	11am	27.1	25.9	89.0	SE	𓏵	9	—
山顶	5	18	12am	27.0	25.6	87.0	SE	𓏵	9	—
半山	5	18	1pm	27.2	26.1	90.0	—	—	10	雷雨
山麓	5	18	2pm	28.8	24.1	62.1	—	—	10	雷雨
屋前天井	5	18	6pm	25.4	24.1	88.0	—	—	7	晴
屋前天井	5	18	7pm	25.0	24.0	90.0	—	—	7	晴
屋前天井	5	18	9pm	26.0	24.0	82.0	—	—	7	晴
村前空地	5	19	6am	24.1	22.3	82.3	—	𓏵	6	晴
村前空地	5	19	8am	25.1	22.2	74.0	NW	—	5	晴
村前空地	5	19	9am	28.3	24.2	66.2	—	—	—	晴
树荫下	5	19	10am	27.1	24.2	74.2	—	—	1	晴
后林山顶森林之上	5	19	12am	29.0	24.0	60.0	NW	—	1	晴
山麓	5	19	1pm	28.3	24.9	71.0	—	—	3	晴
屋前空地	5	19	2pm	30.2	25.0	59.0	—	—	—	—
平地	5	19	3pm	29.0	24.0	60.0	—	—	2	—
海滨	5	19	4pm	28.8	24.8	67.0	○	○	○	—
田间	5	19	6pm	27.0	24.1	74.1	—	—	4	—
空地	5	19	9pm	27.0	25.0	82.0	○	○	5	—
屋前空地	5	20	6am	26.5	25.0	86.0	○	○	○	—

风力符号：○＝无风（斯时烟可直上）；𓏵＝疾风（可摇动树枝）；
𓏵＝强风（可摇动树木之大枝）。

表二　广州天气报告表（与淇澳岛同时观测之比较）
Weather Record of Canton
（民二十四年五月十七日至二十日）

日期		时	气温（摄氏度）	相对湿度	风向	风力	云量	备考
月	日							
5	17	6am	21.4	96	−	−	10	
"	"	10am	23.8	86	SE	2	10	
"	"	2pm	26.5	86	SE	2	10	
"	"	6pm	26.7	87	−	−	7	
"	18	6am	25.0	93	SE	1	10	
"	"	10am	26.2	90	SW	2	10	
"	"	2pm	23.7	92	−	−	10	
"	"	6pm	24.3	91	−	−	10	
"	19	6am	23.0	90	N	1	1	
"	"	10am	28.5	70	NE	2	0	
"	"	2pm	30.1	64	SW	1	1	
"	"	6pm	29.0	71	−	−	0	
"	20	6am	25.3	96	−	−	0	
"	"	10am	31.0	68	N	1	0	
"	"	2pm	32.0	58	SW	1	1	
"	"	6pm	31.0	67	−	−	0	

——根据中大天文台气象观测报告

气温高，热力足，故利于植物之繁茂，岛中所遗留之森林，如后林，多为亚热带常绿林，苍郁非常。农民除耕作重要作物外，冬期所经营之作物种类尚多；盖无霜雪之为害也。据余等于上文所引用三地之温度，其绝对温度（Absolute temperature），亦有降至零度者（如澳门及香港一月之绝对温度有降至零度者，即根据 Gherzi：Atlas Thermométrigue De La Chine，淇澳岛之绝对温度亦在 0°与 −2°之间），但为时甚暂，下霜年中虽或数见（据村民言，降霜多在夏历十二月左右）；然亦无大碍于冬季作物，以其时期不久也。

表三　平均气温（摄氏）

地点	纪录年期	一月	二月	三月	四月	五月	六月	七月	八月	九月	十月	十一月	十二月	年平均
澳门	1916	16.0	15.0	17.0	22.0	26.0	28.0	29.0	29.0	28.0	26.0	21.0	17.0	22.5
香港	1884—1928	15.5	14.8	17.3	21.2	24.9	27.2	27.2	27.6	26.9	24.6	20.8	17.1	22.2
广州	1912—1926	13.72	14.29	17.44	21.73	25.3	27.41	28.28	28.18	27.17	25.74	20.39	16.52	22.2

上表三地气温所根据之报告列下：

澳门——根据上海徐家汇天文台 H. Ganthier, 1918, La Temperature en China；

香港——根据 T. F. Claxton：The Climate of Hong Kong, 1884-1929；

广州——根据国立中山大学农学院测候所：民国十五年来广州气候汇编。

第四节　风

本岛位于华南，属亚洲季风带，故年中风向常受季风之影响。据乡民言，每年由四月至九月，天气炎热时，风向多在南至东象限内，至西象限内者亦有。而一、二、三、十、十一及十二等月，天气寒冷时，则多在北至东象限内；至西象限内者，亦复不少。来往淇澳与唐家之帆船，虽在短距离内，亦常利用此地风力以航行。即吾辈二次考察至此，亦见舟子乘此风以渡海。

此外，本岛每年七八月间，尚有风暴之袭击，为害甚烈。此乃热带之台风（Typhoon）。据徐家汇天文台之观测，此风经香港在吾粤沿海上陆者，淇澳岛常蒙其害。台风为灾斯岛，平均年约一次，多则二三次亦不定。台风至时，狂风暴雨，相继而来；村前海，洪水暴涨，作物尽为淹没，间或浸入村中，房屋倒塌，灾情剧烈。

第五节　雨量与湿度

本岛年中雨量丰沛，尤以夏季为最；盖夏季，风来自海洋，挟带多量水蒸气，冬季则反是。欲明了斯岛雨量下降之情况，亦先将澳门、香港及广州三地之降雨日数与雨量之分配列出，以供讨论之资料。此三地年中雨量之分配，虽略有不同，然其下雨季节，则大致相若。澳门、香港及广州三地每月及季节之降雨日数及平均雨量，如下表所示。

表四 平均降雨日数

地点	纪录年期	一月	二月	三月	四月	五月	六月	七月	八月	九月	十月	十一月	十二月	全年	冬季(12,1,2)	春季(3,4,5)	夏季(6,7,8)	秋季(9,10,11)
澳门	1910—1924	7	10	13	12	16	20	16	17	13	7	8	7	144	24	40	53	27
香港	1884—1924	8	10	13	14	17	22	19	17	15	7	6	7	157	24	44	58	31
广州	1907—1924	6	9	12	15	17	19	15	16	11	6	6	6	137	21	44	50	22

表五 平均雨量（公厘）

地点	纪录年期	一月	二月	三月	四月	五月	六月	七月	八月	九月	十月	十一月	十二月	全年	冬季(12,1,2)	春季(3,4,5)	夏季(6,7,8)	秋季(9,10,11)
澳门	1910—1924	22	51	65	122	308	339	236	253	173	113	55	26	1761	100	494	827	240
香港	1884—1924	33	45	68	135	304	403	256	372	274	130	43	27	2162	105	507	1130	420
广州	1907—1924	50	75	76	149	254	265	271	283	135	63	44	36	1699	160	478	819	242

——根据上海徐家区天文台：P. E. Gherzi, 1928, Etude sur la Pluie en Chine.

以上列二表作比较之研究，吾人可确定本岛全年雨量必在 1700 公厘以上。盖三地雨量丰沛，尤以香港为最（2162 公厘）；即内地之广州，全年雨量总数亦达 1699 公厘。淇澳岛之雨量，有过之无不及。根据 P. E. Gherzi 所绘之等雨量线，斯岛适在 1700—1800 公厘之间，而全年降雨日数，则介于 140—150 日两线之内，足证吾人之论断为不谬。吾人数次至淇澳考察，亦常见黑云密布，几隔日降雨；或则淫雨连绵，或则大雨滂沱；大有"天无三日晴"之叹！此三地之降雨日数，与雨量之多寡几成正比（参阅上列二表）。据 P. E. Gherzi 所绘之平均降雨日数，及每月雨量图，则本岛降雨日数六月为最多（20 日），雨量达 290 公厘；而一、二、十、十一及十二等月，则属降雨日数最少之期（平均 5 日至 10

日),雨量则以一及十二两月为最少,均得20—30公厘而已,故间或有天旱之虞。据乡民言:"十年倒有三年旱。"前年稻米失收,即旱灾之为害也。

斯岛雨量丰沛,故年中湿度极高。四季多雾。因此岛孤悬海中,面积甚小,受海洋之影响特深也。每当八九月间,晨光熹微之际,徒步岛上,泪泪露珠,遍地皆是。此乃夏末秋初之候,天气晴朗,夜则风静无云;地表因辐射极盛,与地表接触之湿气,则凝而为露。

淇澳因位居热带,岛民直不知冰雪为何物。惟每当夏季气温较高之际,因上升气流之凝结,间或有坚雹之下坠,但不多见。季春深秋之候,因辐射旺盛,寒冷空气降至冰点时,附着物体之白露,则凝结成霜,但为期短促,无大碍于冬期作物,前已述及。

第三章　土壤与植物

第六节　土壤

本岛壤土,最重要者在中部之冲积平原,即村前海之粘土,乃农业之中心。其次为分散于岛中各部之谷底冲积土(即砂质土),所占总面积亦不小,多经耕作。而所占面积最广者厥为砾质土,本岛之山地尽属之,除极少数有林木或耕作外,十之八九为荒地。此外尚有砂滩,所占面积甚小(图八)。兹将各种土壤分述如下。

(一)粘土　此粘土为珠江口水挟来之软泥,至本岛与咸水接触,在咸水中因而渐次沉淀堆积而成者,此种海滨泥滩于高潮时,仍在水平线下,故须筑基围以防水淹。如村前海之水稻田,即为此种粘土分布最广地;昔为低洼之海滩,后经筑堤防护,乃能供稻作之用。今已成本岛主要之稻作场,惜田租仍为外地资本家所操纵,本岛居民尚未能享受其利耳。此粘土位于低湿之区,湿润时为灰黑色,干燥时色泽较浅;排水不良,乏通透性,粘韧性强,不适于牛耕,因牛体过重,脚与腿深入软泥,难于举步也。即或无碍于牛,而粘重难犁;故此等地方,常舍犁而用特制之锹,全用人工耕作,多属陆上疍家充此苦役。地势洼下,常受咸水之浸渍,故主要农物为咸水稻,品种为金风雪等;产量每亩约三担余。

（二）**砂质土** 村前海之南，及东北与西南二座山地间，多为砂质土之分布地。此岛砂质土，乃花岗岩之风化物，被雨水冲刷而沉积于谷底者。土色灰白或灰色，富于细砾及粗砂；性疏松，水分易于蒸发，底土坚硬，水不易渗入，常有水分不足之患。山洪下泻，又常有水患及砂积之虞。据广东土壤调查所之分析：此种土，氮磷二成分均少，钾则异常丰富，土层深浅不一，大概自数公分至半公尺；色泽红黄，而变为壤土，或粘质壤土。主要作物为水稻（土人称曰坑田）、蔬菜、番薯及其他杂粮；惟生产力甚劣。

（三）**砾质土** 此种土壤，多由含大粒石英之花岗岩渐次风化而成，或残积之微细物质被冲去后，只余多量之砾；砾最疏松，易受雨蚀，久则变为童秃之山坡，如青角头是。东北及西南二座山地，竹鸡山及夹洲，几全为此种土壤之分布地，所占面积最广。此土均为山岗性，排水佳良，疏松，干燥，故虽在湿润气候之海岸，亦无由以变。惟倾斜过甚之地面，则冲刷剧烈。表面土壤，多破碎之石英粒，底土亦含粗粒之砂，与粘土质相掺和。侵蚀剧烈之处，可见深及丈余风化透澈之物。色黄红，间有黄白红色之斑点，此于底土较多水分者见之。因冲刷甚盛，故此种土壤所含之植物营养料，遥逊于谷底冲积地。地表森林缺乏，乃任意刈伐及放火烧山之结果；保水力甚弱，常有旱患之虞。除赤松外，甚少阔叶树之生长；只于竹鸡山、燕子归巢及蔡家林等处，似属古代森林之残存者外，其余之岗陵起伏，无非童山赤岭，绝少利用农耕者；仅供樵夫刈草之薮，十之八九殆属荒地。惟在倾斜不甚之平坡阔谷中，乃有农地之利用；而所占面积亦不广。倘能善为垦殖，广树林木；则荒芜之邱，亦不难化为生产之区。

第七节　山地植物

淇澳岛位于北纬二十二度附近，正当热带外缘，且雨量丰沛，全年总数在 1700 公厘以上；故斯岛山地之森林当属亚热带雨林（Subtropical Rain Forest）。在昔岛中之原始森林，当较今日为广，然因居民之长期斩伐，及秋冬二季放火烧山之结果，致多数岗岭，尽成童秃。其尚能遗留片段者，厥为风水之关系，借神权之呵护，如竹鸡山及蔡家林，其著例也（图二）。至于燕子归巢之森林，则因钟氏祖坟所在，为人工之种植；惟经时久远，今已蔚然成林，然林内稀疏，终不若原始林之繁茂耳。

竹鸡山（因在村后，又称后林）、蔡家林及燕子归巢等处森林繁茂，面积颇广，尤以后林为最（照片五及照片六）；其蓊郁荫蔚，在在足以表示其为亚热带雨林之景观。成林之主要分子以棕榈科、石南科、樟科、桃金娘科、芸香科、大戟科等高大乔木为最多；又无花果属及木棉等热带性之大乔木亦极繁盛。林内之灌木以茜草科及五加科为最多。豆科则成极大之藤蔓，攀登大乔木顶端，枝干曲折盘旋，林荫湿地，则多禾本科之弱小湿生草本植物。羊齿植物及地衣等，亦繁生于此，或岩石及树枝上；如照片六之右方下端的花岗岩，即为地衣及羊齿植物所被覆；岩石之上，尚见山芋丛生。

林中之高大乔木，常有屏风根，尤以木棉为最著。无花果属树木，则多附着之悬根支根，他如匍匐植物、攀缘植物，以及着生植物繁生其中，有高耸天际者，有群居林下者，更有于地上空隙，日光可以透射之处，作丛生状态者，高低不齐，形色各异。至攀缘及着生植物，种类繁多，较其他群落为盛。在竹鸡山森林中，吾人尚见有半着生植物，即先着生于高大树木之枝茎上，以遂其发芽生长，待发育达一定程度后，即发生长根，深入地土，以便吸收养料。此外，在狭长之河谷中，绿树排列成行，略成沿河林；盖河床两旁，终年为水湿所浸润，利于雨林之生长。如大澳山之东南谷中及南犁扣等犁稍具此特殊景色耳。

本岛天然植物，经人类之摧毁过甚，除上述森林外，皆为童山赤岭；侵蚀作用日烈，致昔日平整之山岭，每成峻峭之深壑。壑中阴湿，能见羊齿类植物。井湾芦草浓密，赤松满布，盖距淇澳村较远，樵夫鲜到此地，故尚能保持其葱郁景象。惟此亦非原始景色，所有灌木短草，殆皆为森林受焚毁后之次期植物群落，即如摩天岭之东南谷中，野竹丛生是也。至若青角头之密布松林，则全为人工之种植。

斯岛之气候及土壤，对于低部山谷中茂林之繁殖，及山上阔叶树或松林之生长，均极适宜；宜乎到处绿叶浓荫，无奈人事之推移，天然佳木，亦不能遂其发展！今后苟能广植林木，则百年后，葱郁之森林，不难遍布全岛。

第八节　海滨植物

本岛植物之特异者，厥为海滨植物。海滨之地，含盐质甚丰，植物依其生态上之构造，以适应此环境，故有盐生植物群落。惟因海滨冲积，有砂滩与泥滩之别，东部多砂滩，而西部多泥滩。砂滩因透水力强，故植物特呈干燥状态，如仙人掌（Cactus）、龙舌兰（Agave）及露兜树（Pandanus）等是。泥滩则透水力弱，常有海潮浸润，水分无虞或缺，惟盐分过高，植物难于吸收，故植物亦呈生理的干生状态，高大树木少能发育于此地带；故多形成矮小之木本丛林，如红树丛（Mangrove）是。兹再分述如后。

（一）**砂滩植物**　海滨砂滩因受海水涨溢，而留存盐分，故地表干燥，而地下常湿；上生植物，多为矮小灌木，而其根必深入地下为他物所不及，如露兜树；或则具有肉质茎叶者，如仙人掌及龙舌兰等。淇澳村附近，砂质较多之冲积层上，亦为此等干生植物之分布地。

禾本科植物，亦常见于砂滩，此种植物，叶硬而刚，质地甚厚，对于盐分之抵抗力甚强，且其根匍匐于砂滩上，蔓延丈余，能固结松砂。虽或茎之全部，淹没砂中，其新芽常能透砂层而上伸。具此特性，故可利用于防砂工事。盖滩砂性松，当强风至时，常见砂尘飞扬；且砂石之移动，甚或损害农田。故于此等砂滩地带，宜选择对于砂的抵抗力较强之植物；广植于砂易飞散之处，固定地盘。地盘已固，普通植物乃能渐次生长；因而生成腐植土（Humus），其他草木之类，亦得日渐蕃殖。最后且可造成良田沃壤，以益农耕。

露兜树为常绿丛，高可四五尺，叶细长而尖，长三尺许，宽不盈寸；有刺状齿缘，叶脉平行，呈干生状态，亦海岸盐生植物之主要成分。此外为仙人掌及龙舌兰。仙人掌之针刺，为叶之变形；除保护动物之侵犯作用外，并有防御过强日光减少蒸发之功效。龙舌兰具肥茎厚叶，亦所以贮藏水分，以适应干燥之环境（照片七）。至其叶缘之针状锯齿，功用与茎上之针相同，皆所以防御动物之蹂躏也。露兜树与仙人掌，常共生一处，如东南部海岸沙滩所见者是也。

（二）泥滩植物 淇澳岛之西部及东北部海岸，常受海潮冲刷；故海滨腐泥之堆积甚厚，形成泥滩，所占面积颇宽，尤以村前海为最广。凡树木之能为涨潮所浸没者，不利繁生。适应此特殊环境者，只有红树丛，及可为织席原料之萌草（咸水草）而已。红树丛为热带及亚热带海边所生小灌木，属盐生植物群界之一种，萌草亦然。斯岛海岸之泥滩，红树丛及萌草二者，繁殖甚茂。红树丛中之主要分子，只有红树科之红树（Bruguiera）及紫金牛科之 Aigiceras, Corniculatum 二种；此外，间亦有山羊草科之海南草扉（Scaevola hainanensis）散生其中。

红树丛生于咸地，故其枝叶呈干生状态。或以其名为红树丛，其色必红。其实不然。热带或亚热带之植物，含叶绿素必多；故红树丛虽属一种矮小之灌木丛林，惟于海滨之处，亦呈苍郁景色。彼所谓红树丛者，盖以其茎叶可制红色染料耳。红树丛虽常为海潮所浸没；然其所生之地，必多在海洋湾入，而少波浪之水中；村前海为海岸凹入之最甚者，故红树丛生长之面积亦最广。

第四章　农业

第九节　耕地

（一）耕地之面积及其分布 本岛耕地之面积，向无正确统计，据村中长老言：其数约二十余顷，是则仅占本岛总面积8%而已。[①]

本岛地势大部虽为山地，然在20公尺以下之低地，亦约有5.1方公里[②]约占本岛总面积35%，此种低地，大致均可供耕作之用，虽在各岬角处，山脊直伸海中，坡度过陡，即在20公尺以下之地亦无法利用，但在山势较高坡度平缓之附近，因水源较丰，则耕地每超出20公尺之等高线以上。如望赤岭及摩天岭侧，耕地高达100公尺（图二），依此估计则可耕地之面积，当远在已耕地数倍以上。虽则村人所言之

---

① 本岛面积乃报据广东陆军测量局二万五千分一之图测算所得，约14.6方公里，折合顷数数为238顷。

② 亦据上图推算而得。

已耕地之数未必可靠,①但尚有许多可耕地未曾利用,则为不可掩之事实,不特几许沿海低地任其荒芜,在南坑与江树山二处,吾人且见昔曾耕种而今已荒废之田。由此可见本岛之人对于土地不特不加开发,已开发者尚且任其荒废。推其原因,非由于劳力之不足,而人民智识浅薄与缺乏振作之精神,对于水源之涵养、灌溉之设备,均不知讲求,乃其最大之症结。至于耕地之分布,以村前环马海一带为最广,次为南坑与南圳湾二处。详细情形参看附图二。

（二）**耕地种类** 乡人对于耕地,普通分为二类：一称潮田,一称坑田。潮田全在沿海,乃由高出海面之泥滩,外筑土堤所围成,坑田则指山谷间之田,赖坑水以资灌溉者,大概潮田平坦,由排水沟洫将之分作整齐之长方块,而坑田则因在坡上,故由无数曲折之土埂栏成不规则之田,至于潮田与坑田面积之比例,约为三与七之比,潮田占十分之三,坑田占十分之七。其分布可参看图二。

（三）**地权之分配** 至于本岛地权之分配,则有公田与私田二种之别,公田为全村之公产,私田则为各家之私田。大概言之,私田多属坑田,因其可逐渐沿谷开垦,无须大量之资本,只要有气力,各家均可自由垦殖,故归诸各家私有。公田则多为潮田,其筑基围也需雄厚之资本,因本村之人无如此之资本,故本岛之潮田多批与外地资本家围筑,订定开荒年期,在此年期内,其收获全归垦荒之资本家,待年期满后,则每年纳租金若干于本村之人云。

关于农佃情形,据乡人称,以自耕小农为多,配称大地主者绝少。因本岛无甚工业,经商于外地者复少,资本积聚之机会既罕,大地主之产生自难,然亦间有小地主,将其未能尽耕之田贷与邻人耕种,其收获则主客各半,至于潮田,则由蜑民向垦荒之村外大资本家承耕（此可称为二手地主,而全村人可称为集团地主）,由其供给耕牛农具,而收获所得则耕者只占30%至35%。蜑民承耕时期之长短并无一定,由一年至数年不等,大概视二手地主之喜怒与佃户之信用良否而有差,故佃户常须送礼物（鱼虾鸭蛋等）以讨好地主,此种业佃制度,实为形成潮田粗放

---

① 其不可靠之原因有二：(1) 根本未有精确之统计；(2) 乡人恐我辈为官厅派来调查田亩,预备将来收税者,故特意以多报少,冀减少税额。

耕种（Extensive Cultivation）之主因，盖多加人工而耕者所得无几也。

第十节 作物

（一）水稻 本岛作物之中，以水稻最为重要，稻田面积约占已耕地十分之八以上，此乃珠江三角洲普通之现象，非淇澳独然。盖华南气候，高温多湿，最适宜于稻之生长，每亩产量复高，人烟稠密之区，种此最宜。水稻性喜微带酸性之土，南方雨量丰沛，石灰质（盐基性）流失过多，其土性适带微酸。惜本岛之坑田，常受溪流之冲洗，砂质太多，蓄水非易，而潮田则由海中填起未久，土性过咸。故本岛所植水稻之品种亦因之而异。大抵坑田所种，早造有龙牙尖、东莞白等，晚造则有丝苗、麻包等。潮田所种则为具有较强抵抗咸性之赤谷。普通坑田丰收时每亩约可得谷250斤，潮田之肥沃度本胜于坑田，只因土性过咸，产量因而较少，若遇咸潮过大，淹入堤中，或天久不雨，至海水过咸，不能引以灌田时，并可完全失收。至于稻田之分布情形，约与耕地之分布相符，上已言之，盖本岛大部之耕地，均用以种水稻也。

（二）杂粮 杂粮之中甘薯与山芋二种为最要，豆粟甚少，甘薯喜轻松高燥之土，故多种于坑田之较为缺水之处。甘薯乃一种粗放作物，耕耘少，而收获多，每亩可得二三千斤，故贫寒之农人多种之以为正粮。其种植法，剪苗斜插于高约半尺之土畦上，施以堆肥或草木灰，种后约月余，翻动其苗，使不生野根，以后则无甚工作。山芋之栽种地与甘薯略同，亦在较高亢之地，然亦有与稻轮栽者，但限于坑田耳。其种植法以其块茎，用点播法栽种于畦上，每穴一个，薄覆以土。其每亩收获量与番薯略同。豆类常与芋杂种一处，但种者并不多。

（三）蔬菜 蔬菜本为农家最普通之副作物，但本岛种植者却甚少，日常销售者几全由对海下栅运来；诚为一奇怪之现象，询之村人，则皆谓本岛烟民太多（据云有二百左右，如此数不虚，则已占全村人口5%，殊为骇人听闻之事！），彼等懒惰成性，常喜作不劳而获之事（偷窃）。而本岛复为密集之村庄，菜圃皆在村外，不在各家视听所可及之地，故种植者一枕黑甜之后，自己苦心栽培之物，已尽入他人之手，因此除一二专以贩卖为目的之菜圃，结庐园中，日夜看守，得以独全外，平常人家多不愿自种。唯西洋菜一种，则本岛出产颇多，因其喜生于卑湿之沼泽地，蔓延极速，且无须多费劳力，故种者特多。村前低湿之处，随地可见，同时复因价贱，且又生于卑湿之地，而吞云吐雾者徒，亦不喜再施其空空妙手云。

（四）**果品** 本岛平缓之山坡甚多，虽因水源不足不能辟作稻田，而用作果园固颇为合适，然村人果木之种植实寥寥无几，只江树山，竹鸡山后及二山之间共有三处果园而已，然规模亦极小，所植以木瓜为较多，余为荔枝、黄皮、番荔枝、龙眼等，但均不敷本村消费，村中所售，仍以外来者为多。

第十一节　耕作状况

（一）**灌溉** 本岛雨量虽颇充足，然无高山密林以涵养水源，故骤雨一降，瞬即流失。故坑田常患旱，而不能不从事于灌溉。然村人对此殊为忽视，余等行遍全岛，除见一鸭仔塘之天然蓄水池外，绝未见有人工建筑之蓄水池。平时山坑之水任其流泻，稍久不雨，山水枯竭，而坑田任其干涸。故本岛水田分布之高度，除望赤岭、摩天岭、白角头、青角数处山势较高，水量较丰，可达100公尺外，余多在20公尺以下，盖无充足水分以资灌溉也。

（二）**排水** 潮田虽低接海平，不患缺水，但因土质含盐过多，必须引淡性之海水入田中，浸淹相当时期，再行排出，借以冲减田中之盐分，然后始能耕种，故排水之于潮田极为重要。普通潮田，外绕土堤，堤上隔相当之距离设一可启闭之水闸。潮水涨时，开闸引海水入田，水足闭闸，至潮水退时，又开闸而排去其水，但亦非任何时之水皆可引入田中，须先辨别其咸淡，淡则引入，咸则拒之。因此地恰在珠江口，为咸淡水交会之处，若江水势大，则海水退却而水性淡，若江水小，则海水得深入江口内而水变咸。江水大小，复受雨量之支配，华南气候春夏雨多，故海水较淡，可引以灌田，而秋冬则否。且在冬季降水既少，蒸气复大，田下层之盐分，常被吸引而升至土表，故必须俟来春江水涨时将其冲淡，始能开始耕种。故若春雨失期或不足，则早造失收，今春（民廿四年）情形即颇为不利。故耕者面有忧色。普通耕潮田者每延一经验丰富之老农,详察水性,应时启开水闸。至于水性之分别法,或用口尝,或察水色,或观风向,或看来鱼,不一而足。

（三）**施肥** 本岛农民常用之肥料为人粪尿、厩肥、花生麸及草木灰等,然仅坑田方有施肥,潮田殊罕,仅将上次刈余之禾头,用足踏入泥中,当作肥料,间亦有用草木灰者。坑田则禾长二三寸时,将花生麸碎为小块,分别放入土中,作为基肥,后隔相当时期,再施以粪尿等。

（四）**耕作时期** 关于各种作物之栽种时期,坑田之稻有早晚二造,早造在农历正月尾播种,三月插秧,六月而收获。晚造六月播种,七月插秧,十月收获。潮田亦差可种二次,唯早造因淡水不足,盐分太多,秧多萎毙,收成绝不可靠。晚造则因有夏季大量淡水之冲洗,故收成较为有望。作者第二次至该岛调查时正四月中旬,坑田之稻,早已长成,甚至已有抽穗者,而潮田中之稻,则短小枯黄,全无生气,询之耕者,则云今春雨少,海水仍咸,不能引以灌溉,致田中盐分积聚过多,将秧腌死。且曾补种二次,及今仍未下雨,秧复枯黄,早造恐无望矣,言下不胜唏嘘。

第十二节　农家副业

（一）**渔业** 海岛居民,每多以渔业为正业。本岛情形则异是,以捕鱼为专业者实极少。渔业不过为农家副业中之最重要者而已。珠江口一带本为我国一重要渔业区。如澳门、香港二地,渔业均极发达。本岛与澳门相距咫尺,其地理环境无大差别,且本身复为海岛,四面环海,本应最适渔业之发展。而事实殊不然,岛民之捕鱼,仅在岸边张缯棚,驾船出海者绝无。而张缯之人数,全岛亦不过二三十人而已。唯采蚝事业则颇发达,因渔具之购置甚易,故虽妇女在农忙后,亦多业此。

本岛有适宜于渔业之环境,而渔业却不发达者,揆其原因,有如为下诸端。

（甲）**缺乏资本** 远海渔船之购置,每艘须一二千元,本岛有此资本者绝少,故仅能设置价约百元之缯棚,以捕自投罗网之鱼而已。

（乙）**澳门渔业发达之压迫** 此可以澳门对海之湾仔为证,该地之渔业,前曾盛极一时,只因澳门方面资本雄厚之压迫,同时湾仔属中国管辖，捐税不免过苛，因此渔人多趋于澳门，湾仔渔业遂一蹶不振。本岛之人殆有鉴于斯，故不敢作冒险之尝试。

（丙）有不劳而获之收入令岛民苟且偷安　普通一地渔业之发达，常因地力生产不足维持居民之生存。盖波涛险恶，风云万变，若非不得已，实不愿作此冒险之生涯也。考本岛耕地之所产，虽不敷居民全年之需，然岛外有大量田资之收入，死者可无忧棺木，生者每逢年节，亦可得相当之津贴费，此外复有走私之收入，据云为数亦不少。以上均为不劳而获之收入。生活既得相当解决，自难怪其乐不思渔矣！

然吾人苟登望赤岭而四望，则见渔舟盈百，错落于碧水青天之间，风帆高挂，昂昂然似在自骄其利益独占，而岛人莫奈之何也者。由此更足于证明本岛渔业之不发达，乃人事未藏，非受自然之限制也。

敷设海边之缯棚，由麻线织成，其形与网相似，略成方形，四角分系于四支可起落之木柱，另以铁锁系于岸上之一可转动之轴上，当铁索放松时，则缯之全部浸入水中，待鱼自行投入。约数十分钟后，以轴绞之起，此等缯棚之设置，与地形有密切之关系，在岛之岬角岩岸处，最适宜于安置。如本岛之公角、鹤嘴、车轻石、晒鱼排、南扪角、鳃鱼地、马山等地之有缯棚处，尽属此类地形（图二）。盖岬角下之海水较为流动能带来多量鱼之食料，且无泥沙之堆积，水不致过浅，故鱼类较多，捕获自易也。

至若蚝则有人工养殖与自然生长二种。蚝须附生于石上。所谓人工养殖，非如养鱼，将其幼者放入池塘，乃多铺碎石于浅海之底，使蚝之幼虫多着生之机会，以增其繁殖耳。普通蚝场多在各岬角附近，海有石底之处，尤以港尾湾及金星门二处为最盛（图二）。而人工蚝场则仅在港尾湾见之。采蚝用具为一尖嘴铁椎及一木盆，椎用于敲落石上之蚝，盆则浮于水面而以之盛敲得之蚝。待采得相当数量后，担回家中，再用椎敲开其石灰质之壳而取其肉。（照片十一）

本岛因捕鱼之数不多，渔具复极简陋，故渔获物之数量亦甚少，鱼类之中以黄锥、花鲈、锥子、乌鱼为多。几全在本岛消费。蚝肉多晒干，称为蚝豉，若未经煮熟而晒者，称为生晒蚝豉，味较浓厚，若经煮熟然后晒者，称为熟晒蚝豉，即普通市上所售出之蚝豉，煎蚝之水，若煎之使浓，则称蚝油。中山县虽以蚝油驰名，然本岛所采之蚝，多以生晒，罕制蚝油。蚝豉除供本岛消费外，间有输出至唐家、下栅、石岐等地。

（二）**其他副业**　本岛农家之副业，除上述之渔业外，尚有牧畜、樵采、经营小商贩、当船夫、短工、警察等数种。本岛牧畜事业中最主要者为养猪与牛，普通人家常有猪一二头，因可利用残羹冷饭等为饲料，且无须放牧，故农家多喜养之。牛则为耕作时必需，且本岛草茂，故养者亦甚多，均当作役畜。此外以养鸭为最盛，盖本岛多卑湿沼泽，最适于饲养也，除普通人家多有养畜外，尚有专以贩卖为目的之养鸭场四。南坑一场，有鸭约五百只，其余三场，一在村前，一在蔡家林，一在流水坑，各有三四百只。其饲养料为谷及生蚬。日间复驱往沼池，令自觅食小鱼虾之属。鸭蛋多运往石歧，闻全村每日可得蛋三四百只，鸡则多养于家中，然远不及鸭数之多。樵采则各家男女在农隙采供自用。然本岛之自然林，经数百年之滥伐，除二三处因人居与地坟之关系，幸得保全外，大部山岭已成赤裸，何堪再经樵采，若不从事造林，则将来本岛燃料，非仰给于外地不可矣。

本岛已有三四千之人口，则衣食住等日常所需，为数当不少，故岛中小规模之商店，亦有二三十间。其中以粮食店为多，其实粮食店亦并非专沽粮食，日常家用杂物亦有兼售，此外药材店、杂货店亦有数间。

本岛与外地交通，近如往还于下栅、唐家，远如澳门、香港均赖帆船（参看照片七及十二），每船约需水手六七人，故当船夫亦为农人副业之一。

田地较多之家，在农忙之时，雇用村中耕地较少之农民为短工，每日工银三角，但不供饭。平时尚有一种特别之雇主，即走私者，因本岛迩接港澳，故常为走私者慝居之处，但非全由本岛人经营，出资者多属岛外之人，岛人只充任水手及搬运夫而已。闻此种工资特优。

此外岛民复有一特殊之副业，即当警察，本岛设有中山县第六区公安局分驻所一所，其中警察皆由本岛居民选出担任，约有二三十名，月饷银四五元，若非值日，可自由回家。此地副业既极清闲，又可兼收名利，村民人人欲为！故每年轮换一次，先由大众选出，再在祖庙神前抽签决定。可见村人对此，喜其不劳而获认为最优等之副业也。

关于本岛人民之经济状况，因尚无详确之调查，不敢遽下断语，然观其表现于衣食住行各方面之情形，则村人之穷寒，已为不可掩之事实。当吾辈第一次至该岛时，适在农历新年，此时本为普通农家最快乐之季节，盖晚造已收，早造未种，为一年中最清闲之时期，尽可尽情娱乐，然当时吾辈在该岛所见，仍为漠漠残冬，沉沉脸色。除户外春联与街头赌摊略与平时异趣外，则别无足以表现新春之降临者。

据村人称，本岛所产之米（单指坑田所产，因潮田所产由大地之运往外地），仅敷岛民三月之粮，虽尚有薯芋，但其产量，亦仅供一月之消费，尚有八个月将如何度过耶？虽一方有副业之收入，他方有岛外田租之挹注（据云该租银每年可得万余元），但无论如何恐不能支持半年以上，此中错误，或由村人所言之耕地面积及其收获量不止此数。

第十三节　改进本岛农业之刍议

综观本岛业农地理，气候尚佳，盖地居亚热带，高温多湿，冬不严寒，作物终年均可生长。地利则属中庸，虽可耕地不少，然坑田患旱，潮田患咸，均待人工之补救。然本岛人民对于自然之利用，殊少致力，此则急需矫正之处，作者不揣简陋，谨陈关于本岛农业上应改良之意见如下：

（甲）坑田患旱，宜广植林木，以涵养水源，多筑池塘以减少雨水之流失。

（乙）本岛尚多平缓之坡地，任其荒废，虽因水源不足不能垦作稻田，然尽可辟作果园，或栽种薯芋等耐旱之作物。

（丙）环马海、南坑、大澳湾皆有辽阔之泥滩，未曾利用，其总面积似在现有潮田之上，若外围以堤，即可化为新潮田，据闻数年前，曾有岛外资本家与村人接洽筑堤，只因村人迷信风水，争执土堤之方向，后遂搁置，殊可惋惜。甚望村人能破除迷信，急起筑堤，以增加耕地面积。

（丁）东莞及本县沿海之地，每多利用泥滩以种可供织席之咸水草（茐草），本岛虽有种植，然为数尚少，故本岛泥滩，在未曾筑堤以前似可作同样之利用。

以上所举仍仅就关于农业方面之荦荦大端，此外如发展远海渔业，振兴农村教育，破除种种陋习，改良对外交通，使岛民多与外界接触，刺激其发奋向上之精神等，均为急不容缓之举，虽不获使岛民跻于富裕之境，但其生活不会如今日之窘迫，则可断言也。

第五章　住民

第十四节　人口

（一）**淇澳村之人口**　本村人口，男丁则各姓均自有详确之统计，因男子之生养死葬公家均有相当之津贴，无一精详统计，必致弊窦丛生也。据乡人云，全村男丁共约一千七百人，以钟姓为最多，约七百，次为蔡姓二百、姚姓一百、苏姓七十、江姓三十，其余王、黄、梁、郭、谭则更少，但妇女因无领公家津贴资格，故无统计。但据云，普通人家均女多于男，是则当在二千之数。故全村男女合计约三千七百余人。

（二）**侨居外地之岛民**　普通海岛之民常有乘风破浪作万里游之勇气，颇多向外移动者，然本岛情形似稍异趣，盖居民以农为业者占绝对多数，以渔为业者甚少，是对于陆上之依赖较大，海洋之吸力殊小，故外移之数不多，共约二百人，只占全人口5%，且其分布，复以省港澳一带为多，远至美国、秘鲁、南非等地者甚少。

（三）**侨居本岛之疍民**　以上三千七百人之数乃专指淇澳一村而言，此外尚有来此养鸭及租潮田耕种疍民，散住于本村之外，因其时来时去，人数并无一定，统计殊难，现在住于本岛者，则约有五六十人。

第十五节　聚落与交通

（一）**本岛聚落之两种形态**　本岛之聚落，由其形态可分为二类：一为集村，一为散村。若以所占人口之多少而定其重要性，则集村当然占绝对重要之位置，而散村之于本岛，不过聊备一格，实无足轻重，集村之数仅一，即淇澳村（与岛同名），在岛之中部竹鸡山下（图二及照片八），散村则在村前堤上（照片八及九）、蔡家林下、流水坑、南坑等处。本岛聚落之所以产生如此之形态，显然与职业有密切之关系，居于集村者为定居于本岛之人，多为自耕小农，散村之居民则为外来之疍家，或向大地主租潮田耕种，或从事养鸭，但均属暂居性质。本岛人民既注重于陆上之耕种，而少从海上之渔业，故聚落集中于耕地最多之地而不于海滨，虽缯网敷设之侧常有小茅屋，但系一种暂时看守性之建筑，似不能当作聚落看。

（二）**淇澳村产生之地理背景** 一般村落之形成有二要素：一为保，一为养。以本村之相关位置（Situation）言，适居于全岛之中央，至四周耕地均不致过远，且村前有辽阔之冲积地，坑田潮田均于此处为最广，村民既多以农为业，故本村之位置对于养之一方实极为适合，然本岛自古为海盗出没之地，[①] 防御之于村民更较给养为重要，此对于本岛之产生集村有非常大之关系。以本村之地形位置（site）而言，背靠竹鸡山，林木菁茂，不特有防风之作用，对于防敌亦极便利，盖村之前方为一辽阔之泥滩，行人舟楫，皆不能经此而达村前，普通由外处入村多于经村背竹鸡山与江树山间之低谷，而本村正握守其径口，形势险要，故本村对于保之一方亦居于极适当之位置。保养俱宜，无怪其能令全岛居民如水之归壑，成为岛中独一无二之大集村。

（三）**本岛聚落之既往与未来** 据该村父老相传，本岛聚落原位于鸭仔塘边，居此者为谭、梁二姓。鸭仔塘在淇澳村西南，江树山之后，虽稍偏西，然仍不失居于本岛适中之地位，其相关位置与淇澳村不相上下，且背靠黄坑，山水量充足（此点即淇澳村亦所不及，现淇澳之井水常苦味咸，欲得清泉以煮茗须远取于山麓），蔡家林与江树山左右环抱，乃一鸟巢式之位置，对于防守最为适宜，附近耕地亦多，给养尚足，惜局面太小，只可作一小小之隐居，不能容纳大量人口之发展，故当第二次大帮人民移入本岛之时，不能不舍此而另择竹鸡山下之位置，久而反客为主，原居鸭仔塘者，亦被淇澳村之吸引而弃其旧居，当此次吾辈至该处时，惟见颓垣碎瓦、野蔓荒烟，不胜今昔之感。至于本岛聚落将来之发展，依其现在地理环境加以推测，除淇澳本村由山地向村前低地继续膨胀外，尚有二事实颇有发生之可能：（甲）南坑方面新村之产生——南坑在本岛之西，除淇澳村附近外，耕地以此处为最阔，前面之泥滩现仍

[①]《香山县志》载："淇澳以某地僻易，盗薮也，置巡俭司防招诱，严接济。"又"金星门昔变置多澳此，相聚为盗"。

继续伸展,潮田更可逐渐增加,在给养一方而论,此处颇有独成一村之可能,且后靠本岛西南部最高峰之摩天岭,水源颇为充足,山脚二十公尺至五十公尺间之斜坡地颇为宽广,极适于村落之建筑,现已有养鸭者之结庐一所于此,若治安良好,自不难逐渐膨胀而成为一新村矣。(乙)海边渔村之产生——岛中人口日益繁殖,将来自不能只赖耕种以谋生,此外最适于岛民之职业,当推渔业,故至本岛渔业日见发展之时,因职业上之便利,本岛聚落之新趋向将由向心而变为离心,而转趋于海边,除各鱼缯敷设处附近之看守屋可变为定居外,而最便于对外交通之港尾湾附近,将因远海渔业之发展而产生一渔村,此处因对外交通之船尽泊于此,现已有修理船只之茅庐一所,未来渔村之位置,以吾意度之当在此附近。

(四)**屋式及其建筑材料** 本岛屋式集村与散村完全不同。散村之居民即属暂时性质,同时经济能力亦极薄弱,故其建筑材料,注重于价廉,而不甚注重于耐久,故皆剖竹交织成篾,外涂粘土,即以作墙,屋顶则以葵叶为之;至于集村中者,则因系永久之住居,故其建筑材料较注重于耐久性,多砖墙瓦屋,且其经济能力亦较富裕,故除实用之外,间或加以装饰之壁画,此等砖瓦均来自外处,唯亦有用本岛自产之蚝壳以砌墙者(照片十),然为数不多。集村中之房屋,因其用途不同,又可分为四类。(甲)家祠。此种样式颇为划一,大都二进,后进放有无数祖宗牌位,厅堂高大,而住房甚少,由二个至四个,甚至有全无房间者,盖此种屋宇乃专为死人而设,故大都死寂阴森,毫无生气,虽间或有一二人看守,但亦不能打破此严肃之空气。(乙)普通住宅。每因地制宜,或方或圆,颇不规则,其中较整齐者亦作二进,房亦不多,只敷一家五口之用(图九),然均矮小简陋、秽污不堪,比诸家祠,有小巫见大巫之叹,村人如此尊重死者而轻视生者,在提倡孝弟等旧道德之人看来,固觉古风盎然,叹为不可多得,然在注重"现在与此地"(Now and here)之人观之,又觉其愚不可及矣!(丙)杂屋。本村因房屋密集之故,故牛栏及草料场另设他处,此种杂屋之建筑自极简陋,竹墙葵瓦,与散村之住居类似。(丁)商店。村之中心有商店二三十间,贩卖日常用品,其外观大都作长方形,矮小黑暗,甚为简陋。

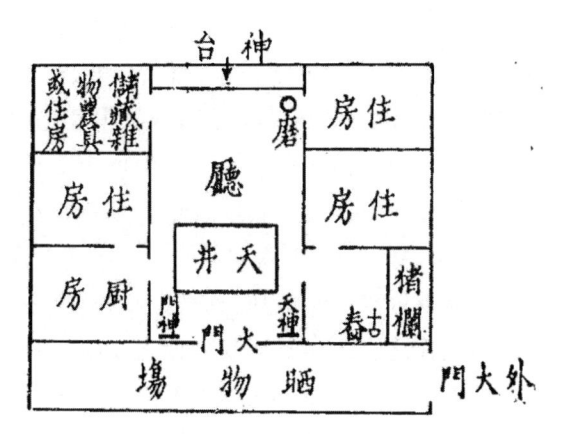

图九 农家平面图

（五）交通　淇澳因为一海岛，对外交通颇感不便，唐家虽近在眼底，然以小舟划往，竟需二三小时，且航线正经金星门，此处海流，为大陆之铜鼓角与本岛之南扪角所紧束，波涛险恶，虽岛人习此，但外方来者则每视作畏途，本岛人文景观带有孤立性，此为一重大原因。

由广州往淇澳，可趁中山夜渡，是渡中夜开行，翌日上午即可抵中山县（石岐），转搭长途汽车，经总理故乡至大金顶，换小汽车至唐家，再步行至釜涌，尚可趁下午二时开回淇澳之渡船，约下午四时许即可抵本澳之港尾湾登陆。本岛与澳门之交通有二道，一由唐家经大金顶至澳门之陆道，除本岛与至唐家须用舟外，余有汽车可乘，若求省费而不怕风浪者，则可用小舟直划至澳门。本岛之往澳门采办货物者多从此水道，由广州至本岛，亦可先至澳门，转车至唐家，然后转舟而至本岛，至岛内交通，则以淇澳村为轴心，作辐射之村道至散射四周耕地，而南出南腾门至港尾湾一段，为对外交通所必经，最为重要。

第十六节　社会生活

关于本岛人民之社会生活，自非短时间内可得而知，现仅就其重要者略述如下。

（一）自治组织　本岛居民，虽有八九姓之多，然彼此感情似颇融洽，宗法制度在此尚极有势力。每族必有族长，掌理族内一切事务，除钟氏族大，独当一面（称为敦睦堂）外，其余蔡、苏等八族联合组织一协和堂。敦睦堂与协和堂再有联合之组织，即现称为乡公所者是。此公所之组织，全出于乡人自动，历史颇久，本村一切公产，如潮田田租、竹鸡山之森林，均归其保管。此等收入之公积金，其用途由众议决分配，死者可向乡公所领棺及相当之治丧费，小儿初生可领姜汤费二元，普通男丁，每逢端节、中元节、中秋节及农历新年，可领取若干津贴银及少许胙肉。据云往昔人少，每人年可领得津贴银七八十元，现因人口增多，仅可得二十余元。胙肉则依年龄而增加，借以表示敬老之意。此种组织虽为酿成目下村民不振作之一原因，但其创设之动机，固甚为良好，本岛人民之能有如此和衷共济之精神，此组织不无相当之贡献，若推究其所以能有此良好组织之原因，纯以地理环境强求解释似可不必，但本村之人，乃由外地移来，又住于海盗出没频繁之海岛中，凛风雨同舟之义，其能促村民之密切合作，似又属当然。

（二）教育　本岛现在之教育，极为幼稚。现全岛只有初级小学一所，学生不过百余人，设平均五口之家有一小孩，则拥有三千七百余人口之本村，其小孩总数亦当有七百人以上。由此可见，失学儿童尚多也。以一般成人而论，妇人几尽不识字，固待传言，而一般男子之识字者亦甚少，闻近来村人对于教育，已知注意，由公款派四人至石岐、广州等处进中学，其急起直追之精神，固甚可钦佩，但教育落后之情形，由此可见一斑。

（三）宗教　本岛教育既如此落后，故对于鬼神尚极迷信。乡人平日最信仰者为三山公王，其庙称为祖庙，凡村人诞子，必告于庙，一切乡公所不能解决之事，亦在此庙中神前抽签取决。此外尚有洪圣宫、天后庙、文昌庙、关帝庙，其中天后与洪圣均属水神，沿海民族每多供奉。岛中每三年有一次大规模之醮会，搭棚结彩，唱戏诵经，异常热闹，除祈福禳灾之外，尚有大众娱乐之意。为调节生活，娱乐自不可无，但此种充满迷信色彩之举，似应早加改革。闻每一次醮会动辄万元，浪费殊巨，何不以此款项用于公益建设之途，为更有意义耶？

照片一　东北山地之老虎窦为东岸之岬角

山上石蛋满布，地面岩巉；山坡直伸入海，并无海蚀之迹。
The Promontory of Tiger Den in The NE Mountain, Roulders covering all the Den and causing a rugged Surtace; the slope going into the sea without any break to show marine erosion.

照片二　南扣湾之现代沙滩与过去沙滩

滩顶有坑田，A、B表示最高潮水之所达。
The actual and the ancient beaches in the Nan-man Bay, rice fields occupying the ancient one; AB indicating the rench of high tide.

照片三　西南山地之圆滑山丘及其成行之石蛋
Round hills of the S W Mountain with boulders in alignment.

照片四　大澳山之孤立石蛋
蛋下之支持物为风力所蚀，成为喀嗱。
Isolated boulders on the Ta-ou Shan, being worn at the base be aeolian erosion to form a gara.

照片五 竹鸡山之亚热带雨林

Subtropical rain forest on Chu-jee-shan.

照片六 竹鸡山亚热带雨林内部之景色（乔木攀缘植物及山芋等）

The inside physiognomy of Subtropical rain forest on Chu-jee-shan.

照片七　淇澳岛港尾湾砂滩上之龙舌兰
Agave on the Kong-me-wan Beach.

照片八　竹鸡山上远眺燕子归巢淇澳村及潮田
A View over the Forest of Yen-tze-quay-chau, the Kei Ou Village and flooded fields.

照片九　村前堤上之艇家茅屋

Huts of Tain Ka in front of the Kei Ou Village.

照片十　蚝壳墙

House Wall of Oyster-shell.

照片十一　剖蚝

Cutting Oysters.

照片十二　来往淇澳唐家间之渡船

Ferry boats.

[沈志刚，中山大学历史学系博士研究生]

中山县湾仔乡土地理

何大章 著　杨　琳 整理

[整理者按]

《中山县湾仔乡土地理》由何大章所撰，为有关湾仔乡土地理之考察报告，发表于《中山文献》创刊号。

何大章（1915—1996），广东中山人，是我国著名气候学家、地理学家。1938年，何大章毕业于中山大学地理学系，曾留校担任助教和讲师。此后相继在广东省文理学院、华南师范学院及中国科学院广州地理研究所任教。何大章一生著述颇丰，其研究领域涉及华南地形与气候、乡土地理和澳门史地等多方面。1944年，何大章与吴尚时合著《广东省之气候》，之后长期关注广东地区天气与气候，出版有《广州地区天气物候观察十四年》《广东天气气候观察五十年》等书。何氏对于广州灾害性天气和以海南岛等区域为中心的热带气候均有诸多论述。在华南地形研究方面，何氏在广州附近发现四级台地，多次深入粤北山地进行考察，又对中山、珠海、斗门等县市山地海岸地形侵蚀面做了探讨，发表了不少相关文论。1940年，郑彼岸主持修纂《中山县志》，何大章应郑彼岸之邀，负责编写《地理志》，其初稿亦在《中山文献》登载，另有单行本《中山县地形志初稿》面世。此外，何氏关于家乡史地的研究尚有《湾仔地理之研究》《中山县湾仔乡土地理》《中山县地质勘察报告》《中山县地理景观照片集》等。何大章与缪鸿基合著之《澳门地理》为关于澳门的第一部地理专著，论及澳门之开埠，澳门之地理环境、交通、人口、经济活动及都市形态等，是研究澳门问题的学者必读参考书之一。1988年，该书经修改补充易名《澳门》重新出版。何大章在科研和教学活动中注重科学方法与实地考察，极大地推动了华南地区近代地理学的发展。他将调查研究所得用于指导实践，比如山地开发、灾害预防和项目建设，充分发挥了地理学服务社会的作用。

在提及何大章学术成就或探究中山史地及中山与澳门经济关系时，已有一些学者注意到《中山县湾仔乡土地理》，但其尚未被广泛引用。该文将实地考察与理论分析相结合，对湾仔乡的历史人文、自然地理、社会经济活动均有较深入的论述，并在此基础上提出了湾仔未来发展的规划。何大章认为湾仔聚落的形成约当澳门开埠之时，其人口特点为四方之民杂处，主要来自其他沿海地方、内地及疍家。乡中居民姓氏不一，语言各异，无宗族之组织，无祠堂，有别于普通之乡村。何大章也就湾仔的气候、地理位置及地形进行了分析，着重指出湾仔与澳门联系紧密却与中山内陆关系隔膜的情形，以及湾仔面临滩岸泥沙堆积严重化的问题。文章还十分翔实地呈现了湾仔社会经济活动的概况，涉及湾仔的农业、畜牧业、渔业和手工业几大门类。读之，对于湾仔的物产、生产方式和产业结构均可有一清晰的认识。据何大章的论析，湾仔的社会经济是以农业为主、牧业和手工业为辅的乡村经济，并且受澳门影响极大。这种影响具体表现在：湾仔瓜菜及鲜花的种植以满足澳门市场需求为主，因澳门从中山及新会内地获取果类，湾仔果类种植大为缩减；湾仔所产米粮不足，需由中山内地补充或从澳门购入；湾仔畜牧业发达，尤以养猪和鸡鸭为多，可为澳门提供牲口；湾仔手工业大都因澳门之需要而产生，如麻织主要为澳门生产渔业用具，制炉工业依赖澳门市场拓展销路，湾仔火柴及爆竹生产方式与澳门极为相似，均为家庭手工制作，火柴工作多为卷盒，爆竹工作多为卷壳凿底等。故何大章特别强调湾仔应对澳门求一合理之供需关系以谋求自身独立发展，摆脱生产上的被动地位。同时，他还提议地区发展应以专家的考察研究为基础进行统筹计划。因而何大章用了大量笔墨去论述如何解决湾仔的发展问题，包括改善交通、处置滩岸、开发山地、修建水坝、开发旅游业等。由此可见，何大章研究乡土地理的宗旨如其所言，"乃以其地理环境为依据，欲以使其对自然之利用而得一进步之方法与优良之效果"。

《中山县湾仔乡土地理》作为一份地理考察报告，是何大章从事乡土地理研究的一个范例，从方法和理论上显示了"新地理学"重视人地关系的原则。就史料价值而言，它保留了大量当时有关湾仔乡人文地理和自然地理的实际情况，可为日后研究中山史地及中山与澳门的经济关系提供材料。

参考文献

何大章：《中山县湾仔乡土地理》，《中山文献》创刊号，1947年。
何大章：《中山地形志（初稿）》，广东中山县文献委员会编印，1950。
何大章、缪鸿基：《澳门地理》，广东省立文理学院出版，1946。
《广东省志》编纂委员会编《广东省志（1979—2000）·人物卷》，方志出版社，2014。
司徒尚纪、许丽章：《仰观风云，俯察地理——记我国地理学家何大章》，《热带地理》1994年第4期。
赵立彬：《新地志和乡土地理中的民国中山——澳门经济关系》，王远明、胡波、林有能主编《被误读的群体：香山买办与近代中国》，广东人民出版社，2010。

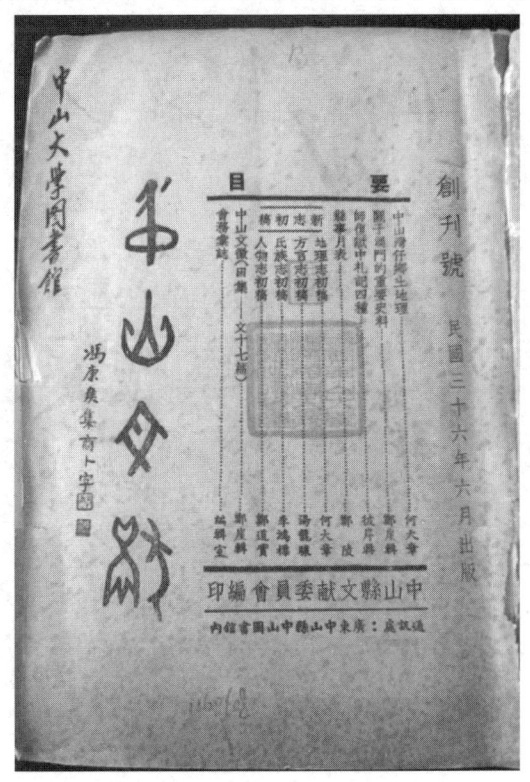

中山大学图书馆藏之《中山文献》创刊号目录页

中山縣灣仔鄉土地理

何大章

灣仔鄉為中山縣屬南部海岸之一鄉村，與澳門僅隔一河，受澳門之影响极深，無論其生產、工商業、交通、甚至金融，莫不皆然，故灣仔之發展，常在被影响地位，其中尤甚於他勤遠大於自勤，而自身對于土地之利用，復其幼稚，對於澳門在經濟上如何求得合理之調協？此代急切之問題。應如何利用自然、代被影响地位？如何以求獨立之發展，對於澳門在經濟上如何求得合理之調協？此代急切之問題。盤邊陲之地，昔易與外人覬覦之礦，可為殷鑑，香港之九龍，可為殷鑑，今日灣仔所隱之地位及其危機，實堪注意。會思雜指（註一）是贰式金中山縣巍巍及何大章澳門地理。

第一章　出生與人口

灣仔之出生為歷史之問題，茲稿對於灣仔之研究，悉屬創墾，求之古籍，毫無紀錄，詢之令人，則鮮能以確對，間有知者亦不輕言，然灣仔之出生對於今日地理現象甚有關係，故不得不勉力從事調查，以今之自然人文現象，間接推考，以為解決。

灣仔在昔與澳門同為海灣，一漁船停泊之處，因在海灣內，可避風浪，代漁船停泊，當遠後於其北之前山南屏北山等港，亦可斷言，蔡援國南部海岸在明清，當時陸上尚無固定之聚落，土地尚無出其例，本地尚無固定之石閘關總全軍於其生命之狐現象，當就於其北之前山南屏等鄉，此種聚落，其防衛城佩，亦有完固之石閘關總全居民不賴不嚴緊固城牆以自衛，此乃粵南沿岸鄉村之一普遍現象，若吾人熊視其外患如何深東，則不足怪矣。此外本地相近之北山、南屏等鄉，毫不足以防衛，灣仔尚較前山北山等地近者，豈昔日海盜，拾近圖遠，婚難避易哉，是則灣仔當時尚為漁民舊泊之所，陸上人煙稀少，不足海盜鄉聚也，故灣仔之定居始。

葡人之來澳門，自謂平海盜有功，（註二）海盜自葡人來澳後平息，此說雖未可置信，但無論如何，海盜必不似澳門，葡人然後可定居，其後繼續發展，今谷中有村落甚多，如古廟村、火譚村、花地仔約當澳門之時始有定居民氏，其時距今三四百年矣，不過定居之初，當在谷口之位置臨海戍灣，故稱灣仔，村等，或今日之形盛，此蓋近伍拾餘年之事耳。灣仔鄉之得名，或係因在谷口之位置臨海戍灣，故稱灣仔，亦未可料。今自其村後高山假嘅，則見谷內低增已囊囊灣仔，今則依岸而立，細察其鄉中最古形式之房屋，即在最後一層延長晷如米形，鄉中居民其為複雜，山其他治海地方來者有之，山內地來者有之，蛋家亦有之，據調查，來此最初者似為本縣屬之斗門人，分居今古腳村，火

《中山县湾仔乡土地理》首页

湾仔乡为中山县属南部海岸之一乡村，与澳门仅隔一河，受澳门之影响极深，无论其生产、工商业、交通甚至金融，莫不皆是。故湾仔之发展，常在被影响地位，其生存基于他动远大于自动，而自身对于土地之利用，复甚幼稚。湾仔迩邻异属，更须力图自强，以为急务。湾仔今日之生存如何？应如何利用自然，以代被影响地位？将如何以求独立之发展，对于澳门在经济上如何求得合理之需供关系？此为急切之问题。

盖边陲之地，每易与外人侵占之隙，香港之九龙，可为殷鉴，不见乎，今日之氹仔路环，竟是谁人之主权？至于湾仔，在史上所记，亦知外人曾思染指（注一），今日湾仔所处之地位及其危机，实堪注意。

（注一）见厉式金《中山县续志》及何大章《澳门地理》。

第一章　出生与人口

湾仔之出生为历史之问题，兹篇对于湾仔之研究，悉属创举，求之古籍，毫无纪载，询之今人，则鲜能以确对，间有知者亦不轻言。然湾仔之出生对于今日地理现象甚有关系，故不得不勉力从事调查，以今之自然人文现象，间接推考，以为解决。

湾仔在昔与澳门同为海滨一渔船停泊之处，因在海湾内，可避风浪，为渔船停泊之条件甚为适宜。当时陆上尚无固定之聚落，土地尚无农作之利用，有之亦极稀少。湾仔聚落之生成，当远后于其北之前山、南屏、北山等乡，似可断言。盖戒〔我〕国南部海岸在明清之季，海盗甚多，本地自无出其例，故居民不得不筑坚固城墙以自卫，此乃华南沿岸乡村之一普遍现象。前山一寂寞之乡村耳，然自外观其城墙，则气象雄伟，此种聚落，其防卫之设备，远重于其生命之滋养，形成体势不配之现象。若吾人能料及其外患如何深重，则不足怪矣。此外本地相近之北山、南屏等乡，亦有完固之石围环绕全乡，乡外复植树木，以为遮蔽，此种完密之设施，当在防御海盗。然湾仔之聚落与前山南仔〔屏〕北山等乡迥异，聚落延展如带，既无城墙，亦无石围，毫不足以防御。湾仔尚较前山、北山等地为近海，岂昔日海盗，舍近图远，趋难避易哉，是则湾仔当时尚为渔民漂泊之所，陆上人烟稀少，不足为海盗垂涎也。故湾仔之定居民族，必自海盗平息之后始。

　　葡人之来澳门，自谓平海盗有功（注一），海盗自葡人来澳后平息，此说虽未可置信，但无论如何，海盗必不侵澳门，葡人然后可定居。是则湾仔约当澳门开埠之时始有定居民族，其时距今三四百年矣。不过定居之初，当在谷口，其后继续发展，今谷中有村落甚多，如古庙村、火谭〔潭〕村、花地村等，成今日之形态，此最近五十余年之事耳。湾仔乡之得名，或系因在谷口之位置临海成湾，故称湾仔，亦未可料。今自其村后高山俯瞰，则见谷内低地已尽为湾仔，今则依岸而立。细察其乡中最古形式之房屋，即在最后一层延长略如米形，一如昔之海湾焉。

　　乡中居民甚为复杂，由其他沿海地方来者有之，由内地来者有之，蛋家亦有之。据调查，来此最初者似为本县属之斗门人，分居今古庙村、火潭村等，其后渐多展居于沿岸，其他尚有来自阳江、电白、东莞、三水、新会等，此外尚有来自海岸三灶、南水等地及蛋家。居民四方杂处，姓氏至不一，语言亦各不同（湾仔居民何来，今所知者乃笔者在湾〈仔〉乡后之坟地带考据坟墓之形式及石碑所刻籍贯姓氏统计推断而得，其材料堪称可靠，不过吾人调查之经验有等事情，往往询诸死人尚较询诸生人为佳）。乡中无宗族之组织，至今全乡尚无一祠堂，庙宇亦鲜有之物，盖为我中国乡土中之灵魂。近本地者如北山之榻〔杨〕氏宗祠、南屏之容氏宗祠，祠皆肃然前列，荣丽异常，而湾仔独出此例，故其出生，自与普通之乡村不同，而为一四方杂处之聚落。计其人口平时约四千人，户口约八百五十（注二），人口密度亦非甚疏。我抗战后，本地以特殊地位，人口突增至近万人，户口亦约增二倍，举凡其生产交通及居民之生活皆发生重大之变化。

　　（注一）据耶氏《世界商业史》："嘉靖以来海贼骚扰……葡人以平贼功遂稳居澳地。"

　　（注二）据中山县历年县政年刊。

第二章　地理环境

一　华南海岸之气候

　　湾仔海岸，隔江邻据澳门，其间方位（Cardinal points）无几差异，其气候自与澳门略同（参考《澳门地理》气象章）。冬季和暖，北风势缓，冷期短，夏秋炎热，南风旺盛，一年雨量沛丰，寒暑之差小，其气候概属华南海洋性气候。居民生活方式，大致与华南海岸略同，如耕作驶船。是局部之气候，则因乡后山地高大，本地背面向东，略受地形之影响，天明即旸受光亮，日未落则天阴，入夜较澳门为速，晚上在夏较澳门为热，在冬则较冷（注一）。

二　与澳门相对地位

与澳门共临濠江之出口，极为迩近。本乡在西，澳门在东，山陵相峙，庐舍相望，其间相隔仅六百公尺。来往其间之浆船约五百，一程须时十五分钟至廿分钟，船费甚少。小汽船有二，约须时五六分。其间之距离，远较香港与九龙为迩（香港与九龙最近处为1500公尺），故湾仔与澳门之关系可谓密切。然湾仔为我属，澳门为外属；湾仔为乡村，澳门为都市。居民之生活与澳门大有不同，澳门叫嚣、浪费……而湾仔则宽容、安静、节俭，可亲爱、呼吸自由之乐土。

三　与中山内陆关系之隔膜

湾仔为中山县属，然湾仔其所在地土因其南临海洋，东对澳门，其北为西江排水水道所割，与中山大陆宛如分离，自湾仔至中山因此不能以步行到达，故有称其所在地为一岛者，葡人称此地亦曰"Ilha da lapa"（即汉名"Sapa slaut"，查葡本国有一高山曰"Sopa mant"，洑〔湾〕仔乡后之山，远较澳门者为高，故名，此亦外人之诡谋）。湾仔地质构造言，昔诚为一岛，但因堆积，今已与大陆相连，不过其间仅被一小水道割开以为排水，其实仍为大陆之一部。（考岛之意在英名为Island，仅系指孤立及荒凉之意。陆地如在海洋中显见与大陆远离者称曰海岛；在沙漠中之绿洲，四望无人烟者称沙漠岛；在大森林中之空地原始民族居于其中，难与外人往来者称森林岛。岛之为名实不尽在平其四周为水所绕也。人常称被水围绕之地则曰岛，广州三角洲水网地带，许多地方被大小不一之河道流过造成许多为水所绕之地，然则三角洲所有之地皆为岛所聚集乎？昔者我国之城郭，其四周皆有护城河所围绕，如吴县、西安等是，然则吴县及西安皆可以岛名之乎？）诚然，湾仔僻处中山南隅，其南为一片海洋，其地距县城石岐颇为遥远，且其本身为一小乡村向不为人所注意，而其与中山内陆之交通，因交通工具关系且远不及澳门之便利。与前山言，相距仅五六公里，然水程而上，非一小时半不达。澳门距前山车程仅约十五公分，故湾仔往来中山内地之人，多取道澳门，形成与中山内地关系之隔膜。

四　在谷口之位置

本地东对澳门，西则背山而立，此山高峰一称摩星岭，为花岗岩所成，风化甚深。然其中石英脉甚多，山上石蛋累累，高峰达四百公尺，颇为峻峭，绵亘〔亘〕于乡后，一如屏障。其山谷之走向，概为西南而东北，与华南山地之走向且相同。震旦方向（Sonnandihtion）颇称显著，其谷之颇大者，尽为纵谷，大者有三四，附近乡村，即产生于谷口，湾仔即其一例，南屏、南山、银坑亦然。此等产生于谷口之乡村，为华南乡村之普遍现象，尤之中山南部山地区中为常见，以其为水泉聚会之处，且兼有山地与平原之利也。湾仔谷中堪称广大，谷内复有二小谷，稳〔隐〕见侵蚀面（Surface deration）之存在，其面积高与前山侵蚀面及北岭侵蚀面（笔者于廿八年教师节日旅行北岭发现之高度约相等，侵蚀面地形实广见于中山各地，笔者所知，沿岐关公路而上，在韭菜塘、白石、麻子、深湾、虎爪等地，皆有发现，尤以在深湾、虎爪二地为标准。虎爪村一名，正侵蚀面场割裂如虎爪形，此等地面与地形学上名词不期而同，颇绕〔饶〕意味）。某面高度约可下接前山北岭及今所言之湾仔侵蚀面，上则或接于中大台地或岭大台地（注二）。然或因湾仔较前述各地为近海，陆地隆起，其面已被割蚀几尽，复成零碎之梯地，地势更为低平。

五　堆积岸地形

本地正临濠江之出口，濠江为西江排水水道之一，带来泥沙甚多，至此流速骤减，盛行堆积，与澳门同受此可怕之成质。澳门固因此而失减其海港之机能，而湾仔更因地位（Site）更不良。水道经南屏前山、北山而达本地，略成曲湾，澳门在东，适在凹入岸（Concave），本地在西，适在凸出岸（Connex），堆积力更大，故本地沿岸有广大之泥滩，自南屏南延直伸出海口一带，堆积物皆为细微之泥沙。湾仔潮水升降，大潮时升降约差为三公尺，不为甚大，然潮水之进退每达三百余公尺，其滩岸均为平几，计其角度尚不及一度甚或半度。每届潮落，泥滩尽露，堆积之威胁，将有被迫而渐埋没之势。沿岸码头甚长，乡人称之曰长埗头，自乡口直达河面凡二百四十五公尺（注三），以适应潮水之涨落。此种码头形式，实为罕见，其用心亦良苦矣。

且河面之中，已堆积成一长条之泥洲，每当潮退（大潮时为然）凸出水面上，广可二十余尺，其长则达二公余里，自青洲延展至下湾海旁附近，其高则可达半公尺。潮退时，渔船七八，常搁浅其间，有不少渔人在泥洲上捕鱼虾。澳门之渔船往河中排列成行，即以此泥洲为寄泊之所，其淤浅之情，可以见矣。故凡潮水稍降，湾仔至澳门桨艇之往来，即不能取一捷直之线，而须绕过此泥洲之首或尾而过，费时不少，潮水更降，绕道愈远，费时愈多，其中桨艇有索值至四五倍，更有不愿开船者，遂使湾仔对澳门之交通发生不少之阻碍。吾人观乎湘江右岸之长沙市，其河中有一长条之沙洲（该市之得名概由此），称为水陆洲，今洲已升高，其上已可居人，遂使长沙与对岸独占繁荣。澳门他日将有如长沙之水陆洲所阻隔，则湾仔之地位将为一危机。

考本地堆积之祸，固因西江带来多量之冲积物所致，然其受祸如此深重，自必尚有其他之原因。查华南海岸在昔诚属下降海岸，造成华南许多湾及岛屿（注四），然华南海岸近必有局部上升之势，关于此久已有证明（注五），本地沿岸自无出其例，不然，苟海岸下降，甚或固定，其堆积亦不致如今之厉害也。而湾仔之北（石角咀以北）之围田筑成使濠江之曲度增大，湾仔处于凸出岸，更见显著。水流之势便缓，其影响于湾仔最大者为在石角咀前之茂丰围，据调查为距今二十年前北山乡人提倡建筑者。据调查，在未筑围前，湾仔长码头上部尚作架桥形，其底通，可以流水，桥底距泥滩最少尚有一公尺余（约三四华尺），诚如今长码头所铺之石有纵有横，纵者即昔日之桥位也。复查近石角咀一石码头，其长与湾仔乡前者略等（此为北山人建筑，以利乡人往来者）。然自茂丰围成后，湾仔堆积从此更甚，泥沙之发展更速。二十年间，乡口之长码头，其底已满塞泥沙，不能容人，不可流水。计最少泥滩增高一公尺半（约四华尺），平均而计，每年约二十公分（约五六华寸），以致桨艇之交通发生困难。石角咀附近之石码头，因贴近茂丰围，首蒙其害，故其前半今已埋没，不复堪用，沿岸荒烟野蔓，水草丛生，其凄凉谁可告诉者，他日湾仔亦将沦至此景乎？故谓一地建设无统制，未经专家之计划，不能兼筹各方面利益，大错已成，恨之无及，湾仔终生既蒙自然之害，复蒙人为之误矣。

（注一）据李严君及何荫荣君之报告，1939年10月8日。

（注二）吴尚时：《中大台地之研究》，《自然科学》7卷4期，中大理院，1937年6月；又《广州附近地形之研究》，《地理集刊》创刊，中大地理系版，1937年6月。

（注三）湾仔石码头之长度从未有人测量，据笔者亲自步测之结果为二百八十步，约计二百三十五至二百五十公尺；据艇家所言约为六七十华丈，约计等于二百五十公尺；又据另一可靠之报告为二百五十八公尺。

（注四）陈国达：《广州三角洲问题》，《科学》18卷3期，中国科学社，1923年3月。

（注五）同注二。又见吴尚时《广州漏斗湾至榄洲漏斗湾》，《自然科学》7卷4期，中大理院；见W. Penzer《香港海岸有何失序》，《地理学季刊》1卷4期，中大地理系版，1924年3月；罗开富、徐俊鸣等《淇澳岛》，《地理集刊》中文〔大〕地理系版，1937年6月。

第三章　产业

一　农业

湾仔位于宽广之谷口，沿岸堆积物大部为沙土及粘土，堪称肥美，山上之水泉亦足，海水味咸，冬日虽不能用，但夏天河水冲出则能之，土壤排水性亦甚良好，人工众多宜于种植。湾仔以迩近澳门，其作物全为澳门市场之需要。其耕作形式极精致，属于精耕式（Intensive Culture），灌溉工作极为完备，以冀在最近小之一地域上得到最大之收获，市郊农作此为普遍之现象，农业之种类如下。

（一）瓜菜。瓜田菜地为城市之前锋，几为土地利用之通例，尤以澳门地狭水少，更乏种植之地。湾仔之土壤及水皆甚适宜，且迩近澳门，瓜菜所需肥料粪便之供给无虞缺乏（澳门居民之粪便多运往湾仔为肥云），而瓜菜生长甚速，每一二月即可收成，尤以在夏季为然。夏季多种瓜，有丝瓜、苦瓜、冬瓜、茄瓜等，豆类有荷兰豆、豆角，菜则有白菜等。冬季菜则较多，白菜外尚有菜心、芥菜、黄牙白、椰菜、苋菜、菠菜、蒿豆、葱、韭、蒜等是。此等瓜菜，小部自用，而大部则运往澳门，其销路甚佳，甚为有利，当为湾仔农作物之最享权威者。

（二）花。花亦为城市之需要，尤以澳门有不少西人，喜爱鲜花，中国人之闲情逸志者亦不少栽花自娱，而近人死丧祭礼之花圈亦甚盛行，故澳门消费鲜花殊多。湾仔种花之条件在气候上与澳门略同，而土壤则远较为佳，用水更为充足，人工亦或较为良好，故湾仔盛行种花。今谷中耕地，已成花田，其种类春有海棠、蝴蝶花、姜花、芍药等，夏鸡冠、玉簪、玫瑰、子夹、凤仙等，秋冬有菊及剑兰等，鲜花四时不断，每当风和日暖百花争放，漫步其间，宛有香飘十里之概〔慨〕。今乡后有一村曰花地村，想当为昔日种花之地而名。所产之花多折枝或盆栽出售，大部运往澳门各地以供装饰，或在公共新街及市北街设铺，日常买卖甚盛，每届节令（如七夕、中秋、除夕及西人扫墓日）更为跻踊，入夜，花市如昼。惟栽花如经改善，其利甚大。

（三）果。澳门人口颇众，消费果类自多，本地种植果类以为供给，自甚适宜，但因中山及新会内地，已盛果类，果之厚皮者，如橙、柑、柚等较湾仔之生产量为多。澳门与中山及新会等地，交通亦甚繁密，其运输便利，故湾仔之果类种植已大为缩减（昔中欧中部及南部皆有葡萄之种植，然其后交通便利之故，中欧乃以谷类独盛，葡萄则退为地中海之特产）。今湾仔之果类只有木瓜、杨桃等他地运输不便之果类，本地果类有重复振兴之希望否，容详究之。

其次，本地尚有种种之杂粮，如芋、薯、葛、萝卜……等块根植物，土壤极为适宜，当可续续发展。此外湾仔至南屏一带，沿岸泥滩已筑围者，尚有种植水稻，然所需水量甚多，海水不能常用，且须以围防其咸水入侵，山谷之水亦已为人利用，故本地水稻旱患而无水患，苟能振兴水利，旱患亦可灭除。本地人口众多，所产之米，不足自供，由中山内地补充（如斗湾等地），或由澳门购入。

二　畜牧

湾仔农家多有兼牧畜之利，澳门所须牲口甚多，故湾仔之牧畜业甚为重要，亟宜发展。

（一）猪。湾仔牧畜中以猪为最多，乡村外围，常见茅舍栉比，栏口处处，入其村内几见有家必有猪，无猪不成家，概此等现象在银坑尤为显明。本地畜猪实甚相宜，农家中每有糟粕菜根，澳门酒馆中亦不少余饭败肉，此皆为佳饲料，本地之人皆能利用之。农家中兼营养猪，甚为有利，有时农业所产亏本，亦常以畜猪之利补之，在农村经济中颇占重要现象，数月后，猪肥可宰，善价而沽，获利不少。湾仔共计约有猪数百头，闻有某家畜猪已达五十头者。

（二）鸡鸭。鸡鸭以家畜为多，尤以鸡为然，其生产条件与□□，亦甚有利。湾仔上沙疍家棚中，多养鸡鸭，皆肥美异常，每当日午，常见棚地一带之鸡鸭，或则漫步晏晏，或则大梦初觉，一若自傲其乡村之乐者。至于幼鸭以养于河谷沙滩为多，在本地附近有鸭围数个，每围有鸭数百头，湾仔鸡鸭统计亦甚多，将成为一种重要之事业。

三　渔业

湾仔渔业本甚发达，但捐税繁重（注二），且澳门已成渔业港口，资本雄厚，故本地只有沿海渔业，亦不发达。

（一）海门绘网虾，门绘二度，一在较北，每度有绘约十余门，资本数万，闻系由一乡绅与一澳绅（已入他籍云）向中西政府领照合营。清明后，网沙虾及白鸽鱼为多，中秋后以网捕银虾为最多，昔年曾闻以此法一夜得沙虾数百担，得利数千元，堪称伟观。

（二）在沿海附近网鱼，所用之船为一舢板，以捕小鱼及虾为多，所来往之地最远不过氹仔路环、企人石或青洲等地，获利不多，不足以为一家数口之食。

（三）在海滩捕鱼，本地滩岸潮退后，滩上有不少之鱼虾，渔人以泥板滑滩上，所捕得之鱼有海狗鱼（即大口鱼）、花鱼及虾等。其中事业已有组织，一人为首领指挥数十人，其法先以江芷（为一种药材）与红土混合成弹丸形，曝之，用时混于水中，毒鱼至晕乃捕之。此种捕鱼一月中时间不同，随潮而异，多少不一，然年中之利以夏季为多，闻其中一首领有伙计不下数十人云。

四　手工业

湾仔之手工业大部因澳门之需要而产生，居民亦几一如为澳门而生存，其手其足，一如售之于澳门。

（一）麻织、竹织及藤织工业。澳门之渔业用具，须用麻绳甚多，鱼网、绷、钩丝……等是。湾仔之人常由澳门领麻回家，操织成绳，售诸澳门，借以糊口，其中以疍家为最多，在湾仔之上沙疍家□家中，家家所见，几尽以织麻绳为重要之工作，成如家庭工业之一。每于早晨常见不少疍家妇女，紧抱其麻绳往澳门售于其老主顾，在船中尚殷殷以利瓦片（即粤语谓金鸡瓦）修其人工之未足者。此外尚有竹织及藤织工业，亦为家庭工业之一，如职〔织〕箩箕筷、章、笠筌及蓬等，更有织扫帚、箩笆等，藤织物藤椅及其他用具是，总之此种织造工业在湾仔实见盛行。

（二）制炉工业。造炉业为乡村常见一种手工业，湾仔地当冲积，粘土甚佳，为制炉之最良原料，与澳门之制砖同有此等条件，且人工堪称熟练，又近澳门，销路自当甚畅，故湾仔制炉甚多盛行。其种类甚多，有大有小，用处各异，在沿岸一带有不少制炉之家，苟能扩充为大规模之制造，其将来当有发展。

（三）火柴及炮竹工业。澳门之火柴及炮竹工业全以人工制造，可以领取原料在家工作，火柴工作多为卷盒……等，炮竹工作多为卷壳凿底等。每见穷苦之家，其门前满晒火柴纸盒及炮竹壳等，此等现象一如澳门，良知澳门影响湾仔之深重，其势将有使湾仔人之生活渐变为澳门人之生活。盖农村人口众多，耕地不足分配，单靠农业难以自给，一部份之人常迫于入城市工作，往往城市所得工资，还大于其农产值，故农村人口常有集中城市之势。澳门以大工厂缺乏，有之亦多属手业工厂，均家庭工业,故湾仔之人当不至有集中澳门之现象。虽有侨居澳门者,但亦多为商业而非工业,且湾仔之人,亦当以农业为主,而以牧业及手工业为副矣,火柴工业及炮竹工业,湾仔人一普通之副业也。

(四)造船业。澳门港口为船停泊之所,故造船者已与渔业同发达。湾仔迩近澳门,其滩岸颇适于造船厂之设立,船只之制造或修理在澳门固无差异,其材料多来自我内地,其工作多用人工,但非属家庭工业,由厂主雇工人工作。昔船厂约十余家,今则只有三四家,与澳门造船业同时衰落,不过此种工业,在湾仔谅有发展之可能。

此外,湾仔尚有造木工业及烧灰工业等未甚重要。

(注一)本章所定各节乃笔者积多次之调查,经审慎之选取,调查所及有种菜农人、种花农人、船家、渔人、乡民等多人,复蒙不少同事同学之帮助,或与报告,或与之谈话,或代为调查,未能一一分别附注。

(注二)罗开富等:《淇澳岛》,《地理集刊》第1号,1937年6月。

第四章 湾仔将来之发展

乡土地理之研究乃以其地理环境为根据,欲以使其对自然之利用而得一进步之方法与优良之效果也。湾仔虽然为冲积之祸害,而其他自然之赐与仍厚,尚易发展,且冲积之祸亦可能以人工减□其祸,更或可转祸为福,其前途未可限。第一步,湾仔能对澳门需得一合理之需供关系,进一步,以求自身之独立发展,亦自可能。然一地之发展自当□专家各方之考察研究,从事有系统之计划,兼筹并顾各方之利害,统制生产建设,事业之施行乃能操必胜之券。不然徒各以利益是视,自然之利用既不善,人力复未尽藏,种种恶劣之习俗并未去除,更为发展之障碍,遑论其经济为澳门之威胁矣。湾恶〔仔〕向未予以发展之计划,莽莽乡村,其谁加以援手耶?

一 交通之改善

湾仔交通之改善乃发展之一重要步骤。对外交通最繁密者莫如澳门,以艇渡为工具,次为与附近各乡村之交通,有取陆道从公路往南屏者,有从小路往银坑、企人石、挂定角及猪乸咀者，亦有从沿岸取水道者，更可远至马骝洲或前山等地。

（一）新码头之开辟。湾仔沿岸以受冲积之祸害，遂使码头淤浅，对澳门之艇渡及沿海之往来，发生困难。石角咀附近之码头已被埋没，乡口之长码头亦岌岌可危，潮水极退时，浆船亦不能泊至其端，须以泥船渡人客上落，狼狈不堪（计最小差约十公尺），以为此一小乡村二百五十尺，码头尚不满其需要，实令人咋舌。苟今码头再伸长，堆积亦恐随之，故明日之新码头以离开茂丰围为上策。今见滩岸较南处船厂附近有一路，曾铺有薄层之煤滓，已可以行人，如路再筑成新码头，则其上落必较今日之新码头为佳，笔者多次由澳门至湾仔，艇家亦取行此路，其建筑实有可能，如何建筑容俟详论。至于湾仔滩岸之南端，有一海岬伸出，亦可以建筑新码头，其地位更佳，但离今墟市较远，或则湾仔经填海，码头再由此伸出，则自较容易。

（二）澳门之湾仔码头问题。本地至澳门，浆艇在澳门向未有一固定之码头，有之亦仅在兴记码头附属，码头既小，且不适潮水涨落之利用。潮水涨时固可在岸边马路随处上落，若潮水降时，此码头亦势成无用，上落之人迫得攀蜷码头底之椿木而上下，以码头之底为码头，诚令人可笑，苟以运货，何堪设想。以此观察，使吾有一结论，即湾仔与澳门两码头之比较，可知湾仔对澳门需求之恳切，而澳门则不能投桃报李也。吾述此节之目的，在使此澳门有一固定之码头，建筑较为完美以供上落，然湾仔之生产最令澳门有同一之需求，自无贻笑于人矣。

（三）公路之拓展。湾仔有往南屏公路称南（屏）石（角咀）公路，长约四公里，闻由岐关公司于廿三年通车，廿八年三月始停开，抗战期曾加以破坏。此路平整建筑，尚称合理，便利于其间人物之往还不少，如此路能拓广达挂定角转企人石、猪乸咀及银坑，绕摩星岭一周，则湾仔无异为衣之领，为瓶之口，发展更为容易。且此路之建筑在地形上鲜有困难，实为易举，不过此路绕水道而行，以货运言，与水路之竞争，未免逊色。

湾仔乡外之街道，大致与海岸平行，自乡首迄于乡尾颇为延长，但狭窄污秽亟须改善。

二　滩岸之处置

湾仔滩岸洋甚为广大，计延长约数公里，广亦达半公里，固不便于交通，然部份亦有可利用者。

（一）填海。近岸一带不〔之〕泥滩，已堆积甚高，且潮水不常到达，茂丰围已筑围，本地惟有将计将就计，填海以自救。盖今日之人口正向沿岸发展，滩岸一部如经填高，则可为他日乡址扩充之用，其次可以为船厂，然如何填海，则须审慎计划。

（二）利用渔业及种植。滩岸固不易尽填，亦断不能尽填，所余之泥滩可遗留为捕鱼者利用，因滩岸之鱼与海外之不同，如花鱼售值较昂，如经科学方法能蓄养之，其利更大。

其次，本地为淡水与咸水交会之地，滩岸川种一种咸水草，又本地夏季海水味淡，无害于普通植物，土极肥沃，如经研究有某种宜于海滨生长期短之作物，其获必丰，不可不注意也。

三　山地之开发

湾仔乡后山地鲜加利用，有之仅于近谷口之地，用为农作，由山坡至山上之地，濯濯未垦。秋后乡人有烧山之举，以为平原上之田，求取经济之肥料，此种不合理之作为，为山洪之祸根，久之，遂使山地更不可利用。

我国人之不善利用山地，非特本地如是，盖山地土壤较劣，水泉较少，地势较高，交通较难，其利用自不如平原之易。其实山地土壤土非尽劣土，泉非尽少，山地如经开垦适宜利用，其利甚大。湾仔乡后有大山，面积甚广，为花岗岩，土壤甚佳，水泉亦多，且本地气候和暖，其利用自易。在山坡为冲积平原冲积扇形地，地较低平，亦近农作区，拓展种植有用之作物，如果、竹、菠萝、茶等自属易事，或则利用以种草以供牧畜，如养牛羊等，亦大有可能，至于山上，则可利用以种植有用之森林。

四　水之调节及利用

湾仔位于一宽广之谷口，为水泉聚会之处，农作众多，山谷之水已尽利用，用水有僧多粥少之□，尤以冬季雨量小，海水又不能利用，为本地之旱季，故水之利用成一重要之问题。本地山地属花岗岩，风化甚深，水泉多而量大，试观于银坑乡（已有水坝）与本地虽距咫尺，然其水量则甚充足，无虞缺乏。尽人皆知，何以本地则不如，或因在自然上，本地谷口宽大，不足以贮留水量，在人为上，未经人工蓄水，水量不□□。如本地在山上选择适宜之地点，照法建筑水坝，蓄水防旱，在农田上为改良灌溉，或在银坑引水管以供给，则水之问题，自可解决。

湾仔对水之利用甚为重要，农作所需之水量至大，其次为居民之饮用及洗衣之用（除本地外，澳门之接洗衣服者，亦至本地用山水洗衣，已成一重要现象）。

五　生产之调整

湾仔今日之生产，大部以澳门之需求为目的。然一地之生产，其收获□为他人，而不是为自己，苟他人之市场需要变动，则每受其影响，然市场之需求变动速，而生产方式之变动缓，故凡生产总不如以主动为上，盖自己之需求及生产能自操纵也。然事实上湾仔被澳门操纵，何以改善其生产？固然吾人能以湾仔对澳门在经济上求得需供合理关系，则当为理想，此为地理学上之土地利用之原则，湾仔之农业、畜牧、渔业、工业各项之发展，应如何分别轻重，然就今日各方生产，或则自然未能善用，或则人事未藏地未尽其利，必须生产大加调整外，并须政府有计划之统制。

六　风景之装饰

湾仔山水优美，其花岗岩风化之山地因地质成侵蚀关系，多瀑布及水塘，水花飞溅其间，宛如仙境，如湾仔乡后之瀑布竹仙洞甚至银坑或濂泉洞是。山上纵横之石英脉，与花岗岩风化后，山石且累累满谷，或突兀于山坡之上造成许多奇怪之石头，所谓试剑石、企人石等等传为神话者正多。村外流水游鱼，茅舍鸡声，小桥绿荫，处处宜人，此等乡村风味，令人流连，大可以供人游玩。澳门一掌之地，居民亦有欲脱离城市而得一日之乡村生活者，尤其是澳门不少西人及学生性喜户外生活，每于假日，常远在氹环等地游玩，湾仔更近澳门，其吸引更易。不过此等风景，吾人须加以修饰，湾仔如辟路，建筑亭台、桌椅等，方可吸引多量之游人，尤以在夏季造成许多避暑地游泳池为佳，苟一一悉心经营，吸引外人游资亦当不少，如是交通商业自可发展。关于湾仔一带风景如何修饰，容详为计划。

七 商业之产生

湾仔为乡村，商业不重要，今之市场，只有供给本乡日中饮食所需之物，鱼肉菜……其他之交易则甚少，乡中之出产则多运往澳门，以澳门为市场，本地人所需之衣物，如衣料……亦多过澳门办买。湾仔似不足以言商业。抗战后不少内地之人来此，许多学校及机关亦迁此，人口增多，需要亦增，买卖亦多，实为湾仔之空前，此乃一时之现象，苟湾仔将来一如吾人之计划，从事商业，自可发展。然湾仔迩近澳门，市上交易金融，深受澳门之影响，居民交易币制纷乱，实堪注意。

八 军事之设置

湾仔在我国海疆，又邻异属，军事上之设置，自为必要。湾仔后山，较澳门为高，可以设炮台及种种重要军事设备，自甚优胜。惟海疆有事，海军上之设置，亦甚重要。

九 关税所在地之影响

拱北关分卡，在本乡之北石角咀，曰"石角咀分卡"，往来货物及人客、行李均受严密之检查，然湾仔则在关外不受检查，湾仔为我属，何以如此，影响湾仔之产业则甚大。

湾仔为一海外乡村，然地位甚重要，自非短篇所能尽言，其详细容待研究，兹文以未能详论，尚希贤明之教正。{完}

[杨琳，中山大学历史学系博士研究生]

专题研究

马礼逊学校与容闳留美前所受的教育

吴义雄

在容闳之前，也曾有一些中国人到西方的各类学校学习，但长期在美国接受正规教育，并在美国著名大学（耶鲁大学）取得学位，当首推容闳。由于研究资料的缺乏，我们对容闳的生平和思想难以有深入细致的研究，对他留学之前的情况所知更为有限。笔者借助可接触到的资料，试图对马礼逊教育会学校的具体情形做尽可能全面的探讨，并希望通过这种方式来考察容闳留学之前所受到的教育，希望得到专家的指正。

一

1834年8月，马礼逊去世后不久，"他在广州和澳门的朋友"即有成立马礼逊教育会（Morrison Education Society）之议。他们于1835年1月26日发布了一份有22人签名的通告，并很快募到了4860元捐款。为了进一步推动计划的实施，由英国商务监督罗便臣、英商查顿、美商奥立芬、英商颠地、马儒翰和裨治文等6人组成了一个临时委员会，并决定在理事会成立前以英商怡和洋行为司库，裨治文为秘书。[①] 这个临时委员会于1835年2月25日在广州发布一份《通告》，叙述了倡办马礼逊教育会之缘起，并以一段文字简要阐述了设立该会的宗旨。兹译录如下：

---

① Circular of the Provisional Committee, in American Board of Commissioners for Foreign Missions（ABCFM）Papers（美部会档案），16.3.11.

正如中国语言文字的知识给外国人带来了巨大的利益,掌握英语也将为这个帝国的人民带来同样的或更大的好处。为实现将这一利益带给中国人,并帮助马礼逊所开创的伟大事业之目的,现准备建立一座以他奉献了一生的目标为思想特征的,比大理石和黄铜更持久的纪念碑——"马礼逊教育会"。这个机构的目的,是在中国建立并资助一些学校,以教育本地的青年,使他们在掌握本国语言的同时,能够阅读和书写英文,同时借助这一工具,掌握西方各种门类的知识。这些学校将要求阅读《圣经》和基督教书籍。①

《通告》要求人们在财政上支持创立马礼逊教育会,并指定了广州、澳门、加尔各答、伦敦、曼彻斯特、巴黎、波士顿、纽约、费城共9个城市接受捐款的代理人或代理机构。

1836年9月28日,有关人士在广州商馆美国行二号集会,由临时委员会主席颠地、英商福克斯主持,通报筹办情况,讨论由裨治文起草的马礼逊教育会章程,并选举职员。11月9日,再次举行会议,正式宣布成立马礼逊教育会,并通过该会章程和条例。会议选出颠地为该会主席,福克斯为副主席,查顿为司库,裨治文为通讯秘书,马儒翰为会议秘书。以上5人组成马礼逊教育会理事会。②

根据章程,"本会之目的,是通过学校教育和其他手段,来改善并提高中国的教育"。章程还规定了会员资格和理事会各成员的职责。同时通过的附则(条例),就资助中国学生做了具体规定:

1. 任何年龄的中国男女青年,无论是否居住在中国本土,均可成为本会资助对象;由理事会认可的学校,亦可接受本会资助。
2. 在可能的情况下,年幼的6岁、8岁和10岁的儿童,为优先考虑之对象。
3. 经理事会之提议,以及本人父母或监护人之许可,可将他们送往马六甲、印度、欧洲或美国完成学业。

---

① Circular of the Provisional Committee, in ABCFM Papers, 16.3.11.
② The Chinese Repository, Vol. 5, pp. 373 – 375.

4. 如有需要，儿童可从本会获得食宿、衣物、书籍、学费等方面的全额资助；但除捐款人特别指定或本会有特别表决外，不另设其他奖赏。

该条例的第二部分就从英美和本地聘请教师、教师的任职资格做了规定。条例的第三部分规定，学校选用最好的中英文教科书；向每个学生发放《圣经》，并进行讲解，但"是否接受其教义不作为是否接收入学的条件"；设立图书馆，由理事会直接管理，向在华外国居民和访问者开放；等等。①

有学者认为马礼逊教育会的成立日期是11月9日，但从上面所说的情况来看，应以9月28日为其成立时间。1837年9月和1838年10月如期召开了会员年度会议——该会最重要的例行活动。受鸦片战争的影响，第三次年度会议到1841年9月才在澳门召开。1842年9月28日，第四次年会在澳门举行。但次年因五口开埠，英美传教士和商人分散各地，无法召集年会。此后的几年虽能维持常规活动，但人员变化较大，财力雄厚的赞助者不断离去，1848年11月14日在香港召开的年会，成为该会最后一次公开活动。但其活动的终止，应以1850年马礼逊教育会学校的停办为标志。

从裨治文起草的章程来看，会员年度会议是马礼逊教育会的最高权力机关，但决定权在由正副会长、司库和两位秘书组成的理事会。颠地担任会长到1842年，是年开始由裨治文代理，1843年后一直由裨治文任会长。实际上，在颠地任会长期间，起决定作用的也是裨治文。担任会议秘书的马儒翰也是会中比较活跃的人物。颠地忙于走私鸦片，他的作用主要在于为该会提供经济上的支持。

马礼逊教育会以在华开办和资助学校为主要活动内容。它成立伊始，即着手调查中国教育状况，特别是初等教育情况，作为举办教育活动之参考。他们在中国（以广州—澳门地区为主要对象）所调查的内容分为18个项目：人口、社会阶层、男女比例、学校种类、男性识字率、女性

---

① *The Chinese Repository*, Vol. 5, pp. 375 – 378.

识字率、儿童入学年龄、蒙学读物、教学法、儿童学习年限、每日学习时间、学校状况、学生人数、教师素质、教师薪金、考试、奖赏、惩处。这种调查,应是由裨治文等传教士进行的。通过调查,他们获得了关于中国初等教育一般状况的第一手资料。他们还请求马尼拉、巴达维亚、槟榔屿、马六甲、新加坡、曼谷等地的一些人士代为调查当地中国人社区的教育状况,调查内容除以上项目外,还要求提出改进中国教育制度和教学方法之措施。①

在该会成立之初的几年,它本身并无学校。1837年裨治文撰写的年度报告说,马礼逊教育会已收留了5名儿童,并使他们受到教育,其中两名在新加坡,3名在广州。从相关资料来看,在广州的3名少年是跟随伯驾的。此外,马礼逊教育会还向郭士立夫人在澳门开办的学校提供资助,数额为每年312元。②

开办学校是马礼逊教育会的既定目标。1837年1月,其即分别致信美国耶鲁大学和"英国与海外学校协会"（British and Foreign School Society）,请他们代为物色教师,以开办教育会自己的学校。③ 耶鲁大学很快有了回音,3名教授向马礼逊教育会推荐了该校毕业、曾任教于纽约聋哑学校的布朗（Samuel Robbins Brown）。布朗夫妇于1839年2月19日抵达澳门。④ 不久布朗又到广州,与马礼逊教育会理事会成员见面并交换意见。⑤

布朗在开始的一段时间主要是学习中文。头几个月与卫三畏住在一起。1839年11月4日,布朗夫妇搬到原郭士立夫妇的住所,并正式开办马礼逊教育会学校（以下简称马礼逊学校）。⑥ 第一批学生为6名,此后至1841年,中间虽有所变化,但学生人数保持不变。⑦ 因布朗夫人身体

---

① The Chinese Repository, Vol. 6, pp. 232 – 241.
② The Chinese Repository, Vol. 6, pp. 230 – 232.
③ The Chinese Repository, Vol. 6, pp. 229 – 231.
④ The Chinese Repository, Vol. 7, pp. 550 – 551.
⑤ The Chinese Repository, Vol. 10, p. 569.
⑥ Brief History of the American Board of Commissioners for Foreign Missions in China, in ABCFM Papers, 16.3.9.
⑦ The Chinese Repository, Vol. 10, p. 53.

欠佳，布朗夫妇于 1841 年 3 月 31 日与美部会另一名传教士雅裨理一起到南洋休养，观摩了马六甲、新加坡等地中文学校的教学状况，至 9 月 7 日返回澳门。在此期间，马礼逊学校的管理和教学由美国圣公会传教士文惠廉（William Boone）的夫人和伦敦会传教士美魏茶（William C. Milne）负责。①

1840 年 3 月，马礼逊学校又招收 5 名学生入学，组成一个新班。② 1840 年 11 月，容闳入学。③ 1840 年进校的这些学生，与以前入学的几个学生，中途均有人退学，到 1841 年 10 月，总的人数仍为 6 人，后来组成布朗所称的"第一班"。容闳在《西学东渐记》中也说，他与在他之前入学的其他 5 名学生是"开校之创始班"。④ 1841 年 10 月 29 日，又有 12 名新生入学，加上不久后增加的两名，后来成为"第二班"。⑤

1843 年，因英国已割占香港，马礼逊教育会及马礼逊学校在得到港英当局的许可后，迁离澳门，搬到香港。因大部分学生来自澳门地区，有 6 名学生的家长不欲孩子离开家乡，将他们领走；再加上历年退学、逃学和因"顽劣"、"愚钝"等而被除名者多人，到香港时，学校只剩下 11 名学生。1843 年 4 月，该校录取 12 名新生，5 月、9 月又各有一名学生入学。这些学生中，大多数来自广州、澳门、香港地区，还有一些来自南京、宁波和新加坡等地，他们构成"第三班"。⑥ 1844 年下半年，陆续有 10 名学童进入马礼逊学校，被编为"第四班"。⑦

这四个班级，一直维持到马礼逊学校解散，其间也没有增加新的班级。先后在马礼逊学校就读的学生有 50 多名。据布朗公布的学生名单，

---

① Brief History of the American Board of Commissioners for Foreign Missions in China, p. 79; The Chinese Repository, Vol. 10, p. 578.
② The Chinese Repository, Vol. 10, p. 570.
③ 容闳在《西学东渐记》中说他 1841 年入学（《西学东渐记》，岳麓书社，1985，第 46 页），但依布朗在 1843 年 12 月公布的学生名单，他应为 1840 年 11 月入学。名单中 Wing 即容闳。
④ 容闳：《西学东渐记》，第 46 页。
⑤ S. R. Brown, "Fourth Annual Report of Morrison Education Society," The Chinese Repository, Vol. 11, pp. 545 – 546.
⑥ S. R. Brown, "Fifth Annual Report of Morrison Education Society," (include list of students) The Chinese Repository, Vol. 12, p. 623.
⑦ The Chinese Repository, Vol. 13, p. 629.

1843 年 9 月前先后有 44 名学生就读，1844 年有 10 名学生进入学校，即"第四班"。此后，再未成批招收学生，学生人数逐渐减少。

马礼逊学校自开办之日起，长期由布朗任校长兼教师。他在南洋旅行度假期间曾代为照管学校的文惠廉夫人和美魏茶，后来分别前往厦门和舟山。马礼逊教育会理事会原本打算请"英国与海外学校协会"在英国代觅教师，并负担这名教师的费用，结果久无下文。布朗面对学生增加而他无力兼顾的局面，曾在 1843 年的年度报告中呼吁教育会尽快增加教师。① 马礼逊教育会只得再次委托耶鲁大学代请教师。耶鲁大学的几位教授又不负所托，于 1844 年为马礼逊教育会请到该校的另一位毕业生威廉·麻西（William Allen Macy，或译"咩士"）。麻西经一年多的准备，于 1846 年 3 月来到香港，成为布朗的助手，并马上承担了第二、四班的教学任务。② 马礼逊学校于是短暂地拥有两位英文教师。但布朗这时决定离开学校回美国，原因是他本人及其夫人身体欠佳，需要回新大陆休养。1847 年 1 月 4 日，布朗夫妇携带 3 名学生，即容闳、黄胜、黄宽，启程赴美。这样，麻西就完全取代了布朗的角色。布朗回国，名义上是为了休假，但他一去不回，留下麻西。麻西坚持到 1850 年，在马礼逊学校关闭后回美国。

在麻西到中国之前，有两个美国传教士到香港的马礼逊学校协助过布朗。一个是哈巴安德（Andrew Happer），他是美国长老会传教士，1844 年 10 月 23 日到达澳门。因布朗生病，他应邀前往香港顶替布朗一段时间，从 1844 年 11 月到 1845 年 4 月在香港的马礼逊学校任教。嗣后哈巴安德回到澳门，自己开办了一所学校，同时开始学习中文。③ 另一个是美部会的邦尼（Samuel William Bonney）。邦尼于 1844 年毕业于纽约大学，同年受美部会派遣，打算前往印度，后因故未行，转而临时受聘为马礼逊学校教师，1845 年 3 月到达香港后，即任教于该校，负责第

---

① *The Chinese Repository*, Vol. 12, p. 629.
② Alexander Wylie, *Memorials of Protestant Missionaries to the Chinese*, p. 233; S. R. Brown, "Eighth Annual Report of Morrison Education Society," *The Chinese Repository*, Vol. 15, pp. 607, 609–614.
③ Loren W. Craftree, "Andrew P. Happer and Presbyterian Mission in China, 1844–1891," *Journal of Presbyterian History*, Vol. 62, No. 1, Spring, 1984, p. 20.

二、四班的教学。次年3月麻西到任后,他解除教职,转而成为美部会广州传教站的传教士。① 此外,麻西的母亲也于1847年4月来到香港。据麻西所写的报告,她的母亲在1848年负责照管第四班,从而减轻了麻西的负担。②

关于马礼逊学校的教师,还应提到的是,该校自始至终都有聘请中国教师,按中国的传统方法教授汉语知识和四书五经。该校学生每天有一半时间学中文,由中国教师承担教学任务。布朗在历年年度报告中对他们也有所提及,但语焉不详,没有提供中国教师的个人资料,连前后有几人都没有说明,容闳的《西学东渐记》则只字未提。因此,尽管这些教师在马礼逊学校的教学活动中有不可替代的地位,但有关他们的情况难以明了。

马礼逊学校后因经费困难,于1850年最终停办。之所以出现这样的问题,是因为马礼逊教育会没有及时适应鸦片战争前后中外关系的巨大变化。它的建立与生存,在经济上主要依赖于在华外国人,主要是英美商人的捐资赞助。在鸦片战争以前,广州是唯一的通商口岸,是富商云集之地,也是鸦片贩子活动的主要地点。但鸦片战争后,五口通商,各国商人分散到各个通商口岸。对马礼逊教育会来说,原来的经济来源也大大分散了,创办之初的主要赞助人,或退出对华贸易,或逝世,更多的是将视线转移到其他地方。而马礼逊教育会不仅没有设法开辟财源,反而僻处香港一隅,将生存空间局限在当地的外国人社区,遂不可避免地每况愈下。笔者看到的一份1842—1843年马礼逊教育会收到的捐款记录,上面没有一个原来主要赞助人的名字,而且大部分捐款数额都不大,最大的一笔私人捐款为170元,最少的为3卢比(约合1.2元)。③

为了缓解经济上的困难,1846年1月10日,马礼逊教育会举行纪念马儒翰的活动,并向与会人士募捐。会上通过一项决议,将该会剩下的

---

① Alexander Wylie, *Memorials of Protestant Missionaries to the Chinese*, pp. 149 – 150; *The Chinese Repository*, Vol. 14, p. 473.
② *The Chinese Repository*, Vol. 18, p. 39.
③ "List of Subscriptions and Donations, Received in 1842 – 1843," attached to *Circular* by S. W. Wil-liams, Corresponding Secretary of Morrison Education Society, in ABCFM Papers, 16. 3. 8., Vol. 1A.

12000 元作为永久性的基金，即"马礼逊基金"（Morrison Fund）。该基金可用于投资，每年的利息用于该会的事业。会议请求宝顺洋行（Messers Dent & Co.）继续担任司库，管理马礼逊基金，每年支付7%的利息，至少三年。与此同时，原外商广州商会（Commerce Chamber in Canton）亦因形势的变化而解散，余下的890元公款由其司库林赛公司（Lindsay & Co.）转交给马礼逊教育会，并入马礼逊基金。此外，"在华实用知识传播会"解散后剩下的1300元，也经孖地臣和裨治文授权，由司库怡和洋行交给马礼逊基金会。① 这样，马礼逊基金就达到14190元，每年可得利息993.3元。

基金会的成立仍无法从根本上改变马礼逊学校资金困难的局面。马礼逊教育会的最后一次年度报告，也坦承它得到的捐款逐年减少，1845—1846年度为3092元，1846—1847年度为2390元，1847—1848年度只有1366元，而它的预算至少3375元，即使加上马礼逊基金会的利息，仍然面临数目颇大的赤字。它寄希望于港英政府恢复以前给它的每年1200英镑的津贴，② 这样可以将学校维持下去。但看来这个愿望最终也落了空。

当然，英美传教士像商人一样分散到各地，也使马礼逊教育会失去了另一种支持。如担任马礼逊教育会会长的裨治文，1847年离开广州后，已不过问教育会的事务。

二

考察马礼逊学校的日常教学状况，从中可以了解容闳在赴美之前所受到的知识教育。

马礼逊学校实行的是中英文双语教育。考虑到所收的学生要在中国

---

① *The Chinese Repository*, Vol. 15, p. 56.
② *The Chinese Repository*, Vol. 18, pp. 34 - 35. 这笔津贴原为东印度公司给马六甲英华书院的拨款，每年1200英镑，后由英国驻华商务监督继续拨付。1843年英华书院迁往香港时，这笔款项被当时兼任英国驻华商务监督的璞鼎查转给了马礼逊教育会。但德庇时继任港督兼英国驻华商务监督后，停止这笔拨款。到文翰继任时，马礼逊教育会再次提出了拨款要求。

谋生，布朗在一开始便将学生的学习时间分为两部分，"半日中文，半日英文"。① 一般上午学汉语，下午和晚上学英文课程。② 这样的安排一直到布朗回美国，也无大的改变。容闳后来回忆，"英文教课列在上午，国文教课则在下午"，③ 可能有误。

负责中文教学的是由马礼逊教育会雇来的本地先生。从布朗所提供的信息来看，先后教中文的几位先生都"忠实地按中国方式教书"，教学生"记诵中国经典"，即四书五经，并学习书写。④ 1842年10月，布朗在《马礼逊教育会第四次年度报告》中对该校的中文教育状况有如下叙述："在中文教育方面，学生们仍须学习这个国家最流行的东西，由去年所雇的那位教师任教。他在教书方面可能与中国大部分教师水平相当，对教书的兴趣亦与众人相仿。有10名学生已会背或基本会背《四书》的全部内容，并进行了复习。而第一班的一个学生，则致力于朱夫子的《四书》注，现正努力理解。大部分学生能理解孟子的著作，少数人可以读懂孔子的著作，但除一些片段外，《诗经》的大部分内容不能为学生所理解，因为这是最难的经典之一。有些人试图将《孟子》译成英文，在我的指导下，他们还打算将中文版《圣经》译成英文。……有时要求他们用中文写信，与中国人办的学校对学习了相同年数的学生的要求相比，这显得有些过早。"⑤ 次年，马礼逊学校的学生在中文学习方面似乎有所进步。布朗报告说，学生的中文教育"现由一位本地教师负责。我能肯定的是，这些学生在他的教导之下学习中文，可以像在本地其他学校中学得一样好"。布朗按自己对教育的理解，决心在中文教育方面尝试进行一点改革。他报告说："我终于找到一位教师，可以每天花上部分时间，向两个高年级的班级讲解课文。我相信，对水平如此参差不齐的学生这

---

① E. C. Bridgman, "Fifth Annual Report of Morrison Education Society," (include list of students) *The Chinese Repository*, Vol. 10, p. 569.
② E. C. Bridgman, "Fifth Annual Report of Morrison Education Society," (include list of students) *The Chinese Repository*, Vol. 10, p. 571.
③ 容闳：《西学东渐记》，第46页。
④ *The Chinese Repository*, Vol. 10, p. 571.
⑤ *The Chinese Repository*, Vol. 11, p. 547.

样做，是前所未有的。"①

1844年换了一位中文教师，布朗报告说，这名年轻人"表现令人满意，是迄今为止请到的最好的中文教师。他向听得懂的学生讲解以前背诵的内容，学生们就围坐在他的周围"。这位布朗很欣赏的、作风比较欧化的中国先生，同时还教学生中文作文，"或是从经典中摘出句子，然后缀上一些相对应的意思不同的文句；或是以同一作者的某种论点为中心，以相似的文笔，或多或少地加以敷衍扩充"。从这样简单的介绍来看，这位老师似乎是在教学生作八股文章。布朗还介绍说："他已教完《大学》，现已开始讲《四书》中的另一部。"因为他一个人忙不过来，布朗又将一名已读完"中国所有教科书"并在其父亲的私塾里帮过忙的男孩录取入学，以帮助这位中文教师，条件是让他免费在校学习英语，并给他提供衣服。② 在这之后，就很少看到有关马礼逊学校中文教育的资料。布朗和麻西的年度报告都只是轻描淡写地说明学生们仍在学习中文。

从上面提到的有限的资料来看，马礼逊学校的中文教育虽不能称卓有成效，但与当时普通中国私塾相比也并不逊色。以容闳所在的第一班而论，三年左右的时间（部分学生两年或一年多）学完《四书》，进度并不慢。布朗在此过程中还增加了讲解经典内容的课程，相当于"提高课"，较之一般私塾，有其优势。容闳说，他从美国回国之时，需花时间在广州补习汉文，"以予久居美洲，于本国语言，几尽忘之。至是乃渐复其旧。不及六月，竟能重操粤语，惟唇舌间尚觉生硬耳。至予之汉文，乃于一八四六年游美之前所习者，为时不过四年。以习汉文，学期实为至短，根基之浅，自不待言。故今日之温习，颇极困难，进步亦缓"。③ 从这段话来看，容闳在马礼逊学校打下的中文基础似乎不甚牢固。但与其他学生相比，容闳的情况比较特殊。他7岁时（1835年）进郭士立夫人在澳门设立的学塾，这个学校也有汉语课程。④ 1839年该校停办后，

---

① *The Chinese Repository*, Vol. 12, pp. 624 – 625.
② *The Chinese Repository*, Vol. 13, p. 630.
③ 容闳：《西学东渐记》，第68页。
④ 见马礼逊教育会第一、二次报告，*The Chinese Repository*, Vol. 6, pp. 231 – 232；Vol. 7, pp. 307 – 308。

容闳有一年多的时间为生计奔波,然后进马礼逊学校,学习汉语课程5年。故他学习中文前后有八九年的时间,不可谓太短。然而容闳可能在英文方面更加用功,"读音颇正确,进步亦速",[①] 对中文可能没有给予同样重视。

容闳在学习上的这种取向,是马礼逊学校办学宗旨非常典型的反映。虽然中文教育在马礼逊学校始终占有一席之地,但该校的重点是英文教育,包括英语课和主要以英语讲授的其他课程。英语教育在马礼逊教育会所举办的事业中拥有优先的、主要的地位,这一点在前引临时委员会的《通告》中和该会的其他文件中都很明确。马礼逊学校开办后,布朗将这一宗旨落实到具体实践中。在历年的年度报告中,布朗和后来的麻西所津津乐道的,都是学生在英语学习方面的情况,包括课程教学的内容和学生所取得的进步。从中可以了解到,英语阅读、写作等课程,是始终列入教学日程的。而不少课程都用英语上课,学生在英语听说等方面自然得到很多的锻炼机会。关于学生在英文学习方面所达到的水平,可以从第一班学生所写的两封英文信件和6篇英文作文来评估。

这里提到的两封信写于1842年6月20日,收信人均为裨治文。实际上是第一班,即容闳所在班级的7名学生应裨治文的要求用英文每人给他写了一封信,裨治文则在《中国丛报》上将其中的两封"未加删改"加以刊登。[②] 尽管他认为这7封报告学习情况的信"都值得赞扬",但选登的两封信显然是写得最好的,写信人的姓名被隐去。

6篇英文作文则是为1845年9月24日马礼逊学校举行的公开考试而作的。所谓公开考试,是布朗和裨治文等邀请马礼逊教育会成员和其他各界人士,到学校观看对学生进行的各科考试,有的应邀主持考试,以检验学生的学习状况,展示学校取得的成绩,以争取各方资助,缓解资金短缺的窘境。这6篇作文均为第一班学生所作,当时这个班有6名学生,每人1篇,全部发表在《中国丛报》上,也声明"未经删改",同

---

① Ibid., p. 46.
② *The Chinese Repository*, Vol. 11, pp. 339 – 340.

样也都未注姓名。① 其所谈论的内容各不相同，涉及人生观、政治、地理、中国民间文化和《圣经》的来源与结构等多方面的问题，综合性地反映了这个班学生的知识水平。

这些文章和信件可以体现马礼逊学校学生的英文水平。笔者阅读这些信和作文后，虽觉各篇的语言水平和知识水平、思想水平尚有参差，在表达方面当然也达不到纯正优雅，但总的来说，没有哪一篇有明显的语法或用词错误，语义含混的也不多，句子大都顺畅，遣词造句也有一定的变化，文章结构大致清楚。其中写得比较好的是两封信中的第一封和谈论"中国政府"与"幻想之旅"的两篇作文。总的来看，马礼逊学校在英文教学方面是有一定成效的。但这些正式发表的文字是否真的"未经删改"，还值得研究。②

除英文外，马礼逊学校用英语教学的还有地理、历史、天文、算术、代数与几何、力学、生物学、音乐、伦理学、圣经讲解等课程。马礼逊学校规定，学生入学以后必须保证在校学习8年，学完之后达到相当于中学的水平。这些课程中除英语学习从进校时就开始外，其余从第二年或第三年开始陆续开设，直到结业时为止。但因学校于1850年初最终停办，除第一班外，其余班级均未完成学业。这些课程的设置参考了马六甲英华书院、新加坡书院等校的经验。由于教科书、教学用具和教师都很缺乏，布朗等多次要求学生对某些课程进行复习，因此总的来看，进度并不快。代数课在算术课之后开设，几何课一般比代数课开得晚。力学课开得更晚，1844年5月开课，从三大运动定律和引力定律开始讲。1846年4—8月，布朗请在香港的一位英国医生巴尔福尔（Dr. Balfour）给第一班的学生上化学课，每周两次。一开始学生还可以跟得上，但学

---

① 各篇的题目分别是《人生是一座建筑，青年时代是基石》《中国政府》《劳动》《一次幻想之旅》《圣经》《中国人关于来世的观念》，参见 The Chinese Repository, Vol. 14, pp. 497 – 519。
② 章开沅教授根据耶鲁大学所藏容闳档案中容闳的一些英文手稿，认为容闳刚到美国时英文水平很有限，词语、语法方面的错误亦不鲜见（据章开沅教授在1998年11月珠海"容闳与中国近代化学术讨论会"上的报告）。由于这6篇作文中有1篇必定出自容闳之手，那么裨治文等在发表这些作文时，是否真的保持原貌、"未加删改"，就很值得怀疑了。

到化学元素和化合物时，学生便对那些复杂的化学名词术语望而生畏，最后除年纪最大、成绩最好的一名学生外，其他学生均表示不愿再学，遂停课。①

现将马礼逊学校第一班历年所学课程及有关情况加以整理（见表1）。

表1 马礼逊学校第一班历年所学课程情况

年度	所学课程与教科书				备注
1839—1840	英语、阅读和口语，布朗编写的教材	地理，Parley编写的教材	算术，Gordon编写的教材		
1841—1842	英语、阅读，Gallaudet's Child's Book on the Soul	地理，Guy's Geography	算术	历史，Peter Parley's Method of Telling Stories About the World	历史课讲授英国与美国历史上的重要事件
1842—1843	英语、阅读、写作、书写练习	地理	算术、代数，Colburn's Intellectual Arithmetic; Sequel	历史，Keightly's History of England，罗马人入侵至查理一世时期	
1843—1844	英语、阅读、写作、英文书写	地理，欧洲、非洲、美洲及部分亚洲地区的自然地理	算术、代数、几何 Colburn's Sequel	历史，教材同上年度，查理一世至维多利亚女王时期	1844年5月开始学习力学三大运动定律与引力定律
1844—1845	英语、阅读、写作，Goodrich's Third Reader	地理，各种地图	算术、代数、几何	力学，结束初等课程	本年度开设声乐课程
1845—1846	英语、阅读、作文，以《圣经》为教材	地理	代数，Colburn's Algebra 几何，Euclid's Elements of Geometry		

资料来源：马礼逊教育会1839—1846年各年度报告，见《中国丛报》第6—15卷。

表1所依据的资料还不够完整，但大致可以反映马礼逊学校英语学

---

① "Eighth Annual Report of Morrison Education Society," *The Chinese Repository*, Vol. 15, pp. 611-612.

习和以英文讲授的课程内容。从中可以看出，学生完成在马礼逊学校的学业，等于具备了英美初级中学的水平。这对在五口通商初期中国外语人才奇缺的情况下学生谋求良好的职位是极为有利的。

三

英美传教士和其他人士创立马礼逊教育会及马礼逊学校，目的绝不仅仅是办一项慈善事业。除了以教育为手段来推进基督教的传播外，他们还希望以此推动西方文化在中国的传播，从而在文化观念方面战胜中国这个已经落后但继续妄自尊大的古老帝国。宗教和文化上的这些目的也反映到马礼逊教育会指导思想和马礼逊学校的教学内容之中。

马礼逊学校条例规定，不以是否信仰基督教作为是否接纳学生入学的条件。但作为一所有着鲜明的宗教背景，并由传教士执教和管理的学校，不言而喻会带有浓厚的宗教色彩。马礼逊学校向每个学生发《圣经》，在英语学习课程中以《圣经》为教材。布朗等在教学过程中向学生讲授基督教的知识，让学生参加祈祷、礼拜等仪式。这些都可以看作马礼逊学校的宗教教育。马礼逊学校的学生后来有多少人加入了基督教，现在没有什么记载。但容闳后来在美国入教，与他早年在马礼逊学校所受到的宗教熏陶是不无关系的。此外，马礼逊教育会和学校的另一个目标是改变中国人，首先是让中国青年接受西方文化的教育。裨治文在马礼逊教育会成立时发表的演讲中说："如果我们面前有一份1500年前的欧洲和中国地图，在那上面将每个国家依其在知识和文明方面进化的程度，以明暗的色调加以标示，我们可以设想，中国至少在很多方面都会显示出优越的地位。"但从那以后，欧洲进入了迅速进步的时期，政治、经济、文化和宗教携手前进。而中国，按裨治文的看法，"不仅没有取得什么进步，反而在后退，知识在减少，这一代的人还不如一千年前处于同样地位的祖先"。他认为应当改变这种状况："我们可以共同努力，向他们传授宝贵的知识……我们可以马上让几十个——而不是几百个，贫苦的儿童进入我们运作良好的学校，使他们在这个帝国最好的子民中发挥影响。我们可以做得比这更多，通过向他们展示神圣的启示，他们可以成为教师和模范——他们可以先学习,然后再去教导别人。"① 布朗在1843年的报告中也说:"人们将会看到,向中国人传授关于西方世界的知识,是那些世界上最文明的基督教国家自豪的人民最有价值的目标。……我们同时应该记住,我们所具有的优势和地位,应该归功于《圣经》,归功于我们接受并实践其观念的程度。这部书中所包含的慈善观念,促使我们将他们提升到与我们同样的地位。"②

布朗还多次抨击中国当时的教育制度和方法,中国"所谓'古老的教育体系',只是为这个国家培养了勤恳的沉默的臣仆,而从未以支持完整自由的人格发展为目的。……教育的目的是培育身心健全的、高尚的人,这是中国的教育体系达不到也不想达到的。马礼逊教育会将要驱动变革之轮,……我们前来将中国青年从这种毁灭性的黑夜中拯救出来"。他相信,"一旦教会他们读、写、说英语,他们的心灵会马上得到解放,他们将不再封闭在先前狭隘的观念里,而是走向对知识的探求"。③ 在1842年的报告中,他抨击的对象是中国使用的教科书,即四书五经。他认为"最为令人遗憾的这种教育过程对民族心灵的影响。它不仅使人们得不到最需要也最有用的知识,而且将老老少少一心向学的人的注意力限制在那些充斥着深奥的玄想、梦呓般的废话和偶尔有些实用的智慧的书之中",结果这些书成为"中国教育系统的真正障碍"。④

裨治文和布朗的这种思想被用于长期对学生进行的观念方面的教育之中。马礼逊学校的学生在其影响之下,不可能不在一定程度上接受他们的思想。我们可以从上述学生的信件和作文中来观察这种影响的表现。例如,第一封信这样写道:"我在这个英文学校已经两年半了。我认为在这里的所获百倍于我以前蹉跎四年光阴而得到的知识。……中国人在教育方面很愚昧……英文学校比中文学校要好得多,因为英国人学习很多有用的东西,如天文学、几何学、代数、真正的宗教,以及许多其他我

---

① *The Chinese Repository*, Vol. 5, pp. 379 – 381.
② *The Chinese Repository*, Vol. 12, pp. 618 – 619.
③ *The Chinese Repository*, Vol. 13, pp. 613 – 632, 639.
④ *The Chinese Repository*, Vol. 16, p. 549.

现在还不能跟您谈论的东西。而中国人却没有这些东西。"第二封信的作者发表对中英区别的见解，他说："中国人和英国人之间巨大的区别是，中国人面向古代，但英国人则面向现在和未来，力图发现真理。所以中国人老是原地踏步，而英国人则越来越好。"① 这些论点与上述裨治文和布朗等的观点可谓非常相似，的确是他们教育的结果。1845年发表的那6篇作文中，有一篇谈论中国政府的文章。作者开头就说："中国不能说有一个好政府，它与不列颠或北美合众国或其他任何基督教国家完全不同。"这就把当时中国士大夫所信奉的"华夷"观念来了一个颠倒。他进而说道，中国政府官员"数量如此庞大，但对外国人来说奇怪而令人作呕的是，他们没有什么用。如果由英国人来统治，一半数量的官员就能把国家治理得很好"。②

这些言论也许可以看作学生试图取悦老师而发出的，但也在一定程度上反映了学生们在相对封闭的教育环境中，在传教士的熏陶之下，思想观念确实发生了较大的变化。我们不知道其中是否有出自容闳之手的文章，但生活、学习在这样的环境中，少年容闳对布朗又深怀敬仰之心，受其影响是可以想象的。容闳后来以促成并负责中国幼童留美为毕生的大事，固然主要与他在美国留学8年，受到西方文化的深刻影响有关，但他在马礼逊学校这个处在中西文化交汇点的教育机构所受的知识与思想方面的教育，对他一生的事业与思想的影响也是不可忽视的。

马礼逊学校在中国近代教育史上具有探索性的意义。它是近代中国本土第一个以新教传教团体为背景、以普通教育为内容的学校，标志着近代教会教育史的开端。它将西方式的教育制度和教学方法引进中国，同时又在学校中保留了中国传统的教学方法，进行了长达十年的实践。这既是对其他类似学校经验的借鉴，也对后来的初等、中等教会教育产生了重要的影响。在中英文语言教学之外，马礼逊学校还开设西方教育的其他知识教育课程，这既在中国近代教育史上有不容忽视的标志性意义，也在"西学东渐"的历史上写下引人注目的一笔。

① *The Chinese Repository*, Vol. 11, pp. 339 – 340.
② *The Chinese Repository*, Vol. 14, p. 506.

本文对马礼逊学校的考察，不仅可以为研究容闳的早年生涯提供一个具体的视角，而且可以为研究鸦片战争前后教会教育的起源与形态提供一个有典型意义的个案。

［吴义雄，中山大学历史学系教授、博士生导师，中山大学珠海历史文化研究中心主任］

政治纠葛与"城""郊"依存

——从近代湾仔变迁看澳门对邻近地区的辐射作用

赵立彬

澳门与其邻近地区的相互关系，是澳门史研究中的一个重要方面，相关著述均有一定的篇幅述及这一问题。[①] 近年来，从全球化的视野论述澳门对邻近地区的文明辐射作用开始受到学术界重视，已有学者专门论述了澳门对其邻近地区人民的生活造成的影响。[②] 本文仅以湾仔这一与澳门一水相隔的小村落为例，探讨这一地区在近代如何在政治、经济上受到澳门的影响，并因澳门的地位与需求驱动和制约着当地的发展，最终形成与澳门治权分离而经济一体的特殊的"城郊"关系，以展现澳门对邻近地区辐射作用的复杂面相。

一 对面山的小乡村

湾仔位于澳门西面、与澳门隔一条濠江水道对峙的对面山上，葡萄牙文献中称之为"Lappa"，中文常译为"腊巴"或"拉巴"、"喇巴"、

[①] 如黄启臣《澳门通史》，广东教育出版社，1999；黄鸿钊《澳门史》，福建人民出版社，1999；邓开颂、吴志良、陆晓敏主编《粤澳关系史》，中国书店，1999；赵艳珍《珠澳关系史话》，珠海出版社，2006。

[②] 程美宝等分别从负责带洋船入口的引水人的生计、个人的社会升迁与流动、地方社会的军事资源与动员能力、乡村里的民居与物质景观等几个方面，展现澳门及其邻近地区在数百年全球化的过程中所经受的体验与冲击，如何细水长流具体而微地改变当地民众的生活。参见程美宝《水上人引水——16—19世纪澳门船民的海洋世界》、赵立彬《社会流动与澳门对近代中国思想观念的辐射作用》、何文平《全球化的挑战：清末澳门军火与华南社会动乱》、黄健敏《从建筑发现历史：翠亨孙中山故居的物质文化研究》，均刊于《学术研究》2010年第4期。

"笠巴","喇巴者,中国之湾仔地方,即北山沙尾之洲也"。① 光绪十三年(1887)订立《中葡和好通商条约》时,称之为拱北岛。② "湾仔"在近代中文文献中所指地方有时大,有时小,广义上包括湾仔、银坑、石角咀、竹仙洞等几个地方,狭义上仅指湾仔聚居村落。③

和珠江三角洲的其他地区一样,对面山实际上是一个四面环水的岛屿,北面和东面分别面对香山和澳门,南面和西面是大小横琴和其他岛屿。湾仔与香山相隔狭窄的水道,与澳门相隔的水域也是既窄又浅,民国时期两岸相距仅600米。地理学者何大章记载:"(湾仔)与澳门共临濠江之出口,极为迩近。本乡在西,澳门在东,山陵相峙,庐舍相望,其间相隔仅六百公尺。来往其间之桨船约五百,一程须时十五分钟至廿分钟,船费甚少。小汽船有二,约须时五六分。其间之距离,远较香港与九龙为迩(香港与九龙最近处为1500公尺),故湾仔与澳门之关系可谓密切。"④ 澳门与湾仔间的海面还有一泥洲,潮退时现出水面。湾仔这边则有广阔的海滩,低潮时可以达到300多米宽。⑤

湾仔西侧背山(摩星岭)而立,山谷呈西南—东北走向。与华南地区许多乡村一样,湾仔也产生于谷口,"以其为水泉聚会之处,且兼有山地与平原之利也",不过湾仔更为近海,地势更为低平。沿岸有广阔的泥滩,坡度极为平缓,因此湾仔沿岸码头甚长,从乡口到水面有200多米,乡人称为长埗头。⑥

从居民来看,这里虽然也有较早的人类活动痕迹,但人们定居较晚。元代时,珠海地区居民曾一度流散。⑦ 明初,诏令"虚其地",澳门附近

---

① 《香山陈席儒上广东勘界维持总会书》,《申报》1910年12月30日。
② 《旅港勘界维持会商民杨瑞阶等为请迁拱北关于湾仔挽救地方以收主权事致民政部等禀文》,中国第一历史档案馆等合编《明清时期澳门问题档案文献汇编》第4卷,人民出版社,1999,第670页。
③ 因总体上对本文要旨的说明没有大的影响,本文在引用这些文献时,不一一说明有何差别。
④ 何大章:《中山县湾仔乡土地理》,《中山文献》创刊号,1947年,第2页。
⑤ 彭琪瑞、薛凤旋、苏泽霖:《香港、澳门地区地理》,商务印书馆,1991,第229页。
⑥ 何大章:《中山县湾仔乡土地理》,《中山文献》创刊号,1947年,第3页。
⑦ 杨少祥:《珠海历史有关几个问题的探讨》,珠海市博物馆等编《珠海考古发现与研究》,广东人民出版社,1991,第296页。

许多岛屿上的居民皆为"岛夷",这些地方不在香山范围内。根据方志记载,明嘉靖年间,在今天的珠海有22个村,但其中不包括湾仔。① 清初迁海时,界线划在前山、北山、关闸一带,康熙十九年(1680)开放粤澳陆路贸易,直到康熙二十三年废除海禁。所以在很长时间内,湾仔"陆上尚无固定之聚落,土地尚无农作之利用,有之亦极稀少。湾仔聚落之生成,当远后于其北之前山、南屏、北山等乡,似可断言"。从聚落布局来看,湾仔聚落"延展如带,既无城墙,亦无石围",与前山、南屏、北山等乡很不一样,说明湾仔早期是渔民漂泊之所,陆上人烟稀少,湾仔有定居居民,"必自海盗平息之后始"。而"海盗必不侵澳门,葡人然后可定居。是则湾仔约当澳门开埠之时始有定居民族"。②

关于湾仔的人口,各种文献都没有专门的统计。清宣统二年(1910),统计得湾仔、三沙正户556户,附户27户。这个数字比南屏、前山、山场少,比横琴多。③ 1910年代,海关报告记载湾仔、银坑约有2000人。④ 单独的湾仔人口数据,据何大章的记载,民国时期常态下约有4000人850户,抗战爆发后,因此地地理位置特殊,人口突增至近10000人。⑤ 人口来源复杂,"居民四方杂处,姓氏至不一,语言亦各不同"。到民国时,此地还没有宗族组织,无一祠堂,庙宇亦少。⑥ 有一善光神庙在文献中被提及。⑦ 1949年时,湾仔属于将军乡,与北山、南屏、银坑、花地等并列为村。⑧

---

① 嘉靖《香山县志》卷1《风土志第一》,据赵艳珍《珠澳关系史话》,第6页。
② 何大章:《中山县湾仔乡土地理》,《中山文献》创刊号,1947年,第1页。
③ 厉式金主修《香山县志续编》卷2《舆地·户口》,1923,第10页。
④ 《1912—1921年拱北关十年贸易报告》,莫世祥、虞和平、陈奕平编译《近代拱北海关报告汇编(1887—1946)》,澳门基金会,1998,第99页。
⑤ 何大章:《中山县湾仔乡土地理》,《中山文献》创刊号,1947年,第2页。
⑥ 何大章:《中山县湾仔乡土地理》,《中山文献》创刊号,1947年,第2页。
⑦ 《香山协副将罗福安等为查明葡人在湾仔沙搭棚情形致两广总督瑞麟禀文》,中国第一历史档案馆等合编《明清时期澳门问题档案文献汇编》第3卷,人民出版社,1999,第61页。
⑧ 何大章:《中山县地形志的编纂回忆》,政协广东省中山市委员会文史委员会编《中山文史》总第14辑,1994,第137—138页。

二 觊觎与保卫

湾仔在中国地方政治中的地位与澳门有极大的关系。

葡萄牙人占据澳门之始，居住的地域十分狭小。但他们在主观上一直试图不断扩张管治的地盘，又利用邻近岛屿开发不足、明清政府管治不力的客观情况，一次次地尝试将周边乡村、岛屿纳入管治范围。湾仔在地理上和经济上虽不如澳门半岛上的望厦、龙田等村庄，但相比之下，早期对面山人口稀少，没有完善的政府管理或有效的社会基层组织，其也成为葡萄牙人觊觎的对象。明末清初，葡人已将居留区域扩大到对面山。陆若汉的墓地、圣保禄教堂神父的墓地，就在湾仔旁边的银坑。[1]清初，葡人向清政府提出将地界扩大至关闸、氹仔和对面山，并开始在对面山的荒地上修建建筑、居所，直到1762年后耶稣会在葡萄牙遭到取缔，葡人才终结在对面山100多年的留居。[2]

此后，澳葡当局多次向中国地方官府提出对湾仔等地的管治权，制造先发制人的事件，使得湾仔在近代中葡关系史上一次次成为双方政治争拗的焦点。同治九年（1870），澳葡当局专门成立了一个委员会考察湾仔岛的一堵矮墙。同治十一年，上岛设棚屋、立据点。澳葡方面提出："湾仔地方前经有西洋人建造屋宇，并无例禁……该处地方常有贼匪行劫，屡经该处人请我西洋兵到彼救护，……或遇火烛之患，该处人也常请西洋人助救，我兵船及澳门即拨水车过去救熄。"其以水车需要保护为由，在湾仔设立棚寮，打算改建屋宇，派兵看守。[3]光绪十二年，澳门总督罗沙在《续订洋药专条》中提出，"中国允葡萄牙国驻扎与用及管理拉巴海岛（一名对面山）暨附近该岛之马溜洲二小岛"，即在执行该专条时，有权驻扎湾仔等地。[4]此后，澳葡当局不断向湾仔居

---

[1] 施白蒂：《澳门编年史》，小雨译，澳门基金会，1995，第51页。
[2] 赵艳珍：《珠澳关系史话》，第35—36页。
[3] 《葡国驻澳总督唝哪略为湾仔棚寮系为急难恤灾救人救物起见事复两广总督瑞麟照会》，《明清时期澳门问题档案文献汇编》第3卷，第36页。
[4] 中国近代经济史资料丛刊编辑委员会编《中国海关与中葡里斯本草约》，中华书局，1983，第11页。

民勒收租银。对于湾仔的海面,澳葡当局更视为澳门所属,不许广东官府在湾仔、路环中间的海面查私。①

近代由于国势衰弱,在与列强争执时,清政府多以丧权辱国结局。但列强中葡萄牙实力不足,澳葡当局在与中国官府打交道时,如逢较为强势的地方官员,也会遇到比较强硬的抗争。同治十一年,葡人在湾仔设棚屋、立据点,广东官府就坚决照会拆除。②光绪十三年,《中葡和好通商条约》拟定期间,两广总督张之洞力主约宜缓定而先划界,指出澳葡当局不仅"必将关闸内七村及潭仔路环诸岛攘为己有,甚至隔海湾仔银坑一带皆生希冀",提出湾仔为葡人将占未占之地,应不时巡察,"断不准其觊觎"。③光绪十四年,根据《中葡和好通商条约》,葡萄牙人获得"永驻管理澳门"之权,希望扩大管治区域,其中西边的湾仔、银坑均在其企图扩张的范围之内。为达到这一目的,1887年澳葡当局声称澳门以西的海面悉归葡属,只要中国船只停泊于湾仔一带,就派小火轮前往编查、收税。④光绪十五年,葡人绘制了一份地图,将包括湾仔、银坑在内的百余里地方划入所谓的葡界,并与前山同知蔡国祯发生激烈争论,蔡始终不让。⑤光绪十九年,中国兵船停泊在一向停泊的湾仔兵厂前面海旁,却遭葡国轮船驱逐,接着又发生中国兵船巡逻至同一地点而遭葡人勒索的事件,葡人还致函称澳门全海皆为葡国专管。前山同知魏恒据理力争,指出"湾仔沙海旁系在澳埠对岸,相距遥远,亦欲讨取人情,乃陈案所无、条约所不载"。⑥光绪二十六年,香山县令刘盛芳船经湾仔海面,被澳葡当局扣留。⑦光绪三十三年,葡澳当局"派出巡河兵轮船,强将湾

---

① 邓开颂、吴志良、陆晓敏主编《粤澳关系史》,第339页。
② 《两广总督瑞麟为请饬将湾仔地方所搭棚寮撤去事致葡国驻澳大臣喏哪略照会》,《明清时期澳门问题档案文献汇编》第3卷,第35页。
③ 张之洞:《再陈澳界胶葛立约必宜缓定折》,《张之洞全集》第1册,河北人民出版社,1998,第592、594页。
④ 杨仁飞:《葡萄牙永租澳门始末》,上海市政协文史资料委员会等编《列强在中国的租界》,中国文史出版社,1992,第527页。
⑤ 黄鸿钊:《中葡澳门交涉史料》第2辑,澳门基金会,1998,第386—388页。
⑥ 《前山同知魏恒为未便依允湾仔海面归葡国专管事复葡国翻译官玛琪仕信函》,《明清时期澳门问题档案文献汇编》第3卷,第468页。
⑦ 厉式金主修《香山县志续编》卷16,第3页。

仔一向停泊渔船，全行迫入澳界"，并"苛责罚银"，还设置两个浮标，一个设在湾仔长码头边，一个设在湾仔三湾坦外，"生成海面系归葡国管辖"。① 是年，葡萄牙驻广州领事以"澳门至湾仔海面久已实归本国管辖"为由，② 要求撤销香山县发给胡兆兰的船照，而香山和广东的官员都坚持"湾仔为华界内地，按照公法，地主有管辖水界之权"。③ 光绪三十四年，葡人将"澳门与湾仔对岸河心之浮标擅行潜移，又于鸡头山外海道添设浮标"，此前还有勒索渔船、驱逐蚝艇、添建兵房等种种行为。清政府外务部向葡萄牙公使照会要求"迅即停兵房，撤去浮标，并不得拘捕蚝艇"。④ 驻法公使刘式训照会葡萄牙外交部抗议。而葡人则提出中国将湾仔、横琴1887年订约前"未尝看守之各处所驻之兵速为退去"，⑤ 为中国所拒绝。这一年，对于葡人的各种行径，中国方面均照会撤停。

政治上的纠纷，除官府扮演主要角色外，绅商因与澳门在经济利益上的冲突，也有强烈反应。在划界问题、水源问题和迁拱北关回湾仔等问题上，绅商都有积极的表现，屡次上禀或制造舆论。宣统元年，香山勘界期间，香山士绅请求外务部、粤督派兵轮设防、巡视海面，⑥ 甚至建议政府"建垒置炮于至崇之山，在于湾仔之地从高俯视澳门，则不威人自服"。⑦ 绅商请将拱北关办事处从澳门迁回中国管内之湾仔或前山，以维护湾仔主权。迁回后，"拱北关为中国之关，则湾仔之属于中国不问可知。是喇巴关办事处移回喇巴，而葡人即不能占我湾仔"。⑧

由于中国方面始终不愿在与葡萄牙的交涉中做出实质性让步，澳葡

---

① 《湾仔三沙铺户居民请划分澳湾海界事致前山同知庄允懿禀文》，《明清时期澳门问题档案文献汇编》第4卷，第146页。
② 《西洋总领事来照会》，中研院近代史所编印《澳门专档》（二），1993，第20页。
③ 《香山县钱保寿禀》，《澳门专档》（二），第26页。
④ 《外务部为停建兵房撤去浮标禁拘蚝艇事致葡国公使森达照会》，《明清时期澳门问题档案文献汇编》第4卷，第122页。
⑤ 《署葡国公使柏德罗为派员赴商澳界事致外务部照会》，《明清时期澳门问题档案文献汇编》第4卷，第150页。
⑥ 《香山勘界维持会陈德驹等为乞电粤督水提派轮常驻前山湾仔海面事致外务部等电文》，《明清时期澳门问题档案文献汇编》第4卷，第595页。
⑦ 《旅港勘界维持会杨瑞阶等为湾仔悚防乞施堵御以扬国威而解边患以安民事致外务部禀文》，《明清时期澳门问题档案文献汇编》第4卷，第741页。
⑧ 《香山陈席儒上广东勘界维持总会书》，《申报》1910年12月30日。

当局虽然逐步占据了关闸内的望厦、龙田等地和南面的氹仔、过路环等处，但对于湾仔的觊觎，始终没有实现。相反，越到后期，中国方面在湾仔的问题上越强硬，"我政府及地方官迭次驳复有案，葡人势力始终未及"，① 使澳葡当局逐步认识到于湾仔等处，很难如愿。关于湾仔的政治争拗，对于澳门方面十分不利。因湾仔及海面无法控制，中国方面又对澳葡当局疏浚海湾的行动坚决反对，澳门日益陷入困境。其后，关于湾仔的政治争拗，主动权渐入国人之手。1914 年，民国政府外交部派遣陈箓去广东实地考察，陈随后提交对广东勘界问题的意见书，提出在湾仔增防，由官方加添巡警、编列门户、清查户口，勘界后派舰巡弋的建议。② 1916 年，葡方乘广东政局动荡、中国湾仔守军调离之机，派舰强闯湾仔，强租民房。广东省长朱庆澜强烈抗议，并采取行动加强湾仔防务，香山县示禁，要求"人民不准违约租赁铺屋与各外人"。③ 1921 年和 1922 年先后发生了直接的军事冲突和对峙。1921 年 9 月，葡萄牙驻澳海军越界在湾仔一带炮击粤军兵船，广东当局和地方军民反应强烈。1922 年 5 月 29 日，澳门发生葡警射杀中国工人的惨案，引起罢工罢市，香山各地掀起反葡浪潮，广东方面也在湾仔附近加强巡逻。6 月中旬，乘广东政变之际，葡兵数十人乘小汽艇驶近湾仔中国海界内实行登陆，中国军舰和湾仔驻军严阵以待，对葡同盟罢工总办事处一面派人组织纠察队维持秩序，一面加派义勇军协助防军。双方交火，葡军不敌而撤退。④ 此事件在陈炯明事件后方告平息。抗战爆发后，澳葡当局认为日军发动进攻时中国必不能守，而日本也不会分兵驻扎，希图趁机占据周边地区。1940 年 3 月，日军进犯湾仔，当地中国警察和义勇军撤退，澳葡当局便派遣军警进驻，后又占领银坑一带。一方面国民政府决不承认，另一方面附日的伪军打着日军旗号驱逐了湾仔的葡军，因而澳葡当局还是没有实现占据湾仔的企图。抗战后，中国方面谋收回澳门，对澳门实行封锁，一度禁行湾仔、澳门间的船艇，断绝两地交通。国民党军队 477 团还在湾仔、

---

① 陈箓：《调查澳门界务情形意见书》，《澳门专档》（四），第 112 页。
② 陈箓：《调查澳门界务情形意见书》，《澳门专档》（四），第 111 页。
③ 《广东省长朱照会》，《澳门专档》（四），第 223 页。
④ 《交涉迁延中的澳案》，上海《民国日报》1922 年 6 月 25 日。

前山举行军事演习，威胁澳葡当局。①

驻军是中国在湾仔主权的重要象征。在政治争拗中，驻军问题成为中葡双方争执的焦点。关于中国在湾仔的驻军，根据文献大致可知。同治十一年葡人上岛设棚屋时，香山地方即修复原有废弃的汛房，委派官兵驻扎巡防。②清朝地方官府声称，自光绪十三年始，湾仔一带沿岸和海面均由署前山同知派兵驻守及派兵船巡缉。③光绪三十三年，葡澳当局派兵到湾仔强迫中国渔船入澳湾泊时，两广总督张人骏在湾仔、前山等地增兵。1910年底澳门发生兵变，士绅纷纷要求中国政府派兵增驻湾仔、前山一带，以资保护。④1916年葡舰强闯湾仔，广东政府又向这两地增兵。1920年前湾仔驻军有一个营部及一个连，银坑、北山各有一连，⑤但常态下兵员不多。据海关报告，1910年代湾仔驻兵84人。⑥1945年后国民党军队477团有一连驻湾仔，但团部和主力在翠微和前山。⑦

三 现代性的成长

湾仔形成聚落后，对于香山县而言，尽管湾仔地处偏远，但因澳门的关系，还是设立了一系列基本的机构。"（湾仔）本系内地市镇。为入海要道，绿营设有汛防，防营设有勇厂，拱北关设有分卡，地方绅耆设有公局书院。"⑧虽无宗族组织和祠堂，但有传统的善堂。《香山县志续

---

① 陈庆斌：《"收复澳门"为名企图消灭五桂山人民武装亲历》，《广州文史资料》第15辑，1965，第137页。
② 《香山协副将罗福安等为请照会葡国领事拆撤棚寮免滋衅端致两广总督瑞麟禀文》，《明清时期澳门问题档案文献汇编》第3卷，第62—63页。
③ 厉式金主修《香山县志续编》卷2，第10页。
④ 《澳门兵变详记》，《申报》1910年12月10日。
⑤ 《广东陆军第一旅司令部函（函送前山属原设军队驻扎地点表）》，《澳门专档》（四），第362页。
⑥ 《1912—1921年拱北关十年贸易报告》，莫世祥、虞和平、陈奕平编译《近代拱北海关报告汇编（1887—1946）》，第103页。
⑦ 陈庆斌：《"收复澳门"为名企图消灭五桂山人民武装亲历》，《广州文史资料》第15辑，第136页。
⑧ 《前山同知魏恒为葡人勒取人情案遵批详陈实情事致两广总督李瀚章禀文》，《明清时期澳门问题档案文献汇编》第3卷，第472页。

编》记载,"光绪二十一年,前山同知蔡国祯拨湾仔、前山两善堂公款以充善举"。① 在近代湾仔发展的过程中,逐渐出现了一批具有现代性的事物,其很大程度上是在澳门辐射的影响下产生的。

在近代性质的社会组织方面,西式医院、学校、警察机构等先后在湾仔出现。澳门镜湖医院于同治十年建成。1895年瘟疫流行期间,澳门镜湖医院在湾仔建起一座大型的华人医院。澳门华人只要染上传染病,就送到该院医治,从而大大减少了澳门的死亡人数。② 一般所称的湾仔医院,就是澳门镜湖医院在湾仔设的分院。③ 拱北海关报告中另记录有一间广善医院位于湾仔,因同一文献中又记有"镜湖医院在湾仔设有分院",可知广善医院与镜湖分院不是一家医院。④ 20世纪初,湾仔出现了教会学校,即外人设立的"教民之义学"。⑤ 还有一些规模较小的学校,由乡村家族兴建,学生免费入学。⑥ 但直至清末,尚没有公立的学堂。辛亥革命前,具有革命思想的郑佩刚等人成立了一个宣传革命的"琳琅幻境"白话剧社,同时在湾仔设立一间义学"琳琅社",剧社的演出收入作为这所学校的经费。⑦ 抗战爆发后,此地人口剧增,有不少学校播迁于此。澳门近代有多家报刊,湾仔没有关于创立报刊的记载。但澳门的报刊经过湾仔流传,《镜海丛报》在各地有17个"代派纸之处"(即分销处),湾仔为其一。⑧

清末湾仔巡警开办,设有湾仔分局。⑨ 起初警察系地方自办,警费由湾仔本地的绅民将长埗头开投充顶(该码头本来系由湾仔各铺户捐资

---

① 厉式金主修《香山县志续编》卷5,第2页。
② 《1892—1901年拱北关十年贸易报告》,莫世祥、虞和平、陈奕平编译《近代拱北海关报告汇编(1887—1946)》,第64页。
③ 郑炳芳:《南屏革命斗争亲历记》,《珠海文史》第9辑,1990,第47页。
④ 《1912—1921年拱北关十年贸易报告》,莫世祥、虞和平、陈奕平编译《近代拱北海关报告汇编(1887—1946)》,第107—108页。
⑤ 《旅港勘界维持会商民杨瑞阶等为请迁拱北关于湾仔挽救地方以收主权事致民政部等禀文》,《明清时期澳门问题档案文献汇编》第4卷,第675页。
⑥ 《1902—1911年拱北关十年贸易报告》,莫世祥、虞和平、陈奕平编译《近代拱北海关报告汇编(1887—1946)》,第84页。
⑦ 郑佩刚:《我参加香山光复回忆》,《广东文史资料》第68辑,1991,第62页。
⑧ 陈树荣:《孙中山与澳门》,《广州文史资料》第45辑,1993,第8页。
⑨ 厉式金主修《香山县志续编》卷6,第10页。

建筑)。① 民国初年，有警察 10 人。② 拱北的海关在湾仔设有支所，不过关卡在湾仔之北的石角咀，实际上湾仔是在关外。光绪二十一年，建立了一条从湾仔半岛的银坑到九洲头的缉私防线，其中湾仔岛方面的缉私工作由马骝洲税厂负责。③

近代工商业也有了一定的发展。湾仔本为乡村，商业不重要。清代时"有酒米杂货幌缆等店约数十间，俱系小本生理"，④ 主要出产多运往澳门。"以澳门为市场，本地人所需之衣物和衣料，亦多过澳门办买，湾仔似不足以言商业。……湾仔迩近澳门，市上交易金融，深受澳门之影响。"⑤ 但因湾仔实际上在海关之外，不受检查，不收关税，较之南北两面设卡收税的银坑和石角咀，商业反而兴盛，"湾仔中路不设稽查，任人上落取携，比于澳门无税之区，该地之民享无税之益，故有数千之众成一小商场，故左右之境皆成寂寞"。⑥ 工业的发展与澳门成反比。从19世纪末起，湾仔增加了许多华船船坞。因为澳门内港的淤塞，许多造船厂、修船厂从澳门迁往湾仔。1910 年代，湾仔和银坑共有 18 家大型造船工厂和 20 家小型造船工厂，而澳门只有 9 家。⑦

湾仔的发展奠定了它在本地和周边地区相关历史事件中发挥重要作用的基础。20 世纪 20 年代，湾仔发生了多次政治性的群众运动，使这一偏僻乡村直接参与到近代历史大潮之中。1922 年澳门"五二九事件"发生后，"华商一律闭户，工人既悉往湾仔"。⑧ 在澳门工人的罢工斗争中，澳门 66 个工人团体离开澳门，"多在湾仔搭棚栖止……居住湾仔之各工团为办事上有责任有秩序起见，由每工团各选举五人组织一混合团

---

① 《香山县钱保寿禀》，《澳门专档》(二)，第 26 页。
② 陈箓：《调查澳门界务情形意见书》，《澳门专档》(四)，第 111 页。
③ 中华人民共和国拱北海关编《拱北海关志》，1998，第 156 页。
④ 《香山协副将罗福安等为查明葡人在湾仔沙搭棚情形致两广总督瑞麟禀文》，《明清时期澳门问题档案文献汇编》第 3 卷，第 61 页。
⑤ 何大章：《中山县湾仔乡土地理》，《中山文献》创刊号，1947 年，第 9 页。
⑥ 《旅港勘界维持会商民杨瑞阶等为请迁拱北关于湾仔挽救地方以收主权事致民政部等禀文》，《明清时期澳门问题档案文献汇编》第 4 卷，第 671 页。
⑦ 《1892—1901 年拱北关十年贸易报告》《1912—1921 年拱北关十年贸易报告》，莫世祥、虞和平、陈奕平编译《近代拱北海关报告汇编(1887—1946)》，第 64、100、105 页。
⑧ 《澳门交涉案迁延不绝》，上海《民国日报》1922 年 6 月 18 日。

体,期收进行一致之效"。① 1925 年省港大罢工期间,省港罢工委员会要求广东的国民政府"饬令前山、湾仔等处防军协助纠察队,切实封锁,严密防止私运粮食出口",② 湾仔成为封锁港澳的重要口岸。

在抗日战争中,湾仔的地位日显重要。1938 年 8 月,由澳门《朝阳日报》《大公报》联合发起澳门学术界、音乐界、体育界、戏剧界救灾会。澳门四界救灾会是设在澳门的规模较大的爱国团体,利用假日到湾仔等地演出抗日话剧,组织人员到内地参加抗战,组成"澳门四界救灾会回国服务团",先后成立了 10 个队,每个队在出发前都到湾仔举行为时一周的集训,集训地点就在湾仔医院。③ 救灾会的宣传队也到湾仔向军警、自卫团演出文艺节目和慰劳。④ 抗战时,在湾仔有广东省立中区临时中学。⑤ 1939 年日机轰炸海关轮船通利关轮时,湾仔医院救治了许多受伤的民众。⑥ 湾仔本身则在抗战时期获得短暂发展。"抗战后不少内地之人来此,许多学校及机关亦迁此,人口增多,需要亦增,买卖亦多,实为湾仔之空前。"⑦ 这与抗战时期澳门的短暂繁荣一致。

四 成为"郊区"

湾仔的近代发展情况多在中葡关于澳门的政治纠葛中得到关注和述及,现在留存的大部分中文文献,基本立场定位在澳门主权属于中国的政治诉求这一层面上,强调澳门"暂为本县之失地"。⑧ 从政治的视野,自然是以中国、中山(香山)甚至以湾仔为主。而审视经济与社会发展

---

① 《粤人对澳门事件之愤慨》,《申报》1922 年 6 月 11 日。
② 《国民政府军事委员会关于加强封锁前山湾仔等处公函》,中国第二历史档案馆编《五卅运动与省港罢工》,江苏古籍出版社,1985,第 536 页。
③ 李信:《在抗日怒潮中诞生的澳门四界救灾会回国服务团》,中共高明市委党史研究室编《高明党史资料》第 1 辑,2000,第 378 页。
④ 广东省地方志编纂委员会编《广东省志·青年工作志》,广东人民出版社,2007,第 76 页。
⑤ 马奔执笔:《抗战初期、中期的中山学生运动》,《中山文史》第 36 辑,第 36 页。
⑥ 郑炳芳:《南屏革命斗争亲历记》,《珠海文史》第 9 辑,第 47 页。
⑦ 何大章:《中山县湾仔乡土地理》,《中山文献》创刊号,1947 年,第 9 页。
⑧ 何大章:《地理志初稿》,《中山文献》第 2 期,1948 年,第 40 页。

的实际情形，澳门显然对周边地区呈现中心辐射的态势。湾仔与澳门，如果跳出政治争拗的局限，可以很容易看出两地实际上是一种以澳门为主（中心或主导）、湾仔为副（郊区或附属）的关系。

澳门经过数百年的发展，由贸易开端，逐渐成为一个"城市"，"来者日众，华洋杂处，房舍栉比，蔚然成埠"。① 澳门是邻近地区交通的主要枢纽，香山县以及周边其他府县的许多地方，无论出洋还是到广东省城或内地重要城市，都以澳门为中转地。湾仔与中山县内其他地区的交通也是如此。湾仔对于澳门具有重要的意义，这首先是由湾仔的地理位置和资源条件决定的。在葡人眼中，"对面山为澳门最天然之属地，本国前尝于该处追捕贼匪，亦有时添调兵队前往，且汲引该处泉水以供居民及船只之用，并更为施行诸多他项治理之政事，其该处所有之乡村，亦为澳门官宪所维持保护之力而成"。② 在交通方面，湾仔与澳门因地理距离特别近，具有密切联系的优势。两地之间仅隔狭窄水道，利用水上交通，两地之间的运输和贸易十分便利。特别重要的是澳门的供水问题。"澳门食水，全靠湾仔银坑供给。"1922年罢工运动时，水艇全部停驶，澳门食水十分困难，澳葡当局靠借鸦片烟公司的两只水艇用小轮拖往氹仔载水，十分不便。③ 20世纪30年代，澳门居民的食用水有三分之二来自湾仔银坑，每天有数十艘水艇川流不息地将湾仔"银坑水"运到澳门。④ "澳门之接洗衣服者，亦至本地（湾仔）用山水洗衣。"⑤ 更重要的是，湾仔的经济发展受澳门的影响和制约十分显著，澳门在相当大的程度上决定了湾仔的开发、发展及其规模和特点。

首先，在经济物产方面，湾仔受澳门市场的影响十分显著，体现出郊区农业的特点。"湾仔以迩近澳门，其作物全为澳门市场之需要。其耕作形式极精致，属于精耕式（Intensive Culture），灌溉工作极为完备，以冀在最近小之一地域上得到最大之收获，市郊农作此为普遍之现象。"因

---

① 何大章、缪鸿基：《澳门地理》，广东省立文理学院，1946，第2页。
② 《署葡国公使柏德罗为对面山为澳门天然属地请饬将湾仔所设之局立撤事复外务部照会》，《明清时期澳门问题档案文献汇编》第4卷，第549页。
③ 《澳门交涉案最新形势》，上海《民国日报》1922年6月20日。
④ 邓开颂：《澳门历史（1840—1949）》，澳门历史学会，1995，第327页。
⑤ 何大章：《中山县湾仔乡土地理》，《中山文献》创刊号，1947年，第8页。

此导致了各种不同的农产品在湾仔不同的发展情况。如瓜类和鲜花是湾仔与澳门市场联系最密切的农作商品。"澳门地狭水少,更乏种植之地。湾仔之土壤及水皆甚适宜,且迩近澳门,瓜菜所需肥料粪便之供给无虞缺乏(澳门居民之粪便多运往湾仔为肥云)……此等瓜菜,小部自用,而大部则运往澳门,其销路甚佳,甚为有利,当为湾仔农作物之最享权威者。""花亦为城市之需要,尤以澳门有不少西人,喜爱鲜花,中国人之闲情逸志者亦不少栽花自娱,而近人死丧祭礼之花圈亦甚盛行,故澳门消费鲜花殊多。湾仔种花之条件在气候上与澳门略同,而土壤则远较为佳,用水更为充足,人工亦或较为良好,故湾仔盛行种花。……所产之花多折枝或盆栽出售,大部运往澳门各地以供装饰。"果类则呈现另一特点,因澳门市场上的水果主要由中山、新会供应,湾仔的果类种植反而缩减。"中山及新会内地,已盛果类……澳门与中山及新会等地,交通亦甚繁密,其运输便利,故湾仔之果类种植已大为缩减。"作为城市的"近郊",粮食生产已不是农业中的重点,湾仔的米粮出入方向恰与中山其他地区相反。澳门的米粮供应依赖中山等地,而湾仔可以从澳门购买米粮:"本地(湾仔——引者注)人口众多,所产之米,不足自供,由中山内地补充(如斗湾等地),或由澳门购入。"①

其次,湾仔的畜牧业和渔业服从于澳门的需求。"澳门所需牲口甚多,故湾仔之畜牧业甚为重要。"养猪业获利甚丰,而且澳门各酒馆有许多余饭败肉可以作为饲料。湾仔疍家多养鸡鸭,也是重要事业。②"该地(湾仔)之渔业,前曾盛极一时,只因澳门方面资本雄厚之压迫,同时湾仔属中国管辖,捐税不免过苛,因此渔人多趋于澳门,湾仔渔业遂一蹶不振。"③

再次,工业方面更显示出湾仔对澳门的依赖。湾仔成为澳门工业的加工场所、劳动力来源和辅助部门。"湾仔之手工业大部因澳门之需要而

---

① 何大章:《中山县湾仔乡土地理》,《中山文献》创刊号,1947年,第4—5页。
② 何大章:《中山县湾仔乡土地理》,《中山文献》创刊号,1947年,第5页。
③ 罗开富、徐俊鸣、刘国雄、江洁源:《淇澳岛》,《地理集刊》第1号,1937年,第26页。

产生，居民亦几一如为澳门而生存，其手其足，一如售之于澳门。"① 各部门的情况如下。(1) 麻织、竹织和藤织工业："澳门之渔业用具，须用麻绳甚多，……湾仔之人常由澳门领麻回家，操织成绳，售诸澳门，借以糊口，其中以疍家为最多。"(2) 制炉工业："造炉业为乡村常见一种手工业，湾仔地当冲积，粘土甚佳，为制炉之最良原料，与澳门之制砖同有此等条件，且人工堪称熟练，又近澳门，销路自当甚畅，故湾仔制炉甚多盛行。"(3) 火柴及炮竹工业：在澳门一般是一家一户领料加工，在湾仔，"此等现象一如澳门，良知澳门影响湾仔之深重"。(4) 造船业："湾仔迩近澳门，其滩岸颇适于造船厂之设立，船只之制造或修理在澳门固无差异。"②

最后，湾仔在其他方面也显示出作为澳门"郊区"的特征。"郊区"之于城市，除供给外，还有发展旅游业的吸引力。"澳门一掌之地，居民亦有欲脱离城市而得一日之乡村生活者，尤其是澳门不少西人及学生性喜户外生活，每于假日，常远在氹环等地游玩，湾仔更近澳门，其吸引更易。不过此等风景，吾人须加以修饰。"③ 澳门"迩近中山县，境内不少名胜之地，近者如湾仔之竹仙洞、南屏、濂泉洞、北山岭、鲤鱼仔、雍陌之温泉等风景皆甚清美，……凡此等地，多须经由澳门前往，如能改善其间交通，使游客可朝发夕归，则更形便利"。④ 此外，因为湾仔无税，这鼓励了湾仔和澳门之民"弃正途而为走私"，⑤ 毒品走私问题尤为严重。湾仔是炼制毒品药丸的一个重要基地。土药经船运至湾仔，在此与洋药混合，炼制成药丸，主要卖给澳门港的渔民。⑥

澳门代表城市，湾仔代表乡村。"澳门之与湾仔，犹省城之于河南也。"⑦

---

① 何大章：《中山县湾仔乡土地理》，《中山文献》创刊号，1947年，第6页。
② 何大章：《中山县湾仔乡土地理》，《中山文献》创刊号，1947年，第6页。
③ 何大章：《中山县湾仔乡土地理》，《中山文献》创刊号，1947年，第9页。
④ 何大章、缪鸿基：《澳门地理》，第92—93页。
⑤ 《旅港勘界维持会商民杨瑞阶等为请迁拱北关于湾仔挽救地方以收主权事致民政部等禀文》，《明清时期澳门问题档案文献汇编》第4卷，第674页。
⑥ 《1892—1901年拱北关十年贸易报告》，莫世祥、虞和平、陈奕平编译《近代拱北海关报告汇编（1887—1946）》，第60页。
⑦ 《前山同知魏恒为葡人勒取人情案遵批详陈实情事致两广总督李瀚章禀文》，《明清时期澳门问题档案文献汇编》第3卷，第472页。

这是清代官员从地理位置上看湾仔与澳门的关系。从经济、产业的角度看，这确实是一个恰当的比方。从湾仔与澳门的关系来看，澳门居于主导地位，而湾仔对澳门需求之恳切，澳门方面并不能投桃报李。如澳门方面一直没有给往来的桨艇提供固定的、设备完善的优良码头。湾仔的生产也处于被澳门主导和制约的态势。到民国后期，"湾仔今日之生产，大部以澳门之需求为目的。……然事实上湾仔被澳门操纵，何以改善其生产？固然吾人能以湾仔对澳门在经济上求得需供合理关系，则当为理想"。① 不过，澳门工业的发展并没有导致作为近邻的湾仔出现一般大城市那种农村人口集中城市的趋势。因为"澳门以大工厂缺乏，有之亦多属手业工厂，均家庭工业，故湾仔之人当不至有集中澳门之现象。虽有侨居澳门者，但亦多为商业而非工业，且湾仔之人，亦当以农业为主，而以牧业及手工业为副矣"。② 湾仔居民在很长时期里移居澳门的愿望并不强烈。

湾仔何以只能成为澳门的"郊区"？地理、经济和政治几方面的原因十分重要。在珠海城市产生之前，湾仔实际上无可选择。湾仔本是香山的乡村，而香山的城市中心石歧相距过远，"湾仔往来中山内地之人，多取道澳门，形成与中山内地关系之隔膜"。③ 为抗拒澳门，清末宣统年间，香山商人发起在"香山县属山场、吉大两乡土名沙滩环民荒"，进行新商埠的规划、筹备和建设，定名香洲埠。在香山绅商筹建香洲埠的呈文中，他们展望新埠开辟后能够快速"成都成邑"，④ 可惜无果而终。湾仔与澳门特殊的"城""郊"关系势所必然。新中国成立之初，湾仔与澳门之间的直接交通被取消，从澳门往来湾仔需要经拱北口岸，绕道南屏（1984年11月，澳门与湾仔恢复直接通航）。广东省人民政府成立渔民领导小组，争取港澳渔民回归祖国，其中湾仔是珠海的五个流动渔民入户渔港之一，流动渔民享有澳门和珠海的双重户籍，湾仔被指定为

---

① 何大章：《中山县湾仔乡土地理》，《中山文献》创刊号，1947年，第8页。
② 何大章：《中山县湾仔乡土地理》，《中山文献》创刊号，1947年，第6页。
③ 何大章：《中山县湾仔乡土地理》，《中山文献》创刊号，1947年，第3页。
④ 《劝业道为沙滩环开埠事具督院禀稿》，黄鸿钊编《中葡澳门交涉史料》第2辑，第274页。

流动渔船停泊港。对于由湾仔出入澳门的从事小额贸易的边民小艇,海关湾仔办事处负责监管。① 随着珠海日益成为具有强大经济规模的中心城市,湾仔最终成为珠海的郊区,并在改革开放后迅速发展。就在本文写作的过程中,笔者获悉珠海将建设十字门中央商务区,湾仔正位于这一新的中心城区,迎来了从郊区向中心城区变迁的史无前例的新契机,湾仔与澳门的关系也将发生令人耳目一新的变化。

五 结论

"湾仔为我属,澳门为外属;湾仔为乡村,澳门为都市。"② 这或许最为直接地道出了湾仔与澳门特殊的"城""郊"关系。所谓"郊区",按照社会经济学派的观点,就是城市范围内经济水平、社会生活方式和意识形态既不同于传统农村地区,又不同于城市的从中心城区到农村的过渡区。从经济和社会发展的表象看,湾仔正是这样一种过渡区。但它又是极其特殊的政治状态下的过渡区,因为湾仔不属于作为"城市"的澳门。在中葡双方的对峙中,湾仔是防卫葡萄牙人侵略和扩张的前沿阵地。恰如时论所指:"湾仔一区,为香山前山门户,门户被占,堂奥必空,上至北山南屏,下至银坑各村,皆有唇亡齿寒之患。"③ 因为联系紧密,"湾仔与澳门仅隔一河,澳若变乱,则湾仔地方势遭糜烂,而湾仔以外一带各乡亦被波连"。④ 现存文献(出自官府和绅商的居多)多数是政治争拗的产物,易于显现政治上的对立并使双方对立性得到充分的阐发。而在经济上,湾仔与澳门的联系之强烈,程度不在政治对立之下,不过更多地体现在日常的生活和生产过程中,为政治性的语言所遮蔽。湾仔从一个开发较晚的中国乡村演化成澳门的近郊,政治争拗始终伴随,但不能影响这一发展走向。作为"郊区"的湾仔对澳门表现出显著的从属

---

① 《拱北海关志》,第33—34页。
② 何大章:《中山县湾仔乡土地理》,《中山文献》创刊号,1947年,第2页。
③ 《湾仔三沙铺户居民请划分澳湾海界事致前山同知庄允懿禀文》,《明清时期澳门问题档案文献汇编》第4卷,第147页。
④ 《本邑各乡代表张朝绅上张督院禀》,黄鸿钊编《中葡澳门交涉史料》第2辑,第273页。

性。"湾仔乡为中山县属南部海岸之一乡村,与澳门仅隔一河,受澳门之影响极深,无论其生产、工商业、交通甚至金融,莫不皆是。故湾仔之发展,常在被影响地位,其生存基于他动远大于自动。"① 马克思和恩格斯在论述西方资产阶级对世界的影响时说:"正像它使农村从属于城市一样,它使未开化和半开化的国家从属于文明的国家,使农民的民族从属于资产阶级的民族,使东方从属于西方。"② 湾仔的近代发展及其与澳门的关系不经意间将这里所提到的几种现象同时反映了出来。

[赵立彬,中山大学历史学系教授、博士生导师]

---

① 何大章:《中山县湾仔乡土地理》,《中山文献》创刊号,1947年,第1页。
② 马克思、恩格斯:《共产党宣言》,《马克思恩格斯选集》第1卷,人民出版社,2012,第405页。

清末民初的粤港澳流动与广东社会秩序[*]

——以匪患为例

何文平

由于特殊的历史原因，粤港澳关系成为近代中外关系史内容的一部分。即使研究者充分注意到了粤港澳地区之间的特殊关系，对彼此关联性的历史考察，仍往往将其嵌入中外关系的大框架，突出的是中英、中葡国家上层之间的关系或中西文化的交流等。[①] 近代粤港澳的特殊关系在民众的社会生活中如何得以反映，对深化近代中外关系的认识有着特殊意义，以往的研究对之关注并不够。[②] 本文以清末民初广东盗匪问题为视角，考察广东与港澳地区之间的联系和相互影响，试图从地方社会生活的角度，探讨近代粤港澳地区之间的流动性及其对区域社会的影响。

匪患是清末民初广东严重的社会问题，社会秩序受到盗匪的威胁，即使在资本主义工商业相对发达的珠三角地区，盗匪也是四处出没，公然劫掠，甚至轮渡不得不停摆，以避匪劫。近代广东匪患的加剧，有多方面的原因。[③] 毗连港澳的特殊环境，应是一个不可忽略的重要因素。1889年，两广总督张之洞向朝廷反映粤省捕盗困难时直言：

> 查广东盗匪素多，近海地方为甚，近年情形尤有不同……大率以香港、澳门为老巢，各有头目，分立堂名，遣人四出打单……及

[①] 参见邓开颂、陆晓敏主编《粤港澳近代关系史》，广东人民出版社，1996；邓开颂、吴志良、陆晓敏主编《粤澳关系史》，中国书店，1999。

[②] 在这方面，程美宝关于引水人的研究（《水上人引水——16—19世纪澳门船民的海洋世界》，《学术研究》2010年第4期）、赵利峰关于晚清粤澳赌博问题的研究（《晚清粤澳闱姓问题研究》，博士学位论文，暨南大学，2003）等，具有启发意义。

[③] 参见何文平《清末民初广东盗匪问题的社会成因探讨》，《广东社会科学》2002年第3期。

合力寻踪追捕,则已遁归港澳,窜入一步,捕之无从,击之不可。该匪等恃以无恐,不啻形同叛逆……在昔不过拒伤事主,今则屡屡杀伤弁兵;在昔不过夺犯伤差,今则已获之盗,公然由香港洋官行文索回;在昔或行劫三次以上或脱逃二三年以为重情,今则首要之盗行劫百余次、漏网十余年者有之;在昔间有拜会结盟,今则港澳逋匪大率皆系三合会,并且立有堂名。①

搜检清末民初的文献及报纸消息,亦可发现张氏所言非虚。港澳自落入西方殖民者之手后,变成不受中国法律约束的特殊地区。而粤港澳地理上相连,居民语言相通,习俗相同,来往频繁,近代以来一直保持着密切联系。清末民初,广东盗匪利用粤港澳之间的流动性,可以购买到先进的武器,并将港澳变成策划行动的重要基地、躲避缉捕的"避风港"。

一 以港澳为基地

19世纪80年代,拱北海关报告中写道:"熟知港澳历史的人都不会否认,两地对走私洋药与盐有极大的诱惑力,大批武装匪徒可以在其辖区内侵扰附近的中国府县而不受惩罚,这使两地成为歹徒活动的渊薮……当地报章宣称,一度有二千多个知名的海盗和山贼聚集在香港……这些人的大部分显然是从中国逃亡的罪犯。"② 由于流动便利,广东盗匪经常聚集港澳,策划组织各类非法活动。

由于缺少相关统计资料,尚不能准确地说明当时以港澳为活动基地的盗匪到底有多少,但是一些零散的资料还是可以反映一些现象的具体情形的。

1888年4月10日,《申报》有消息说,澳门巡捕一次拿获40余人,这些人参与了粤东行劫典铺并戕害官员的劫案。③

---

① 苑书义主编《张之洞全集》第1册,河北人民出版社,1998,第698—699页。
② 莫世祥、虞和平、陈奕平编译《近代拱北海关报告汇编(1887—1946)》,澳门基金会,1998,第25页。
③ 《获盗译闻》,《申报》1888年4月10日。

1890年4月9日《申报》报道，有两名盗匪从香港潜至省城广州，匿迹高桥某烟馆内，被眼线侦知，报告营勇前往捕获。"有见者谓，二盗皆身躯雄伟，衣服丽都，谈笑自如，毫无惧色。"① 粤港澳之间来往不受限制，盗匪亦可以衣着光鲜自由出入，匪民难辨，很多情况下只能依靠侦探获得盗匪活动信息。

1906年4月11日，香山县属三洲地方发生劫案，美籍人士唐登（童亭之）被盗匪梁先义一伙掳去，藏匿澳门一带。梁"系著名劫匪，向以澳门为逋薮"。②

1907年5月24日，《申报》有消息称："有海盗十一人，在香港得信乘舟图逃，侦探数人守于江州（地名译音），捕获九人，余党登岸逸去，所获九人，业在广东省城正法，每一首盗之头，可得赏银一百五十两云。"③ 盗匪押回广东省城正法，表明这伙在香港抓获的盗匪是在内地犯案者。

1909年5月，澳门警方侦知一盗匪藏匿处，调集兵队前往围捕，"时有一匪探首出窗窥望，葡兵开枪击中该匪头部，群匪见势不敌，相率伏罪"。经查明，"此等贼匪系由外处纠合于此，平常往外劫掳，而以澳门为巢"。④

澳门附近的过路环地方，"道光年间葡人筑有炮台，久为粤省匪薮"，1910年5月新宁大劫案中，被房学生十余人即在此处被"关禁勒赎"。⑤

1912年民军领袖王和顺被镇压后，其死党陆梅"遁迹澳门，复现绿林本相，日以纠党劫掳为事"，1913年4月在澳门归案。⑥

港澳是广东民众出洋最主要的通道，过往客商是盗匪觊觎的重点对象，港澳地区的盗匪较易获得过往客商的信息而制造劫案。据《香港华字日报》报道，1911年初新会马涌乡方某从海外回来，途经香港，为贼匪侦知其携有重资，于是纠党30余人，随同搭船回乡，到达后，"是夜

---

① 《岭南春色》，《申报》1890年4月9日。
② 张海鹏主编《中葡关系史资料集》上卷，四川人民出版社，1999，第1126页。
③ 《广东捕获海盗》，《申报》1907年5月24日。
④ 《澳门贼窟之骇闻》，《申报》1909年7月22日。
⑤ 《袁督为澳门葡人剿匪事布告各省电文》，《香港华字日报》1910年7月30日。
⑥ 《陆梅宜有今日》，《香港华字日报》1913年4月15日。

复纠本地贼匪五十余人，抢劫伊家，掠银纸、现银一万二千元，未饱其欲，复劫邻舍一十三家而去"。①

沿海及珠三角地区水道上的船只一直是广东盗匪劫掠的主要目标，此类劫案不少就是在港澳策划的。据拱北海关报告，1890 年 12 月抢劫南澳号轮船的劫匪就是在澳门策划，由居留香港的武装匪徒执行的。②

1913 年在珠江口淇澳附近发生泰安轮船大劫案，劫船海盗有 30—100 人之多，乔装旅客，就是在香港挟枪登船。其中有数人"身衣西装，口操英语"。③ 劫匪得手后在新安县登岸，"先期雇便马匹图窜"，被当地乡团及驻防军队探悉，抓获匪徒 8 名并缴获赃物。④ 同年 10 月发生的利江轮船劫案也是由香港上船的盗匪与沿途伏击的盗匪联手完成的。利江轮船由香港开行后，"至奇澳地方，距横门约六十里，突被土匪数十名伏岸狙击，并分驾长龙蜂拥而至……鏖战移时，轮舱内复有匪党十二名，各出短枪，指吓司舵人等，长龙贼众，遂乘机一跃上船，饱掠银物数箱"。⑤

1913 年广东都督胡汉民曾致函法国领事，就法商李宝第轮船在容奇被劫一案致歉。函中提到，经查悉，此案盗匪"多由澳门租赁小轮而来，或假扮搭客上船，作为内应，狡狯伎俩，行踪殊为飘忽"。⑥

1924 年 1 月，拱北缉私舰北斗号在金星门海面捉获图劫岐港渡海盗 29 名。据供，海盗皆系东莞新安人，贼首林就系新安桥头乡人，此次纠合匪众，意图行劫岐港渡，"先由林就携两妇人，伪作家眷，在香港西营盘同昌公司租赁广德小轮一艘，云往石湾参神，该轮驶到石湾，即开枪威胁轮中伙伴，不许声张，各匪登轮后，即令开行，及至金星门，为北斗舰阻止"。⑦

打单勒索是广东盗匪主要的行为方式之一，盗匪不仅可以在港澳策划此类行动，甚至要求事主到港澳取赎。据《香港华字日报》报道，

---

① 《金山客累及邻舍矣》，《香港华字日报》1911 年 3 月 11 日。
② 莫世祥、虞和平、陈奕平编译《近代拱北海关报告汇编（1887—1946）》，第 25 页。
③ 《特约路透电·香港电》，《申报》1913 年 4 月 4 日。
④ 《泰安劫案之破获》，《香港华字日报》1913 年 4 月 15 日。
⑤ 《利江轮船之巨劫案》，《华国报》1913 年 10 月 17 日。
⑥ 《胡都督为李宝第被劫之道歉书》，《香港华字日报》1913 年 6 月 13 日。
⑦ 《截获图劫岐港渡海盗详情》，《香港华字日报》1924 年 1 月 24 日。

1910年冬南海洲村发生一起劫案,盗匪劫掠何姓8名幼童,每人勒索1万元,盗匪之一黎湛本是南海沙经村人,但"匪党匿在澳门,其议价亦在澳门"。①

1911年9月被驻港侦探委员缉获的著名匪徒陈添、关昭系四会枪毙疍妇一案的主犯,捕获他们的同时救出被掳幼童3名。②当年10月,《香港华字日报》消息称,南海神安司郭村二月被匪劫掠一次,掳去梁姓4岁幼童一名,几个月后接到盗匪张禄的打单函,催促事主到香港接洽"讲数":

  寅启者,前付二函,一概并无到港问及,令人可怒。勿听外人谈说假话,作为了事。今兄弟查得阁下年中入息四五千银之多,今兄弟求帮米饭银三千元,作为代弟做转三头。五月如无人代为讲及请求,回行亲信,人到港油麻地,问一生意人,使他祈为早日,勿说弟兄无情,此请财安。张禄字付。③

盗匪勒收行水也可以在港澳操纵。清末香山著名沙匪林瓜四出身下层,为匪之前,往来于澳门与香山沿海一带,以卖咸鱼为生。林瓜四主要是在香山、顺德一带沿海的沙田区向各围口勒收行水,"在澳门开平馆,各围须向平馆交行水,否则就放火烧围馆,拘捕围馆伙记去作人质以索赎金",围馆交了行水,可以得到林瓜四的保护。④ 在水师提督李准看来,澳门就如同林瓜四的大本营,"平时则匿迹港、澳,为逋逃薮,早晚两造栽种收割时,始驾轮舟而来,大张旗鼓"。⑤

清中叶以后,港澳是华南海盗的重要基地,后在西方殖民主义者的坚船利炮打击下,海盗在近海的活动曾相对减少。但是,由于粤港澳的

---

① 《肉在虎口徒唤奈何》,《香港华字日报》1911年3月27日。
② 《在港提回枪毙疍妇之犯》,《香港华字日报》1911年9月8日。
③ 《打单匪猖獗》,《香港华字日报》1911年10月14日。
④ 余和宝遗著《二十世纪上半叶中山兵匪见闻录》,政协广东省中山市委员会文史资料委员会编《中山文史》第54辑,2004,第4页。
⑤ 李准:《任庵自编年谱》(1927年),稿本,第114页(页码为后来整理者所加)。此资料由四川邻水县鄢承钧、包述安先生提供,特此鸣谢。

特殊关系，盗匪不仅可以在港澳获取信息、关禁人质、坐收行水，甚至可以组织力量，发动袭击。清末民初不少发生在广东的劫案、勒收行水、打单勒赎甚至抢劫轮渡等事件都与港澳有着密切关系，港澳成了近代广东盗匪的活动基地。

二 洋枪与"西纸"

粤港澳之间的流动性也为广东盗匪获取重要资源提供了便利，盗匪可以经由港澳购买先进的武器，壮大自己的实力。

港澳是近代广东对外交流与经济贸易的重要中转站，同时又是近代的走私基地。港澳等地可以提供当时先进的武器，武器的价格也较内地便宜得多，走私者大为有利可图，故而屡禁不绝。清末两广总督张人骏透露，"寻常毛瑟、拗兰短枪值仅数元，购来资盗资匪值十余元、数十元不等，利市十倍，奸商设肆，倚澳门以为薮"；① 在香港，"快枪每枝价银不过七元之谱，而转卖与内地匪徒，每枝可得价银二十余元，大利所在，群争趋之"。② 民国时期，粤港澳之间武器走私依然如昔。据民国初年的《香港华字日报》报道，盗匪们特别感兴趣的驳壳手枪"在洋界私卖，每枝不过用银四十余两，一入内地，可售一百余元"，私运者"纷纷不绝"。③ 尽管政府不断出台对付军火走私的措施，但都不能有效遏止高利润刺激下的军火走私。拱北海关报告指出："尽管确实推行过一些限制军火交易的措施，可是，如果不切实禁止售卖军火，此等措施实在是形同虚设。"④

清末有海关报告指出，"曩由香港、澳门两处私贩军火至内地者，源源不绝，实繁有徒，以臻今日盗风猖獗，地方不靖"。⑤ 除了从走私者手中转买武器外，盗匪还直接前往港澳地区购置武器。1903 年，匪徒连续

---

① 王彦威纂辑《清季外交史料》，书目文献出版社，1987，第 3233 页。
② 《两广总督张札九龙新关税务司》，广东省档案馆藏粤海关档案，第 504 号。
③ 《私运驳壳者纷纷不绝》，《香港华字日报》1913 年 6 月 14 日。
④ 莫世祥、虞和平、陈奕平编译《近代拱北海关报告汇编（1887—1946）》，第 70 页。
⑤ 莫世祥、虞和平、陈奕平编译《近代拱北海关报告汇编（1887—1946）》，第 211 页。

投信省城王家园药肆，勒索银两，直言要去香港购"买枪炮"。① 1917 年 3 月，古兜山土匪由新会窜扰鹤山，大书"保龙团"旗帜，"枪械子弹，犀利异常，迥非前日可比，且有机关枪数枝，扼守山路要道"，官军连日进剿，也未能取得胜利。② 古兜山匪武器主要来自澳门，当官兵围捕时，匪首梁恩"恐围困日久，子弹不继，特派该党李十等驰函往澳，赶将六八无烟等子弹十二箱，由淇澳运来"。③ 1917 年 8 月，东莞著名匪徒梁金也曾在香港购买枪弹及爆炸物品，运往惠州一带。④ 雷州半岛著名盗匪李福隆为买到廉价枪支，亲往香港、澳门采购，在那里遭人暗算而送命。⑤ 1910 年代末，著名盗匪"造甲三"退据徐闻山后，曾直接派人与香港有关人员联系，购回了一批枪支弹药，武装匪众。⑥

1927 年国民革命军第五军政治部编印的《五军旬刊》上有文章指出："广东土匪的枪械，有时比队伍还犀利、丰富，这些枪械除小数是不法军人及土豪劣绅所私造外，大都是从香港及澳门运来的。"⑦ 刊载于《中国农民》上的一篇文章也称："民国五年以后，广州湾变成土匪大本营，土匪可以全队驻扎在赤坎各处。土匪劫杀凶品——枪弹特别是驳壳枪弹——可以从香港购回及广州湾法帝国主义者之成千成万供给……土匪人数众多，枪弹充足，所向无敌。"⑧

清末民初广东社会动乱不安，地方民众往往购枪自卫，民团多从港澳购买武器。由于管理不善、控制不严，不少民间自卫武器通过各种渠道流入盗匪之手。盗匪甚至向乡人打单勒索枪械。例如，1913 年底，东海沙田区吉安一带团局接到同胜堂打单函，声称勒索"洋银一千五百员，洋烟五十两，驳壳码子一万枚"；⑨ 1917 年 5 月，有一谭姓贼匪向佛山附

---

① 《药肆打单》，《岭东日报》光绪二十九年十月二十六日。
② 《剿匪未得胜利》，《广东中华新报》1917 年 3 月 28 日。
③ 《著匪被捕》，《广东中华新报》1917 年 3 月 29 日。
④ 《人事一束》，《广东中华新报》1917 年 8 月 9 日。
⑤ 广东文史资料编辑部编《旧广东匪盗实录》，广州出版社，1997，第 42 页。
⑥ 《旧广东匪盗实录》，第 44 页。
⑦ 景尧：《广东的土匪问题》，《五军旬刊》第 3 期，1927 年 1 月。
⑧ 《广东南路各县农民政治经济概况》，《中国农民》第 4 期，1926 年 4 月，第 7 页。
⑨ 《东海各团接到打单函》，《香港华字日报》1913 年 12 月 13 日。

近古灶乡招姓村子投函打单,"勒缴密底无烟枪百枝"。①

广东盗匪借粤港澳流动较易获得先进洋枪,其武器装备程度很高,基本可以达到一匪一枪的装备率,有的匪帮枪支数量还多于匪徒人头数。② 盗匪手中的枪械以洋式枪支为多,不乏当时先进的枪械,如驳壳、左轮手枪,到民国时期甚至有机关枪、炸弹、水雷、火炮等。清末两广总督张鸣岐说:"粤省地接港澳,军火之取携甚便,又有革党为之接济,凡七响十响、无烟手枪、无烟马枪,匪党无一不备。"③ 盗匪手中的枪械甚至比警察与军队使用的还要精良。民国初年,盗匪已经拥有不少驳壳快枪,广州警察游击队的主要装备还是老式村田枪。④ 充足而又"精利"的枪械,直接助长了广东的盗风。1915年,广州的地方官员称:"广属匪风之猖獗,由于匪械之精利,所怀均驳壳、曲尺,便于携带;而各县游击警察及地方民团,所用均旧式长枪。故兵匪相遇,往往兵败而匪胜,此非缉捕不力之故,实因器械不良所致。"⑤

粤港澳货币的流通也为盗匪的跨区域活动提供了有利条件。清末洋元与中国银元在港澳并不受限制。香港使用纸币后,被称为"西纸"的港币也在珠三角一带流行。⑥ 尤其是在民国初年,受政局更替影响,广东省内纸币发行并不稳定,多数情况下又缺乏足够的保证金,造成本地纸币低折而信用不好,"西纸"则颇受欢迎,成为事实上的通用货币之一。港币通用本身即是粤港澳联系密切的重要体现,亦是三地之间流动的一个重要条件。民初广东盗匪对"西纸"情有独钟。

盗匪打单勒索"港币"或"西纸"的现象相当普遍,兹列举如下。

---

① 《匪函可畏》,《广东中华新报》1917年5月21日。
② 参见何文平《变乱中的地方权势:清末民初广东的盗匪问题与社会秩序》,广西师范大学出版社,2011,第24页。
③ 《两广官报》第12期,1911年,"军政"。
④ 《游击队围捕不可无精利枪械》,《民生日报》1912年11月15日。
⑤ 《民团御盗应发新式枪之急务》,《华国报》1915年5月22日。
⑥ "西纸"在民初珠三角一带通常指"港币",见区季鸾《广州之银业》,1932,第87页。陈公哲编《香港指南》(商务印书馆,1938,第183页)第九编"粤语摘要"中将"西纸"解释为"香港钞票"。当然,也有将其他外国货币统称"西纸"的说法,但并不普遍。亦有说当时将所有澳币或港币一律称为"西纸",使用西纸的多是公用事业机构,纸币在当时市面并不大通行,通行的货币是双毫、单毫和铜仙。见黄德鸿《澳门掌故》,中国文联出版公司,1999,第71页。

1913年秋，南海三山乡邵姓的罗涌、大沙两围，因晚造将次登场，盗匪以"万义堂"名义，投函该族打单，要求交现银500元，并声明"如系东纸，要照时价加水"。①

1915年1月，盗匪掳走东莞县白沙同德小学教员两名，"勒赎港纸六千元"。②

1922年，新会盗匪陈律等以英豪堂名义向当地扇寮打单，打单函中写明："现我本堂兄弟酌议贵号，定取伙食港币银三百大元，金庄洋烟三两，限三天内交足，否则以花蓝唛火柴对待。"③

1923年8月，有署名总领雷震威者，以"灭门之祸"相恐吓，向医生李吉墀打单勒索"五十元西纸二十张"。④

1923年9月，香港利发小轮被新义堂陈弟一伙骑劫，亚细亚火油公司港局张国之侍役黄金祐被掳，其东家接到勒赎函后，乃托由澳门友人某甲与贼往返磋商，用港纸400元将其赎回。⑤

1924年，顺德县人刘鲲海被县署委任为顺德第八区自卫团局长，为贼匪仇视，"突于九月廿一晚纠集匪党百余人拥至，将刘等三人掳去，遗函勒赎港币十万元"。⑥

1925年8月，省河猪捐维兴公司分局被"武勇堂党首刘中"投函"打单"勒索，"求暂借西纸一千元"。⑦ 据12月《广州民国日报》的消息，省城广州一茶楼女伶，因"薄具姿色，技艺颇有可观"而"入息"稍丰，被匪徒接连打单勒索，"一称联义堂首领何福，勒借西纸三百元；一称拍手党，勒借西纸二百元，词多恐吓"。⑧

还有消息称，1927年4月国民党梧州党部改组委员兼组织部长李天和在广州被盗匪掳劫，勒赎港币高达10000元。⑨

---

① 《沙匪打单之猖獗》，《华国报》1913年10月14日。
② 《虎门地方亦有勒赎案》，《华国报》1915年1月5日。
③ 《官贼轮回》，《觉悟周报》1922年10月22日。
④ 《匪徒向医生打单》，《广州民国日报》1923年8月14日。
⑤ 《香港利发小轮被掳人之谈话》，《七十二行商报》1924年4月22日。
⑥ 《勒赎十万》，《七十二行商报》1924年12月24日。
⑦ 《猪捐公司被匪打单》，《广州民国日报》1925年8月5日。
⑧ 《女伶被匪打单》，《广州民国日报》1925年12月22日。
⑨ 《梧州市党部改组委员在省河被掳近闻》，《广州民国日报》1927年6月2日。

盗匪指明需要"西纸",当然有规避本地纸币低折的考虑,或许也是最主要的考量,但是盗匪揣着"西纸"出没港澳,无疑会更加得心应手,拥有"西纸",也使盗匪在港澳购买洋枪更为便捷。在此意义上,广东盗匪通过"西纸"成为粤港澳流动的一部分的同时,也能更充分利用粤港澳的流动性构筑自己的"世界"。

三 亡命港澳

清末民初广东各级政府都以"清乡"之法应对严重匪患,特派专员,设立行营,调遣军队下乡围剿盗匪,但清乡往往是"兵来贼去,兵去贼来",盗匪大多闻风远扬,走避港澳甚至南洋等处。[1] 清末负责顺德一带清乡的参将赵月修、委员盛谟等曾联名向督抚、水师提督报告:"连日搜捕紧急,据线报著要各匪逃匿港澳,已派郑守备、李哨弁国安带线前往会商吴光宗查缉。"[2] 因为条件便利,港澳成了清末民初广东盗匪最主要的"避风港"。

在清末广东地方官员的奏报中,经常可以看到"广东匪盗向以香港澳门为逋逃薮"之类的说法。[3] 1890年3月,广东海防兼善后总局的告示称:"近年粤中盗贼猖獗,皆缘河海洋面处处与港相通,该匪等恃港澳为逃避,以致劫案层见迭出,往往盗逸赃销,莫可追究。"[4] 民国初年,此类说法依然常见。1917年8月,顺德知事禀称:"县属向称多盗,逃往港澳,近以清乡结束,均已纷纷逃回。"此情形造成匪势蔓延,劫案频发。[5]

当时报纸上经常披露一些盗匪被抓获并提解回省审讯的消息,部分

---

[1] 有关清末民初广东的"清乡",可参见邱捷《1912—1913年广东的治安问题和军政府的清乡》(《近代史研究》1992年第3期)、何文平《清末广东的盗匪问题与政府清乡》(《中山大学学报》2008年第1期)等文章。
[2] 《贼之逋逃薮》,《香港华字日报》1911年9月26日。
[3] 《光绪丁未(三十三)年交涉要览》下篇,台北:文海出版社影印本,1976,第2876页;袁荣法编《湘潭袁氏家集》,"补遗",台北:文海出版社影印本,1975,第92页。
[4] 《广东海防兼善后总局告示》,《申报》1890年3月1日。
[5] 《知事剿匪》,《广东中华新报》1917年8月24日。

反映了清末民初广东盗匪逃匿港澳的现象。举例如下。

1907年初，著匪郑亚琦由香港提解回省，郑系清远人，"恒纠党打单掳劫，经地方官悬赏三千金购缉未获"。① 4月，著匪黄华（黄才娘）由港提解回省，黄系归善人，"迭犯重案，逃匿香港"。② 8月，逃窜在港的鹤山著匪冯白虎仔、冯大炮良、冯老秃等，被跟踪到港的巡防队哨弁朱定邦拿获并提解回省审办。③

1908年在香港拿获的盗匪刘佛同，为海丰县著匪，"叠犯抢劫掳人勒赎，经悬红千金购缉"。④

曾制造叠教麦琴轩家劫案的盗匪梁全（又名梁炳），1910年初从香港被提解回省。⑤ 当年拱北海关报告，有巨盗鳌信佳，"久经省城各宪悬赏购缉，于中历五月十一日在澳门成擒并贼伙17名，内有妇人5口"。⑥ 9月，都司邓瑶光等通过线人在香港拿获著匪周琛、陈运洲。周琛为顺德人，曾伙劫黄麻涌吴姓16家，掳去老幼男子11名，枪毙勇丁妇女4名；陈运洲为阳江人，曾在香山县制造劫案，掳去幼童1名，勒赎800元。⑦ 12月，盗匪梁耀振被处斩，梁系当年"新宁东坑两等小学堂被匪行劫掳去学生18名一案之犯，因逃至香港被营弁拿获提解回省，由该学堂工人陈祥、王华当堂指攻定案"。⑧

1911年，恩平盗匪吴亚掌被新会营冯参将在澳门拿获，吴在当地控案累累，县令悬红1000元购缉。1910年冬曾伙劫高明县合水墟，"计赃数万并掳事主数人"。⑨ 8月审讯的著匪黄谦、卢乃也是由香港提回。黄是宣统元年夜劫顺德桂洲升隆杂货店，劫掠火水，焚烧陈姓，造成八尸九命案的参与者。卢则参与行劫香山大黄圃金华烟丝店并掳人1名案。⑩

---

① 《由港提解著匪回省》，《广州总商会报》1907年2月26日。
② 《著匪由港提省》，《广州总商会报》1907年4月11日。
③ 《著匪在港被获》，《广州总商会报》1907年8月19日。
④ 《派员提解海陆丰著匪》，《香港华字日报》1909年3月24日。
⑤ 《提解劫匪》，《香港华字日报》1910年1月26日。
⑥ 莫世祥、虞和平、陈奕平编译《近代拱北海关报告汇编（1887—1946）》，第264页。
⑦ 《由港提回掳匪》，《香港华字日报》1910年9月13日。
⑧ 《过路环掳劫匪犯正法》，《香港华字日报》1910年12月7日。
⑨ 《乡人攻击》，《香港华字日报》1911年7月27日。
⑩ 《会讯提回之犯》，《香港华字日报》1911年8月14日。

1915 年 8 月，著匪梁就在香港被抓获。①

1917 年 8 月，著匪黄义在澳门被捕。②

被抓获并提解回来惩处的盗匪毕竟是少数，大多亡命港澳的盗匪在打击风头过后又会返回内地，继续活动。前文提到的清末香山著名沙匪林瓜四一伙，充分利用邻近港澳的地理条件，与官兵周旋，"急之则窜洋界以藏身，缓之则又潜回乡里，聚散无定，踪迹靡常，故屡经剿捕，莫绝根株"。③1917 年 8 月《七十二行商报》称，顺德著匪梁林、甘聚等，前因举办清乡，逃往海外，"近复由港澳逃回，并挟有军械甚多，前数日纠党在甘村槐荫书屋内，大排筵席庆叙，图谋不轨"。④1926 年 3 月《广东全省除盗安民会宣言》也提到："香港澳门广州湾是帝国主义者经济侵略的大本营，是广东土匪之逋逃薮，广东历次举行清乡，一般土匪必定走去香港澳门广州湾躲一躲，俟清乡工作完竣后，他就跑回原来照样作恶，历次清乡没有好些成绩，就是这个原故。"⑤

粤港澳相通无阻，盗匪利用地理上的便利能够快速轻易逃脱追捕。就是在某些特殊情况下，广东盗匪也可凭借自身的"经验"找到合适的秘密"逃亡通道"。1910 年广州新军起义失败后，在清兵围城到处搜捕的情形下，大塘绿林首领李福林仍可以将革命党人赵声等秘密送到香港。其自述：

> 亡命客聚首一堂，留他们住宿一宵。次晨，设法送他们出香港回南方支部。因为赵陈二人不能露面，只得选择一条间道，叫林驱带了大塘乡民十余人，再雇一只有蓬小艇，伪装为乡下人一起赴九江投墟。艇头于艇蓬摆得谷萝菜萝满载，赵陈等伏在艇中心不动声息，居然平安穿过风声紧迫之下，从九江转换海轮出关！⑥

---

① 《在港捕得著匪梁就》，《华国报》1915 年 8 月 3 日。
② 《本省新闻》，《广东中华新报》1917 年 8 月 24 日。
③ 中国第一历史档案馆、北京师范大学历史系编选《辛亥革命前十年间民变档案史料》下册，中华书局，1985，第 444 页。
④ 《著匪又被漏网》，《七十二行商报》1917 年 8 月 25 日。
⑤ 《广东全省除盗安民会宣言》，《广州民国日报》1926 年 3 月 27 日。
⑥ 《李福林革命史料》，杜元载主编《革命人物志》第 12 集，台北：中国国民党党史会，1973，第 80~81 页。

港澳特殊的政治环境可以给盗匪提供一些躲避打击的有利条件。1891年《申报》有文章指出：

> 香港为英界，而去粤省最近，又有轮船往来，瞬息可达，且华捕不能擅到其地。倘行劫之后，匿于港中，华官即访知该盗踪迹而欲得其人，殊甚为难。行文照会，既须稽延时日，又易泄漏风声。盗党既敢伏处其间，则必有声气之可通，党羽之可恃。有此伏戎之地，此广东盗匪之所由日见其多也。①

此类事例并不少见，1906年两广总督岑春煊致外务部文中提到在澳门提解盗匪的周折：香山著名劫匪林大（高佬大）藏匿澳门后，被跟踪到澳的前山营都司指引洋官拿获，"经与华民政务司订明，由获犯日起至十九日止，限十五天行文到提，迨十四日奉到发给照会，即于十五日派弁带同证人到澳，而政务司不践前言，竟于限内将犯先释，该弁等因查犯未远逃，复又设法指引洋兵将林大拿回，复交洋官，一面延请律师带齐线人，约定明日携证到堂质证。讵澳臬并不审问，仍将该犯释放"。当都司质问律师缘由时，得到的回答是"澳臬因盐船一案，颇不满意，有意刁难"。林大则"恃有逋薮，附从日众，率其党羽高根仔、阮孖爱、高缸瓦祥、梁义华各著匪，终日游行于澳门街市，无人敢撄其锋"。②

又如，1926年6月《广州民国日报》有消息称：

> 广东堂匪首袁拱及其党羽容沃垣、蔡黑面旗等，平日横行于中新顺一带，无恶不作。迩来因军队实行清乡，尤注重三角洲河面，以故袁、容、蔡等著匪，深恐老巢一破，无以托足，先事逃遁。据澳门通讯，谓该三匪已匿于澳中，且因向来作恶多端，仇家太多，一脱巢穴，托庇外人宇下，实非其自己势力范围，若非早策万全，生命之危险实甚。是以昼夜俱蛰伏不敢妄出，并向某公司投买人寿

---

① 《论香港会捕盗匪事》，《申报》1891年9月6日。
② 张海鹏主编《中葡关系史资料集》上卷，第1127页。

保险，又一面运动入葡萄牙籍，俾葡政府得以实力保护云。①

1927年，东莞著匪刘伦在香港被捕，刘"以重金延请港律师辩护，港政府有允准驱逐出境，送其赴□消息"，引起旅港东莞人士不满，旅港东莞公会请求广东省政府遣返究办。②

由上述几则例子可见，不论是当地官员的"刁难""驱逐"，还是获得外籍，这些超出广东军政当局权限的做法，无疑是打击盗匪的障碍，为盗匪提供了庇护。

四　跨界追捕

按照中英、中葡的相关条约规定，港英、澳葡当局有"交犯"的义务。1843年10月签订的《五口通商附粘善后条款》规定："倘有不法华民，因犯法逃在香港，或潜往英国官船、货船避匿者，一经英官查出，即应交与华官按法处治；倘华官或探闻在先，或查出形迹可疑，而英官尚未查出，则华官当为照会英官，以便访查严拿，若已经罪人供认，或查有证据知其人实系犯罪逃匿者，英官必即交出，断无异言。"③ 1858年中英《天津条约》第21款也强调了英国"交犯"的义务："中国民人因犯法逃在香港或潜往英国船中者，中国官照会英国官，访查严拿，查明实系罪犯交出。"④ 1887年12月签订的《中葡和好通商条约》第45款也明确规定："大清国大西洋国交犯一节，除中国犯罪民人有逃至澳门地方潜匿者，由两广总督照会澳门总督，即由澳门总督仍照向来办法查获交出外，其通商各口岸，有犯罪华民逃匿大西洋国寓所及船上者，一经中国地方官照会领事官，即行查获交出；其大西洋国犯罪之人有逃匿中国地方者，一经大西洋国官员照会中国地方官，亦即查获交出；均不得迟延袒庇。"⑤

---

① 《匪首逃匿澳门》，《广州民国日报》1926年6月3日。
② 《公安局引渡东莞著匪归案》，《广州民国日报》1927年8月2日。
③ 王铁崖：《中外旧约章汇编》第1册，三联书店，1957，第36页。
④ 王铁崖：《中外旧约章汇编》第1册，第99页。
⑤ 王铁崖：《中外旧约章汇编》第1册，第528页。

一般情况下，广东官府派出线人与官兵在港澳侦探获得准确情报后，告知港英或澳葡当局，请求协助缉拿。出于保守消息的考虑，有时内地官兵也会自行抓捕，送交当地有关机构，再由官方沟通，解回广东惩处。如 1905 年罪犯许彪连由营务处逃脱，藏匿澳门，虽悬赏购缉，却久未戈获，侦悉后，"特派四会营守备张继善赴澳，知会洋官，先将该犯扣留，随即上省禀请大吏发给照会，赴澳提解回省，归案惩治"。① 1908 年初，守备周胜昌、千总冯良探悉，博罗著匪姚东海行劫北村王立齐家掳走幼童两名后藏匿在香港勒赎，"当即知会港差将该犯拿获，并起出七岁童子王佳、四岁王明两人"，随后禀报广东当局，"请饬博罗县传事主王立齐赴港指证，照会将犯提解回省"。② 1910 年，东江绿林首领孙稳（曾参加过七女湖起事）由东路巡防第三营千总李声振在香港拿获，虽因革命党人延请律师抗辩，"涉讼数月"，但最终还是被提解回省处死。③

但是在实施过程中，广东官方赴港提犯并不顺畅。1887 年，两广总督张之洞上奏朝廷，请求总理衙门与港英政府交涉，希望以开通河道口为条件换取香港解匪的便利："嗣后交犯务以两广总督臣公文为凭，文到即行交解，无须事主质证，不得借端刁难。"④ 次年 4 月，张之洞就中英交犯条约应否续议事函复总理衙门，详细申诉了往香港提犯之难处：

> 提犯之事，以香港最为棘手。惟是欲议此事，必先知现时办法种种为难之所在，方易与之争辩。向来香港提犯，虽有文书，仍须证佐。港官接到照会，将犯扣留，限七日内须得事主眼证，到堂质讯，据洋官以为该犯确系罪人，方肯解交内地。证人长途跋涉，到港稍迟，立即将犯释放。间有文电谆嘱坚请暂押，亦不过展限三数日，决不久待。及至事主、人证齐集到港，洋官反任意拖延，累月不为讯结。每月六、七日始问一次，又复任听犯之状师将事主、人证隔别盘问，多方驳诘。每一证人讯问数日，供词或有参差，洋官

---

① 《往澳提犯》，《广东日报》光绪三十一年七月二十五日。
② 《在港获犯禀请提解回省》，《香港华字日报》1908 年 3 月 12 日。
③ 《定期会审孙亚稳》，《香港华字日报》1910 年 4 月 15 日。
④ 王彦威纂辑《清季外交史料》，第 1314 页。

即以所供不确，不能交解，又必另寻他案，另文照会，方肯将犯再押七日。催取证人急如星火，委员往还奔驰，提案带证，诸费周章，而犯之状师仍挑剔如故。律师讼费需款孔多，往往糜费数千金，提证三四次，阅时五六月，而其究仍归于释放。不思盗劫大都昏夜，事主惊惶，乡邻闭户，岂有多人在场目击。更有年月稍久，证人他往，一时移提，岂有齐集。即有盗伙、线工在旁作证，而犯之状师皆经该匪饵以巨金，穿凿推敲，盘诘入微。内地小民不谙西法，一被盘问，立见词穷。无论证人难觅，即证真词确，仍不足以取信于洋官。盖其讯案全凭律师，律师执法可以难官，故两证之供略有不符，官即不能定断，其信任状师、无理刁难又如此，是条约交犯之文几同虚设。若不订立妥约，则粤省缉匪一事实难措手。①

在张之洞看来，从香港"提犯"的最大障碍还是犯罪证据提供的问题，严苛的证据要求费钱又费时，且不能及时严惩盗犯。张仍主张简化手续："似宜订明，以后提犯应以两广总督公文为凭，文到即行交解。文内详叙案由，即为确据，无须事主、眼证到堂质讯，以省拖累而免刁难。"②

当时报纸也呼吁粤港澳三地"合力捕盗"。1887年12月6日，《申报》文章甚至有如下建议：

假如盗系港人，英属也，而其杀人夺货之事众目昭彰，无可讳辩，罪大恶极，不得姑容，则即为澳官所获，澳官即于审实后就地正法，不必再商于港员。其为华官所获，则亦然。盗为澳人，西属也，果系为盗有据，而为港官所获，不妨立正典刑，不必再与澳员相商也。为华官所获，则亦然。盗而为华人，果其明明为盗，赃证确凿，无所隐饰，而为澳员港员所获，即不必移交中国官，于审实之后，明正其罪，各行各法，不分畛域，不事拘疑，三国合心，和衷共济，如此则华盗而至港，即可死于港，华盗而至澳门，即可死

---

① 吴剑杰编著《张之洞年谱长编》上卷，上海交通大学出版社，2009，第217页。
② 吴剑杰编著《张之洞年谱长编》上卷，第217页。

于澳，澳港之盗而至华，即可死于华。①

且不论此种建议是否切实可行，但由之可见粤港澳"各有畛域"的管制局面制约打击盗匪已成为社会关注的问题。

1904年，香山匪首林瓜四与清兵对仗受伤后藏匿澳门，清政府派人设计抓捕，富有传奇色彩，也费尽周折，为了解当时提犯之不易提供了一个实例。据李准回忆：

> 乃派香山都司李炎山及李耀汉、何庆、瞿汪、余启福等驻澳，访查林瓜四踪迹，知其养伤过路环之经新昌杂货铺楼上。葡政府如出票拘拿，而路环警察多与匪通，得信即先使之藏他处，而仍不能缉获。乃多以金钱，先买通葡人之当事者，不使其警察知情，给票以与李炎山等，假扮葡兵，乘夜而至路环，先使线人余启福陪林匪烧烟，及林逆睡，乃出而告炎山等，林逆睡楼之窗及门均虚掩而未加链。李耀汉等缘树上楼入屋，林已惊觉，耀汉已执其两手，欲取手枪而不能，我兵已围其屋。天明将拘以上兵舰，而路环之葡兵齐集，不许带走，必解澳门审明再为引渡。葡国又再向我开交涉谈判，彼谓不应带兵在彼境拿人。我则以彼"私侵我国属地"为词，卒至将林逆解澳门监禁。彼此互请律师辩护，交涉至数月之久，于次年二月始引渡焉。②

1908年12月，澳葡当局参照香港的做法，颁布《澳门交犯章程》24条。两广总督张人骏获悉后，咨呈外务部，请"照复葡外部即将新章取消，所有澳门提犯仍照旧章办理"。从张人骏的"签驳"看，最主要的分歧在于"证人不得少于八人"和案件审定后再"由澳督交会议处集议准驳各节"的规定。③ 后经中葡双方交涉，同意将证人减少至1—2

---

① 《合力弭盗论》，《申报》1887年12月6日。
② 李准：《任庵自编年谱》（1927年），稿本，第122—123页。
③ 张海鹏主编《中葡关系史资料集》，第1129—1131页。

名,"提犯"变得相对容易些。①

1909年港英当局也曾提出"提匪简便办法",但对案由、追捕权力仍坚持原有做法:"嗣后督部堂请解匪犯,无论罪案若干起,均可一并声叙,以归简便,惟仍须详述案由及犯事时日,不能只以著匪二字概之。如探悉匪已匿港,营弁急于跟缉,未经照会以前,其赴港之员,须按照前章第四节内事理,向港巡捕官详细报明,倘遇重要匪犯,急于捕拿,并可用电话将详情通知,巡捕官自应设法一体查拘。"②

对犯罪证据的严格要求,给跨境指证带来不便,也增加了广东当局追捕盗匪的成本,有时提回一名盗匪需花费上千两。③ 1910年12月,由于内地"清乡",大量盗匪逃匿港澳地区,缉捕提犯的花费也随之增加,"开销过巨",且"数逾数千而所获多寻常盗犯",广东官员只好对"提犯"做出限制,规定"确系重大要犯,始准提释,其寻常匪犯,只须截缉,不准潜回内地滋扰便了,免糜帑项"。④

1911年初,广东地方政府与港英政府就"提犯"章程做了重新修订,规定粤港两地警界合作的具体方式,共有十项。其中有一条提到:"为节省广东政府提犯用费,可委托香港皇家律师或一律馆具控。"⑤ 为此,1911年6月两广总督特聘英国律师夏士端,"专任随时提犯到庭辩护之事",支付月薪汇丰银币500元。⑥

跨界追捕并非易事,协议规定缉捕逃犯须由当地军警协助,但实际上绝大部分的缉捕活动仍主要依赖内地军警。清朝末年,广东政府派有侦探及官员在港澳地区缉匪,但这些力量都很有限,而且还受其他因素的制约,比如敏感的边界问题。1910年5月,有盗匪从新宁县掳走十多名学生,关禁于澳门附近的路环地方,向事主勒赎。由于澳门边界尚未勘定,

---

① 《光绪丁未(三十三)年交涉要览》下篇,第2876页。
② 《香港提匪简便办法(广东)》,《申报》1909年4月14日;《改订香港提犯章程》,《东方杂志》第8期,1908年,"调查",第34页。
③ 《请给还提解孙亚稳费用》,《香港华字日报》1910年4月15日。
④ 《赴港澳提犯之限制》,《香港华字日报》1910年12月5日。
⑤ 《民立报》1911年5月30日,转引自邓开颂、陆晓敏主编《粤港澳近代关系史》,第192页。
⑥ 《特聘律师专任香港提犯事宜》,《时报》1911年6月10日;《订定驻港提犯状师薪费》,《香港华字日报》1911年6月20日。

广东官员"既不能照会澳督往拿，承认为彼之属地；又未便派兵往缉，致启交涉"，处于左右为难境地。后由事主出面请求澳门方面派人前往缉匪，才将被掳者救出。剿匪过程中，"我兵派往协剿，葡亦不愿"，事后葡兵又留驻当地，引发一场交涉。① 不可否认，粤港澳在"提犯"方面的合作对缉捕盗匪起了一定的作用，但这种处处受限的合作无法杜绝内地盗匪潜逃港澳地区。

进入民国后，广东军政当局与港澳当局之间也时有合作剿捕盗匪的意向。1913年11月，《香港华字日报》有消息称，广东都督龙济光曾与葡领事磋商，"欲由中国各兵舰会同葡国各兵舰合防粤澳邻近之海盗，特先饬水警厅长前往视察一切，以便再与澳督磋商"。② 但因为划界问题敏感，粤澳之间捕匪合作更为小心谨慎。1912年9月15日，《申报》有消息称："（14日）有粤兵一队开往澳门附近之拉巴岛（译音）预备剿捕海盗，香港澳门当道均请准其协力助之，华员声明，谓该岛周围海上一带虽可容外国兵舰巡缉，以阻海盗逃窜，惟外兵咸不得践履中国土地，所捕各海盗，须悉送交广东当道审讯定罪，将来如遇此类事件，外人不得援此为例派兵协助，如能遵照以上办法，则始能承认港澳当道之请。"③ 随着政局动荡，"治匪"已无暇顾及，"合作"之事也无实质性进展。

政局相对稳定后，前往港澳缉匪仍非易事。1927年古兜山匪首陈铎在香港被捕，遣返过程并不顺利，官方发布的告示称：

> 窃查陈铎一名，系新会古兜山及礼乐乡著匪，平日犯案累累，此次在港被捕，该犯竟请状师数人为之辩护，希逃法网。幸局长饬派韦委员仁泉会往提解，当经调港警司交涉数次，始获应允协助，旋据请示港督，经即开会议决核准，将该犯递解澳门。迨员查悉该犯解澳门认为不便，遂再调警司，请求设法改解江门。当承答允于礼拜晚即本月十九晚不动声色，将该犯押赴永安轮船交负接收，其

---

① 袁荣法编《湘潭袁氏家集》，"新政条议"卷首，第160—161页。
② 《中葡联防海贼之商榷》，《香港华字日报》1913年11月14日。
③ 《特约路透电·广州电》，《申报》1912年9月15日。

时目睹岸上围观者已有千百人之多,诚恐或有扰乱,当即商请该船船主即行戒备,禁止往来,以防疏虞。迨解抵北街,即就近托交该处警察第三区署暂行派警帮同看管,讵该区不允协助,迫得一面电请新会县署派出游击队二十名到区会同看管,一面亲往江门请十三师陈副师长派拨卫队十四名驾兵舰一艘协同解押该犯回局。①

一波三折的遣返既受限于粤港澳之间特殊的管制格局,也受制于民初广东政局的复杂性,亦可见民国初期粤港澳之间合作打击盗匪的机制仍不健全。相对于可以自由出入的流动性,粤港澳官方对付盗匪的"合作"仍相当有限。

余 论

港澳地区为近代中国接受外来文化的重要窗口。利用粤港澳的流动,广东盗匪与外面的世界有较多接触,易于接受新的观念,其视野与行为方式等都表现出明显的"开放性"和"经营性"。② 如受澳门环境的影响,出身底层的林瓜四也接受了一些新事物和新思想。③ 其"言语举动,颇为娴雅,且满口新名词,对人刺刺不休,无非自由平等等语,绝无粗鄙之言"。④ 林瓜四的生活方式亦受到西方文化影响,平时他也会穿西装,吸雪茄。⑤ 这些都直接或间接对珠三角地区的社会秩序产生不可忽略的影响。

港澳又是清末革命党人宣传新思想的重要阵地。耳濡目染之下,林瓜四嘴里冒出新名词,并不奇怪。1903 年以"河南南昌合和堂"名义向省城王家园药铺打单的一封信函中,有"打省城,杀清官,维新事"等

---

① 《招告匪首陈铎罪状》,《广州民国日报》1927 年 7 月 19 日。
② 参见何文平《变乱中的地方权势:清末民初广东的盗匪问题与社会秩序》,第 97 页。
③ 关于澳门对周边地区民众思想观念的影响,可参见赵立彬《社会流动与澳门对近代中国思想观念的辐射作用》,《学术研究》2010 年第 4 期。
④ 《林瓜四亦能谭新名词》,《广东日报》光绪三十一年二月二十五日。
⑤ 《林瓜四真提解抵省矣》,《广东日报》光绪三十一年二月十一日。

字样。① 1904年初官兵打死区新时，从其尸身上搜出区新与他人的合影，题有"拿破仑一人千古震地惊天"的语句。② 广东盗匪中还有能流利讲英语的。1913年4月在珠江口发生香港泰安轮船大劫案，劫匪中"竟有善操英语而安慰洋人者"。③ 见过世面的盗匪对新式的东西也有较多接触感受的机会。尽管盗匪无法自觉将自己的命运与社会改造使命衔接起来，但是由于他们有反对清朝政权的行为，即使不可能自觉地成为革命者，这种力量对政权与社会秩序仍是一个潜在的威胁。恰如清末两广总督岑春煊所言："各属不必皆有肇乱之事，而随在皆有可以肇乱之人。"④ 事实上，由于港澳也是革命党人策动革命运动的重要基地，在革命党人的联络、策动之下，广东的盗匪不少接受革命党人的资助，为革命呼应。革命党人通过粤港澳盗匪的流动性，组织成百上千的绿林会党在广东发动多次武装起义。在辛亥年的光复活动中，盗匪是很重要的力量。民初革命党人发起反袁讨龙运动，朱执信等革命党人亦是以港澳为大本营，依靠盗匪会党力量，组织民军进行斗争。研究者在关注港澳地区传播新思想文化影响近代中国社会的同时，似不应忽略粤港澳的流性动在很大程度上为革命力量的组织与具体行动的实施所提供的重要条件，从而对清末民初广东政局变化产生直接影响。

[何文平，中山大学历史学系教授、博士生导师，中山大学图书馆馆长]

---

① 《药肆打单》，《岭东日报》光绪二十九年十月二十六日。
② 《区新身上有照片》，《香港华字日报》1904年1月12日。
③ 《香港泰安轮船大劫案》，《申报》1913年4月14日。
④ 《辛亥革命前十年间民变档案史料》下册，第455页。

黄宽留学英国考论[*]

张 娟

黄宽（1829—1878），字绰卿，广东香山县东岸村（今珠海市唐家湾镇东岸村）人，1840 年 3 月 13 日进入澳门马礼逊学校（Morrison School）读书，[①] 1847 年随布朗牧师（Samuel Robbins Brown）赴美，1850 年转赴苏格兰爱丁堡大学学习，1857 年回国后致力于西医诊疗及教育事业，被誉为西医在中国"传播与发展的开山祖与奠基人"。[②] 黄宽与容闳同为近代中国第一批留学生，他也是第一位留学欧洲并获得西医资格的中国人，是近代中西交流史上一个值得关注的人物。但学界对于黄宽的研究历来不多，尤其是对其留学英国爱丁堡大学学医期间的状况一直不甚了了。[③] 本文利用爱丁堡大学有关黄宽的学籍档案等资料，[④] 在借鉴前人成果的基础上，结合 19 世纪英国医学教育制度，勾勒及分析黄宽留学英国期间在校所受之教育情况，以期尽量还原这位中西医史及中西文化交流史之

---

[*] 本文承蒙台湾清华大学苏精教授、广州中山大学吴义雄教授指正，特此鸣谢。
[①] 关于黄宽之籍贯与入读马礼逊学校的时间，见马礼逊教育会（Morrison Education Society）第五届年会报告，《中国丛报》（The Chinese Repository）第 13 卷，1844 年，第 621 页；另可参见李志刚《容闳与近代中国》，台北：正中书局，1980，第 47 页。报告中称黄宽的住址为"Tungngon"，一般认为这是粤语"东岸"的音译。此外，东岸村黄氏族谱道光年间"卿"字辈下有载："公讳宽，字□□，汝祥公之子。"疑为黄宽，参见蒿如彤辉编辑《黄如在堂族谱》卷 3，民国 9 年（1920）秋月刊行，现藏珠海市档案馆。
[②] 孙石月、樊华：《我国第一位留学欧美的西医大夫——黄宽》，《山西教育学院学报》2009 年第 3 期。
[③] 关于黄宽的研究，可参见苏精《黄宽与黄胜：容闳的两名同学》，《传记文学》（台北）第 46 卷第 2 期，1985 年，第 71—75 页；苏精《黄宽与伦敦传教会》，氏著《上帝的人马——十九世纪在华传教士的作为》，香港：基督教中国宗教文化研究社，2006，第 187—201 页。
[④] 包括黄宽在爱丁堡大学的入学注册记录、选课记录、考试试卷及毕业论文，2007 年由爱丁堡大学张凌博士收集，后爱丁堡大学将复印件赠送给珠海市，现藏珠海市博物馆。

先驱的早年求学生涯。

一 关于黄宽留英始末的多种解说

根据笔者目前所见之资料来看,最早系统叙述黄宽生平的可能是他的外甥女余学玲于 1908 年 11 月 5 日发表在广州《医学卫生报》上的《中国人始留学欧洲习医术者黄公绰卿行述》一文。该文对黄宽留学期间的状况有如下描述:

> 美商人某君经商于十三行,因获巨资。布朗君讽以勿忘所自,宜出资助中土人游学,庶有以报此邦人士。于是某君出资助公学。遂随布朗君至美,时为道光二十年(1840 年),公年方十有八也。留美国者凡四年,卒业于文科大学,而公更有志于医,知交亦多劝更就医学。其时英国苏格兰之壹丁不尔厄(Edinburgh)医科大学,声称冠欧美,公谋就彼求学。然商人某君已前卒,无复有供学费者。后得伦敦公会资助之,乃获遂其志,益复苦学。年二十有六,遂成学,考列名次第五,授医科大学博士头衔。复留英国益精阅历者二年,乃归国,时为咸丰六年(1856 年),年方二十有八也。①

该报在当期扉页同时刊登了由余学玲提供的黄宽肖像一幅,注明为"中国人始留学欧洲习医术者黄绰卿先生肖像(WONG CHUEK HING, M. D. 'The first Chinese who studied foreign medicine in England')",下附有黄宽生平英文简介一篇,相信也是出自余学玲的介绍。按此英文简介的说明,黄宽"1840—1854 年先在美国由文学专业毕业,而后立即转入爱丁堡大学学习医学,1856 年通过医学课程的学习后回到广州,成为中华帝国海军的一名外科医生"。② 由余学玲称黄宽获"医科大学博士头衔"可知,此处之"M. D."一词应是"Medicine Doctor"的缩写。

---

① 余学玲:《中国人始留学欧洲习医术者黄公绰卿行述》,《医学卫生报》第 5 期,1908 年 11 月 5 日,第 29—30 页。
② 译自《医学卫生报》第 5 期,1908 年 11 月 5 日,扉页。

根据余学玲的回忆，黄宽1840年赴美，4年后赴爱丁堡，1854年于医学院毕业，之后在当地实习两年，1856年回国。余学玲虽然为黄宽外甥女，但可能由于非同龄人的关系，她的回忆有明显的错误，其源头就在于将黄宽赴美的时间记为1840年，而这其实是黄宽进入马礼逊学校的时间。余学玲自己也在此文中声称黄宽生于"道光己丑"（1829），"年十二至澳门"，则应为1840年。由于这一疏忽，余学玲此后关于时间的一系列推论都值得商榷。此外，众所周知，容闳、黄宽、黄胜三人在美国期间就读的是大学预科课程，并未进入大学学习，更未获得学位，所以余学玲关于黄宽在美获得文学学士学位的说法也是有误的。

国人了解黄宽生平的另一信息源是他的同学——容闳的回忆。1909年，容宏的回忆录 My Life in China and America 在美国出版，并由恽铁樵、徐凤石译为《西学东渐记》后于1915年在上海商务印书馆出版。由于容闳的关系，此书流传颇广，而其中关于黄宽留学英国的描述也成为后来史学界推测这段历史的主要依据之一：

> 翌年（1850年）之夏，二人同时毕业。黄宽旋即妥备行装，径赴苏格兰入爱丁堡大学。……黄宽后在爱丁堡大学习医，历七年之苦学，卒以第三人毕业，为中国学生界增一荣誉。于一八五七年归国悬壶，营业颇发达。①

根据容闳的回忆，黄宽于1850年夏由美国启程赴爱丁堡，经过7年的学习，以第三名的成绩毕业回国。

1932年，王吉民（K. Chimin Wong）、伍连德（Wu Lien-Teh）撰写的 History of Chinese Medicine（《中国医史》）在天津出版，其中关于黄宽的留学生涯有了另一个版本的描述：

> 他和另外两位学生（容闳与黄胜）一起，跟随老师去了美国并获得了文学学士学位。此后，他在香港的几位热心商人的资助下，

---

① 容闳：《西学东渐记》，恽铁樵、徐凤石译，珠海出版社，2006，第22页。

于 1848—1853 年继续在爱丁堡大学学习医学。他获得了一些奖励，以第五名的成绩光荣毕业后，继续进行病理学和解剖学的学习（post-graduate work），并获得了 M. D. 学位。在校期间，他已经受到了爱丁堡医药传教会（Edinburgh Medical Missionary Society）的影响。毕业后，他为伦敦传教会（London Mission）服务并被派回中国。1857 年回国后，黄宽医生先在香港开设了一家诊所，次年搬至广州，接续伦敦传教会的工作。①

该书中虽然收录了余学玲提供给《医学卫生报》的黄宽肖像，并有一些与余学玲相同的观点（例如，认为黄宽在美国获得文学学士学位，以第五名的成绩从爱丁堡毕业），但从其注释中可知，王吉民与伍连德撰写这段传记时，似乎并未参考余学玲和容闳的回忆，而是主要根据雒魏林②的《在华行医二十年》(The Medical Missionary in China, A Narrative of Twenty Year's Experiences) 以及《教务杂志》(Chinese Recorder) 中的资料，并进行了一些采访——主要以 Dr. C. S. Lin③ 为对象。王、伍二人认为黄宽在美国期间就已经获得了文学学士学位，1848—1853 年于爱丁堡习医，以第五名成绩毕业，并继续学习病理学和解剖学课程，获得"M. D. 学位"，然后于 1857 年回国。

1954 年，王吉民又在《中华医史杂志》第 2 号发表《我国早期留学西洋习医者黄宽传略》一文，并在文后附有"黄宽年谱简表"。相比于之前的《中国医史》，王吉民此次注明参考了余学玲的文章，对黄宽留学生涯的叙述也有所修正。按照此文的观点，黄宽 1850 年在美国期间就获得文学学士学位，1855 年又在爱丁堡获得医学学士学位，以第五名成绩毕业后，于 1856—1857 年在医院实习，1857 年回到香港。但是此文对

---

① 译自 K. Chimin Wong, Wu Lien-Teh, History of Chinese Medicine, National Quarantine Service, 1936, pp. 371 – 372.
② 雒魏林（William Lockhart, 1811 – 1896），英国伦敦会医生传教士，1838 年来华，1863 年返回英国。
③ Dr. C. S. Lin 为何人，尚待考。

黄宽实习后所获之学位，却没有再提及。①

1908年余学玲发表黄宽传记时，时任《医学卫生报》主笔之一的陈垣先生曾为黄宽的肖像题写一篇短文，叙述刊登此肖像及余学玲之文的缘由：

> 先生生平具见余女士所为先生行述。计先生留学西洋习医术，尚在慈溪舒氏②之前。舒氏于同治初习医术于米洲，归国后曾为上海制造局译《内科理法》《临阵伤科捷要》等书，知者犹众。先生归粤，虽尝为博济医学教授，而历年不久，早卒，无著述，知者极少。吾之识先生名，仅在《西药略释》③莆田林氏序中，不以为意也。闻祢翩云、梁慎余④二君言，始知先生为我国洋医前辈。五十年前，凡欧米之人居留广州者，有疾无不归先生治疗。所有兵舰，亦概以先生为医官。先生在，虽有欧米医，莫之任也。以故声名藉甚，起家至巨富，是宜有传。奈何卒后才三十岁，仅得留姓氏于药物学书之首，亦吾人薄于历史观念之过也。余女士为先生之甥，知先生家世甚悉，乃求先生遗像及其言行于女士家。女士能文章，有所言，可以备他日史家之采矣。抑吾闻之，先生之留学欧洲，不独为我邦医人之始，并且先于日本。日本文久二年乃有伊东玄伯、林研海等赴和兰习医术，当我同治元年也。而先生已于咸丰六年卒业归国矣。吾国革新事业类多先于人，而进步则不免在人后，皆后起者之无以继先民哉！戊申十月陈援庵。⑤

---

① 王吉民：《我国早期留学西洋习医者黄宽传略》，《中华医史杂志》1954年第2号，第98—99页。
② 舒高第（1844—1919），字德卿，1859年赴美学习医学，1867年毕业后继续修读神学，1873年回国，曾在江南制造局翻译馆任职34年。
③ 《西药略释》由嘉约翰（John Glasgow Kerr）口述、林湘东笔译，光绪元年（1875）刊行，其序言中提到该书由"黄绰卿先生迭次校勘"。
④ 梁慎余（1875—1947），原名缄，又名培基，字慎余，1879年毕业于博济医院南华医学堂，与祢翩云、陈垣同为光华医社发起人，并创办《医学卫生报》。
⑤ 陈垣：《黄绰卿像题词》，《医学卫生报》第5期，1908年11月5日，后收入《陈垣早年文集》，台北：中研院中国文哲研究所，1992，第203—204页。

正如陈垣先生所言，黄宽一生为西医诊疗及教育事业而劳碌，无专著行世，加之为人低调，壮年早逝，所以后人对其知之甚少，猜测颇多。在他去世后仅30年，余学玲和容闳这两位他生前的亲友就已经对其留学英国一事颇多误记、说法不一，更况后人乎？此后的医学界与史学界了解黄宽留学事迹的主要渠道，即基本上依据前述几处各不相同的考证和回忆，① 或采信其一，或兼采各家，或据其推理，以致众说纷纭：关于黄宽最终所获之学位，有博士②、硕士③、学士④三种说法；关于黄宽就读的专业，则有先文学、后医学，⑤ 以及专修医科两种说法；关于黄宽本科毕业后的去向，则基本都认为是留驻当地医院继续研习病理学和解剖学课程两年，而后归国行医。

直至2007年3月，爱丁堡大学在北京为中国留学生举行毕业典礼，其间向黄宽故乡珠海市赠送了黄宽的考试成绩单、选课记录、毕业论文等一批珍贵档案，我们才能够在借鉴前人研究成果的基础上，利用第一手资料窥见黄宽早年的留英生涯，初步揭示这一历史谜团。

二 黄宽留英期间的学制与学位

根据容闳的回忆，黄宽于1850年夏由孟松中学毕业后启程赴爱丁堡。而当时从孟松学校所在的美国东海岸马萨诸塞州，穿越大西洋到达苏格兰的爱丁堡大学，并不是一件需要耗费太久时间的事情，因而在爱丁堡大学1850年的新生入学注册记录中，⑥ 第113位——来自"China"

---

① 另有苏精先生根据伦敦传教会档案揭示黄宽归国时间，石霓女士利用爱丁堡大学1850—1851年入学注册记录揭示黄宽入校时间及就读之专业。俱见下文。
② 可参见王远明主编《风起伶仃洋——香山人物谱》，广东人民出版社，2006，第238—239页；梁碧莹《简论黄宽、黄胜对西学的传播》，《广东社会科学》1997年第4期。
③ 可参见容闳《容闳自传：我在中国和美国的生活》，石霓译注，百家出版社，2003，第37页；艾华《近代中国第一位西医硕士黄宽》，《广州研究》1987年第9期。
④ 可参见苏精《黄宽与黄胜：容闳的两名同学》，《传记文学》（台北）第46卷第2期，1985年，第71—75页。苏精先生认为黄宽大学毕业获得学士学位，后又获取医生资格。
⑤ 可参见何志毅主编《唐家湾镇志》，岭南美术出版社，2006，第315页。
⑥ 现藏爱丁堡大学图书馆，参见石霓《黄宽小传》，《珠海文史》第15辑，2005，第172页。

的"Wong Fun"（黄宽）赫然在列，时间是在 11 月 4 日，可见容闳此处之回忆当属实。另据伦敦传教会的档案，黄宽早在 1856 年 8 月就已接受该会的派遣启程回国，到达中国的第一站香港是在 1857 年 1 月，[①] 并非余学玲和陈垣所言的咸丰六年（1856）。所以，黄宽在爱丁堡大学的时间前后不到 6 年，即从 1850 年 11 月至 1856 年 8 月，而非容闳所说的"历七年之苦学"。

到达爱丁堡大学后，黄宽被安排住在爱丁堡医药传教会主要负责人之一约翰·赫顿·巴尔弗（John Hutton Balfour）教授位于圣约翰山（St. John's Hill）的家中，与他的父亲安德鲁·巴尔弗（Andrew Balfour）同住。从此时起，黄宽在爱丁堡大学的求学时光就与爱丁堡医药传教会密切相关。他不仅住在教会安排的住所中，而且在香港资助人的资助到期之后，接受了爱丁堡医药传教会提供的三年总计 97 英镑 2 先令 6 便士的经济资助。[②]

1850 年 11 月黄宽入学登记时，入读院系（Faculty）为"Lit"（Literature）。而在 1851 年的新生入学注册记录中，却再次出现了黄宽的名字，所不同的是，这次他被写作"Wong Fún"，居第 23 位，而入读院系变成了"Md"（Medicine），注册日期是 1851 年 10 月 30 日。这说明黄宽的确曾学习文学，不过并非如余学玲、王吉民所言是在美国期间，而是在进入爱丁堡大学的第一年学习文学，然后于第二年转入医学院。

但笔者认为，黄宽首年入读文学院并不是要攻读文学学士学位，而主要是为了补习拉丁语。根据容闳的回忆，黄宽是接受了香港资助人[③]的建议，"至英国苏格兰省爱丁堡大学习专门科"。[④] 容闳虽然没有言明这个"专门科"究竟是什么，但从黄宽日后的经历来看，这个"专门

[①] 苏精：《黄宽与伦敦传教会》，氏著《上帝的人马——十九世纪在华传教士的作为》，第 193—194 页。

[②] Patricia A. Baxter, "Dr. Wong Fun (1828 - 1878) M. D. 1855," *Magazine of Edinburgh University*, 1993, p. 42.

[③] 在这些资助人当中，包括时任香港《中国日报》（*China Mail*）主笔的苏格兰人肖德鲁特（A. Shortrede），以及另一位苏格兰人康白尔（Campbel），这或许是促成黄宽选择苏格兰爱丁堡大学的原因之一。

[④] 容闳：《西学东渐记》，第 21 页。

科"无疑就是西医学,况且资助黄宽去爱丁堡学习的正是香港的医药传教会(Medical Missionary Society)。① 黄宽既然对这个安排欣然接受,启程赴学,应当不会如此之快地改变主意。而他之所以在入学后的第一年修读文学,是因为在19世纪的英国医学教育中,药物学等诸多课程都是以拉丁文为基础(例如,在英国1815年7月31日颁布的药剂师考试规定中,就明确要求应试者具有相当的拉丁语水平,考试科目中还包括拉丁文处方和药典选段的翻译②),而黄宽虽然在孟松学校时曾与容闳一道"治拉丁文十五月",但这种水平连应付大学入学考试都"实为未足",③又怎能适应西医学这一"专门科"学习之需要?所以,黄宽进入文学院补习拉丁文,想必是从其自身的情况及教学的需要出发而做的灵活调整。经过一年的拉丁文学习,黄宽在1851年10月30日转入医学院,并于11月3日参加了医学院的拉丁文入学考试,成绩尚算优良,写作练习(written exercise)和口语(oral)均得"AB"。④

经过在医学院4年的学习,黄宽顺利毕业。爱丁堡当地报纸 Witness 在1855年8月4日的报道中称:"星期三(1855年8月1日)是爱丁堡大学举行毕业典礼的日子,化学教室里挤满了人,……54位绅士被授予医学博士身份(the degree of M. D.),他们来自不同的国家,其中4位来自埃及,一位来自中国。"报道中还提到了这位中国人的名字——黄宽,以及他所撰写的毕业论文——《关于胃功能紊乱的研究》(On Functional Disorders of the Stomach)。⑤ 而在黄宽手书的这篇毕业论文封面上,也确实落有1855年的日期。⑥ 而另据《苏格兰人报》(Scotsman)的报道,黄宽于1855年7月3日通过了爱丁堡皇家外科医师学会(Royal College of

---

① 苏精:《黄宽与黄胜:容闳的两名同学》,《传记文学》(台北)第46卷第2期,1985年,第71—75页。
② James Graham, "A Statement by the Society of Apothecaries," London: Gilbert & Rivington, 1844, p. 10.
③ 容闳:《西学东渐记》,第25页。
④ 珠海市博物馆藏黄宽拉丁语考试(Latin Examination)成绩档案,资03183号。
⑤ Patricia A. Baxter, "Dr. Wong Fun (1828 – 1878) M. D. 1855," Magazine of Edinburgh University, 1993, p. 42.
⑥ 珠海市博物馆藏黄宽毕业论文复印件,资03184号。

Surgeons of Edinburgh）的考试，并获得文凭。[1]

问题就在于黄宽1855年本科毕业后至归国前，是否通过在医院的实习与课程的进修而获得更高的学位。回答这一问题，首先要从了解英国医学学位授予制度的变迁入手。英国的医学学位授予始于14世纪的牛津大学，学生经过4—8年的学习即可获得学士学位。[2] 为加强学生的实践能力，临床学科的本科毕业生"仍须在指定医院做住院医生，服务12个月，[3] 经原校考核，发给'实习证书'（Certificate of Experience），再经过注册资格考试合格，方可取得执照行医"。[4] 而"医学博士（M. D.）之授予系根据研究工作与论文水平"确定。[5] 但早期英国大学中的硕士和博士学位只是表示获得者具有在大学内担任教师的资格，并非比学士更高级别的正式学位。[6] 直到"1858年，英国成立了医学总会，……才开始现代医学教育，并开始培养全科医师"。[7] 英国真正的现代高等教育博士学位体系的建立，是19世纪中叶产业革命的结果，直到1917年牛津大学才率先建立了博士学位（Doctor of Philosophy）体系。[8] 所以，1856年离开爱丁堡的黄宽所获得的"M. D."只是一种资格证明，而并非现代意义上的博士学位。

试想，黄宽在爱丁堡大学留学前后不足6年，怎能如此之快地完成从学士到博士阶段的学习？后人可能也有这样的怀疑，所以才将黄宽毕业后的进修与博士学位的获得联系起来。其实，从王吉民和伍连德的撰述中可以发现黄宽毕业后并未攻读更高学位的蛛丝马迹：《中国医史》

---

[1] Patricia A. Baxter, "Dr. Wong Fun (1828 – 1878) M. D. 1855," *Magazine of Edinburgh University*, 1993, p. 43.
[2] Vern L. Bullough, "Medicine Study at Mediaeval Oxford," *Speculum*, Vol. 36, No. 4, Oct., 1961, pp. 605 – 606.
[3] 这刚好与黄宽1855年8月毕业、1856年8月启程回国的时间相吻合。
[4] 金锋：《医学学位的比较研究》，《医学教育》1986年第12期。
[5] 金锋：《医学学位的比较研究》，《医学教育》1986年第12期。
[6] 黄静：《中英研究生教育初析——兼论我国研究生教育的改革》，《学位与研究生教育》1995年第3期。
[7] John Allis：《英国医学教育的回顾》，杨建中译，《国外医学情报》第1卷第20期，1980年10月15日，第365—366页。
[8] 黄静：《中英研究生教育初析——兼论我国研究生教育的改革》，《学位与研究生教育》1995年第3期。

在形容黄宽毕业后的进修时使用的是"post-graduate work"而非"postgraduate work",后者专指研究生学习,而前者则仅指毕业后的继续学习。此外,余学玲的论述中明确提到黄宽获"医科大学博士头衔"在前,而后"复留英国益精阅历者二年";按照上引 Witness 的报道,黄宽获得"Medicine Doctor"的时间也是在毕业当年(1855),而非《中国医史》等所称的进修两年之后。如果是这样,则说明黄宽毕业后的学习与"Medicine Doctor"的获得并无关系。由于后人对"Medicine Doctor"的理解有误,因此以为黄宽毕业后的学习与此有关,从而将其获此称谓的时间推后。

由于历史环境不同,名词的语义也往往不同。正如"博士"一词在中国古代最早作为一种官职名使用,近代以来则成为高等教育体系之最高学位的名称;在英国亦是如此,"Medicine Doctor"或"M. D."在现代指的是医学博士,但在黄宽所处的时代,它仅是从事医学教育的资格证明。也许正因为认识到了这种历史含义的差异,王吉民在1954年的中文版黄宽传略中为避免误解而对黄宽获"M. D."学位这一重要细节避而不谈。

由上可知,黄宽在爱丁堡大学就读的实际上是一个"1+4+1"的学制——1850年11月入读文学系,次年10月转入医学院,并于4年后(1855年8月)毕业获医学学士学位,在其后的一年中以住院医生的身份在当地医院服务,并继续相关学习,1856年夏接受伦敦传教会的派遣启程回国。可能由于黄宽的成绩较为优秀,他在毕业时被授予"Medicine Doctor"称号,这虽然并不是现在所理解的博士学位,只是他可以在大学从事医学教育的资格证明,但这也为黄宽日后在博济医院开展西医教学工作并成为第一位华人西医教师奠定了基础。

三 黄宽留英期间的课程与成绩

对于黄宽留学爱丁堡期间所学之课程,以往的论述通常只说其在医院实习期间继续学习病理学和解剖学,对其大学5年内具体所学之课程并无详述。笔者根据爱丁堡大学保存的黄宽选课记录及考试成绩档案,① 将其在医学院所学之课程情况整理成表1。

表1 黄宽在爱丁堡大学医学院所学课程情况

课程名称	成绩	学习时间
解剖学（Anatomy）	B	1851—1853
化学（Chemistry）	AB. r. B	1851—1852
植物学（Botany）	AB +	1851—1852
医用解剖学（Practical Anatomy）	AB	1851—1854
医学理论（Theory of Medicine）		1852—1853
博物学（Natural History）	AB +	1852—1853
内科实践（Practice of Medicine）	AB	1852—1853
外科手术（Surgery）	B	1852—1853
医用化学（Practical Chemistry）		1852—1853
医院临床实习（Clinical Medicine, with Hospital attendance）		1852—1854
药理学（Materia Medica）	AB. r. B	1853—1854
医术实践（Practice of Physic）	AB	1853—1854
实用药剂学（Practical Pharmacy）		1853—1854
临床外科学（Clinical Surgery）		1853—1854
法医学（Medical Jurisprudence）	AB	1854
药房管理（Dispensary）		1854
助产术（Midwifery）	AB	1854—1855
病理学（Pathology）	AB	1854—1856

　　黄宽所学之课程可以大致分为三类：一类是与医学有关的基础科学课程，包括化学、植物学、解剖学和博物学；第二类是基础医学类课程，包括医学理论、药理学、实用药剂学、医用解剖学、医用化学等；第三类则是应用性较强的临床医学类课程，包括内科实践、外科手术、医院临床实习、医术实践、临床外科学、法医学、药房管理、助产术等。前两年以基础科学和基础医学为主，从第二年开始临床医学的教学比重逐渐加大，在整个本科阶段的学习中，临床医学部分无疑占了较大的分量，

---

① 现藏珠海市博物馆，资03182、03183号。

而这也符合爱丁堡大学医学院的一贯风格——它是一所以临床讲座为主要教学手段的医学院。①

在目前所见之黄宽所学课程中，只有病理学课程的学习延迟至1856年，而其余课程均已在1855年或之前结业，解剖学及医用解剖学课程也已经分别于1853年和1854年修完。至少从目前所掌握的资料来看，黄宽在本科毕业后并没有继续学习解剖学的课程。笔者认为，由于病理学以病人或病人的组织、器官、体液等为研究对象，因而尸体解剖是病理学研究常用的手段之一，②所以黄宽很可能在研究病理学期间经常进行解剖工作，从而造成了他在医院实习期间继续学习病理学和解剖学课程的误解。同时，由于病理学既是一门基础医学学科，又是"学习临床医学的必要基础"，是"沟通基础医学与临床医学的桥梁学科"，③所以这也再次证明，黄宽本科毕业后在医院所进行的学习是为进入临床行医阶段做准备，而非为攻读更高级别的学位。

在黄宽的课程表中，解剖、手术等外科所需之学问占了较大的比重，而不见流行病学、呼吸病学等内科学所学之理论课程，可以认为黄宽在爱丁堡大学攻读的是一个偏重于外科的临床医学课程体系，这可能也是黄宽日后行医生涯中以外科见长、被誉为"好望角以东最负盛名之良外科"的根源所在。④而他所学的"助产术"课程，可能也是使其成功施行中国第一例胚胎截开术的必要基础。

从目前所掌握的资料来看，黄宽在参加的全部科目考试中均得到了良好（B）以上的成绩。时任爱丁堡大学教授的辛普森（Professor James Young Simpson）在1855年的毕业生典礼上说道：

> 在你们中间，黄宽是一个最值得称赞的谦虚好学的学生。在学业中，他所获得的众多奖励与荣誉，让我们可以怀有这样的期许，这位第一个毕业于欧洲大学的中国人，一定会成为他的同胞中西方

---

① 朱潮主编《中外医学教育史》，上海医科大学出版社，1988，第326页。
② 黄启福：《病理学》，科学出版社，2004，第2页。
③ 黄启福：《病理学》，第2页。
④ 容闳：《西学东渐记》，第22页。

医学的最好代表。我坚信，在座的各位，包括教授和毕业生，对他今后的事业与幸福怀着格外的兴趣。我相信，他不仅会成为一名医师，更会成为一名基督的医药传教士。①

值得注意的是，称赞黄宽的这位辛普森教授正是爱丁堡大学医学院历史上最有名的医学家，他首先发现了氯仿可用于手术麻醉，是现代麻醉术的发明者，也是一位出色的产科专家。辛普森教授也是黄宽在爱丁堡大学学医期间师从的几位教授之一。② 从这段发言来看，辛普森教授与黄宽的关系非同一般，其或许对黄宽的医术进步有所帮助。

根据比黄宽低四届并曾同校一年的伦敦传教会医生、传教士韩雅各（James Henderson）的记载，黄宽曾在数百名同学参与的竞赛中独得三项桂冠中的两项，③ 这也许是辛普森教授所言的"众多奖励与荣誉"中的一个。因而我们有理由相信，容闳笔下的黄宽以第三名毕业或余学玲所言其以第五名毕业的观点，都是具有相当可信度的，只是需要史料的进一步详细证实。

余 论

黄宽在爱丁堡的近6年时光，正值其青年时期，是他的医术、眼界、学识以及人生观、价值观成形的重要时期，这对于研究这位西学东渐的先驱具有重要价值。由于资料的缺乏，我们目前还无法对黄宽在爱丁堡期间的某些情况有确切的了解，例如他的交际圈，他首年学习文学的情况，他在医院实习期间的具体工作，他参加医生资格考试的情况等。但根据现有的材料，我们可以大致勾勒出黄宽在爱丁堡期间学习的经过。1850年11月初入学，就读于文学系，补修拉丁文课程。1851年10月31

---

① Patricia A. Baxter, "Dr. Wong Fun (1828 – 1878) M. D. 1855," *Magazine of Edinburgh University*, 1993, p. 40.

② Patricia A. Baxter, "Dr. Wong Fun (1828 – 1878) M. D. 1855," *Magazine of Edinburgh University*, 1993, p. 40.

③ 苏精：《黄宽与伦敦传教会》，氏著《上帝的人马——十九世纪在华传教士的作为》，第188页。

日转入医学院，攻读以外科为主的临床医学课程。1855 年 8 月以优异成绩毕业，获医学学士学位，并被授予"Medicine Doctor"资格，之后进入当地医院"New Surgical Hospital"担任詹姆斯·米勒（James Miller）教授的助手，[1] 并继续研习病理学课程。1856 年夏取得行医执照，同年 8 月接受伦敦传教会派遣启程回国，临行前接受了爱丁堡医药传教会赠送的礼物——一台先进的眼科仪器和一本拜斯特版的希伯来文与英文对照的圣经（Bagster's Polyglot Bible）。[2] 1857 年 1 月到达香港。

尤其值得注意的是，长期以来，由于人们对黄宽的前半生缺乏了解，因而只关注到他与伦敦传教会的关系，对其与爱丁堡医药传教会的渊源却较少探究。黄宽留学英国自始至终与爱丁堡医药传教会密切相关。首先，黄宽能够选择爱丁堡大学进修医科，主要是受了身在香港的苏格兰爱丁堡人肖德鲁特等的影响，并接受其资助前往英国。其次，黄宽在爱丁堡期间得到了爱丁堡医药传教会的关照，包括提供住宿和经济资助等。再次，黄宽受教于爱丁堡期间，医学院的几位主要教授都是爱丁堡医药传教会的成员，黄宽医术的进步，他们功不可没。最后，黄宽能够接受伦敦传教会的派遣回国行医布道，也是爱丁堡医药传教会从中推荐的结果。[3] 可以说，黄宽是爱丁堡医药传教会一手培养出来的西医人才。

虽然黄宽并未获得现代意义上的博士学位，但他是第一位留学欧洲学习医学，并且获得西医资格的中国人。他回国后一直从事医生职业，致力于以西医来服务中国人民，对西医在华传播产生了重要影响。正如嘉约翰对他的评价："黄宽称得上是中、英文化交流的一个象征，也是中、英人民之间友谊的典范。"[4]

[张娟，中共珠海市委党校副教授]

---

[1] Patricia A. Baxter, "Dr. Wong Fun (1828–1878) M. D. 1855," *Magazine of Edinburgh University*, 1993, p. 42.

[2] Patricia A. Baxter, "Dr. Wong Fun (1828–1878) M. D. 1855," *Magazine of Edinburgh University*, 1993, p. 43.

[3] 苏精：《黄宽与伦敦传教会》，氏著《上帝的人马——十九世纪在华传教士的作为》，第 191 页。

[4] 转引自刘圣宜《容闳及其师友对中国近代化事业的贡献》，吴文莱主编《容闳与中国近代化》，珠海出版社，1999，第 353 页。

车路"公有"与民国"主人"

——孙中山与香山地方建设

张文苑

孙中山在入世之初,讲到国家发展前途时,即重视交通问题。不过当时汽车初产,中国罕有其物,故孙之所言,多为轮船铁路。中华民国成立后,孙中山指出三大主义中的民族、民权俱已达到,"今后吾人所当致力的"在于民生主义,民生主义以"养民"为目的,因此应"采用国家社会主义政策"来防止出现欧美国家资本家垄断产生的流弊。然而建设未及开始,孙中山即被讨袁、护法等一系列政治行动占去大部分精力。其一度在1916年重新开讲民生主义,真正深入思考、最终成文却是在1918年下半年第一次护法运动失败后,潜心著述,于1919年上半年著成《孙文学说》与《国际共同发展实业计划》(亦称《实业计划》)。两部著作都是在1919年公开出版后才为人所知,写作过程则史料阙如。

环龙路档案中陈赓如的三封来信,可以将此前已收入全集的三封函件、批示串联起来,其中涉及香山交通与治安两事,正好可以体现孙中山此段时间的思考和设计的一些方面。① 本文拟就相关信函予以考辨,

---

① 相关信函为:(1)《批陈春生函》,最早收录当为1955年出版的罗家伦主编的《国父批牍墨迹》,编者考订"陈函原件已失,仅存信封,年月不明,似应在1919年至1920年间",1965年出版的《国父墨迹》亦谓"当是民国八、九年间",并对陈春生生平有所注解。《国父全集》(台北:中央文物供应社,1973)第4册收此件,并据《国父批牍墨迹》将时间定为1919年。其后为各家文集所沿用。(2)《致孙科告以近况及所需款项已托廖仲恺代筹函》(秦孝仪主编《国父全集》第5册,台北:近代中国出版社,1989),时间在1918年7月中下旬。(3)《陈赓如致总理函》(1918年8月),环龙路档案第03090.1号。(4)《陈赓如上总理函》(1918年9月23日),环龙路档案第03090.2号。(5)《复陈赓如函》(《国父全集》第3册,台北:中央文物供应社,1973),1918年(当在9月),最早当见于胡汉民编《总理全集》(上海民智书局,1930),名为《民国七年复港商陈赓如函》。(6)《陈赓如上总理函》(1918年11月12日),环龙路档案第01608号。

梳理孙中山与香山地方建设之一段史事，并略窥第一次护法运动失败后的孙中山，其思想及行动的一个方面。

一　香山筑路

1901年，上海出现了中国第一批汽车。至1910年代，大城市已有私家车、城市公交或出租车行，而城市间的汽车运输业则未见。香山岐关车路，由香山县邑石岐至前山（澳门关口）的公路，可以说是较早倡议建筑公路以交通城市者。《批陈春生函》即为关于此事，也是少见的文字较多的批示，足以反映孙中山对其的重视。然而长期以来因为史事不明，前后关系无法联通。

原函仅存信封，邮戳日期模糊不清，批示直接题写在该信封上，谓同意赞助修筑前岐车路，"筑路为文历所提倡，今得公发起之，喜极慰极。望加入文名为赞成发起人之一可也"，"入股千元"。①《国父批牍墨迹》编者考订时间为"民国八、九年间"，之后被各版全集引用。其实时间及人名皆有误。

该信封上仅署"港　陈　缄"，不知《国父批牍墨迹》《国父墨迹》编者据何而直接定为香港报人陈春生来函。事实上，应是陈赓如来函。陈赓如即陈赓虞，与陈席儒同为香山籍（前山镇梅溪村）华侨大商人陈芳之子，是粤汉铁路大股东，陈少白等革命党人在清末保路风潮中助其良多。自陈芳起，陈氏家族一直非常关心桑梓建设，筑路即是重要之一方面。陈芳1890年自夏威夷归国，在港澳投资实业，后集资4000洋银修筑白石（今中山市三乡镇）（一说是石岐镇）至前山镇的石子路，1894年10月建成。此路虽然未能通行汽车，但为后来的岐关车路打下了基础。②故1918年陈赓如发起修筑可以通自动车的前岐车路，渊源有自，可说是子承父业。另外，1918年7月29日北洋政府交通部公布了《长

---

① 《国父墨迹》，第391—392页。
② 广东省地方史志编纂委员会编《广东省志·粤港澳关系志》，广东人民出版社，2004，第154页；梅士敏：《岐关车路六十年》，政协广东省中山市委员会文史学习委员会编《中山文史》第43辑，1998，第151页。

途汽车公司条例》及《长途汽车公司营业规则》，可以推想陈氏发起筑路，亦与当时国内长途客运开始日益发展有关。

1918年11月12日陈赓如致孙中山函中明确提到："弟日前为谋地方交通起见，发起前山至石岐自由车路，照章认为赞成发起人者，每份银一百元。蒙先生认占十份，为最多之数。"且两份信封形式非常相似（见文后"附录"），投寄手段亦同为"担保信寄上海"，"访交孙中山先生"（前者为寄到"□星人寿公司访交"，应是唐绍仪创办的金星人寿保险公司），后者亦署名"陈緘"。故《国父墨迹》所收《批陈春生函》，实为《批陈赓如函》。

至于时间，应是1918年6月底至7月上旬。该信寄上海，可见寄信人已知孙中山在上海，但住址不详。6月下旬，上海报纸开始报道孙中山即将来沪；6月26日孙由日返抵上海，27日报端即报道其抵沪消息。7月中下旬孙中山致孙科函中提及托廖仲恺代筹1万元，除了6000元是孙科所需外，"其余用以为乡下今年所欠及明年学堂之费，及修路之费，再其余留作你之家费可也"。① 据陈赓如11月12日来函讨论退还股本问题，可见其时陈氏已收到此款。据此可以判定，致孙科函中提及"修路之费"，即为认占的十股（千元）。

廖仲恺于7月底携款返粤，应即由孙科交付了路款。然此时广东客军横行，土匪四起，香山尤有护沙各势力之间的冲突。11月12日，陈赓如来函，谓事不谐，"年来地方变政，惹起盗贼横行，交通之路成为畏途，以致工程师等人员不敢前往勘路，良可慨也"，因此有股东心怀退志，要求将股银派还"以清手续"。因孙中山认助股数最多，"想先生热心赞助于前，必不愿听有派回股款之事"，故来请示进退之宜。

两封来函均获批示。孙中山欣然认助千元，并对交通事业发展有所指示，分析铁路、公路利弊，谓："近年交通进步，长远之路而专运重货如煤、铁等物，则铁路为利；若短路为人民往来者，则自动车路较铁路尤为有利而快捷。盖自动车随时可以开行，而火车则非人多货足，不能开车一度，是以每日不过开车一两度；若多开，客货不足则贴本。而自

---

① 秦孝仪主编《国父全集》第5册，第79页。

动车则无此弊,故前岐之路及他日前邑之支路,当定实只筑自动车路,不可立心再要铁路也。文见近年欧美等国,已有废去短线之铁路,而改为平路以行自动车,可知长铁路则有,短铁路则无利也。"① 孙中山关于经济建设的各种文字中涉及公路的较少,此段可以说是其对公路在国民经济中的地位较为深入的阐述(同样的意思曾在1916年表达过)。第二封同样在信封上批示,谓:"若以对于股本处置一事,或派回不派回,弟无成见,总随多数就是。至于路事,最好归全县公有。望兄提倡筹备,待时局平靖,立即进行。弟之股本或作筹备,或作捐款,皆兄处置可也。"②

孙中山自1917年起开始撰写《实业计划》,中间因护法运动而停顿,此时返沪,除了着力于整理党务、建设粤军两个重要方面外,也着手继续其实业计划的撰写。孙中山早就对国内外经济密切关注,1894年《上李鸿章书》中即提出"人能尽其才,地能尽其利,物能尽其用,货能畅其流"经济发展的四个重要方面,而建立近代交通运输业、保护和促进商业贸易的发展是其中的重要部分。长期以来,孙中山重视铁路建设,将其视为经济发展的不二法门,因此有十年筑铁路十万英里之计划。

至1910年代,他已经看到了公路在国民经济发展中的重要地位,并屡有论述。1916年8月杭州之行对他触动很大,他盛赞杭州交通之发达,亦提出建设之事,"以交通便利为第一要着。欲交通便利,必先修治道路",尤以通行迅速为要。在这里,他看到了汽车比之火车的好处:"然以自动车与火车较,则自动车之速力,优于火车远甚。余昔游伦敦,仅一处有自动车,观者颇以为奇。今则到处皆有,且可以自动车之多寡卜其文明之程度。吾国若能赶造铁路,并整理道路,则相离较近之地,可使用自动车以代火车,往来尤为迅速。"③

1918—1919年孙中山所著《实业计划》中有大量篇幅涉及港口、铁路和航运,对于公路建设则是作为个人出行的工具提出。篇首提出修建"碎石路一百万英里",在第五计划第四部"行动工业"提出应提供便捷、快速的个人出行条件,文明才能进步,就必须用自动车,欲用自动

---

① 《国父墨迹》,第391—392页。
② 《陈赓如上总理函》,环龙路档案第01608号。
③ 《在杭州督军署宴会上的演说》,《孙中山全集》第3卷,中华书局,1984,第341页。

车，必先建造大路。

可见，孙中山对公路建设的思考有三个方面：（1）公路的作用主要是客运；（2）由地方筹资修筑，"以造路为允许地方自治条件，则一百万英里之大路将于至短时期内制成"；（3）公路的运营方式，或者可以说是所有制，"至于路事，最好归全县公有"。

地方自治自清末以来就为人们所推许，各方人士都试图以地方自治为治国除弊的良方。孙中山1916年7月在上海演讲，就着重谈了以县自治为基础的直接民权，"当以县为单位，地方财政完全由地方处理之"，"平治道路"为地方自治事业之一，道路等地方公益"不以利益收入为目的者"，由县长下设之公益局掌管。[1] 1918年孙中山在与李宗黄的谈话中指出，"政治的基础，在于地方自治"，且地方自治要合乎"吾党民权主义全民政治的要求"。[2] 至于地方自治何以鼓动全国范围内筑路迅速进行，在此并没有更具体的论述。就陈赓如发起筑路一事，民间集股筑路而最后归"全县公有"，两者之矛盾如何解决、过程如何操作，亦未提出进一步的建议。

1916年孙中山在浙江省议会的演说中提到，"人民既贫，则地方自治事业即难举办，宜先开放土地，使地价日增"，认为若照浙江的计划，环西湖修筑马路，"则地价必自数十元增至数百元或数千元"，并提出相较于目前英国土地缴价抽税的办法，中国一时尚难办到，"宜先从报价抽税办起"。然而，正如西人的批评，"即在文化较优于中国诸国，亦无以私蓄供公家者。中国欲实行此（公产）主义，恐非待之将来不可"，"孙先生只知中国之虚荣，而昧于其实在情形，故往往进行过速。试问华人知自治二字之解释者百分中占有几分"，认为孙中山一味想"将其祖国达于同等地位（欧美发达的地方自治之完美），而无视制度是否适合本国。[3] 外人充满优越感的评论，自然难以理解孙中山、黄兴他们对于中国实行自治且将超过欧美的信心及紧迫感。

---

[1] 《孙中山全集》第3卷，第323、330、328页。
[2] 《李宗黄回忆录——八十三年奋斗史》第2册，台北：中国地方自治学会，1972，第234—235页。
[3] 《西报评孙中山之自治论》，《新闻报》1916年8月30日，"紧要新闻"。

对此时的民国政府来说,现实确实离理想太远,此次筑路并未开始即告结束。陈赓如后来亦曾再次努力,1921年向时任广东省长的陈炯明呈送相关材料,包括招股简章、预算表各一册,路线图一张,恳请准予照办。① 然而似乎并无下文。后来中山县民众重新筹建岐关公路,还是以"民营"而获得成功,并非如孙中山所期望的"公有"。1921年,广东省颁布《民办普通车路暂行章程》,许以专利年期,鼓励以股份公司形式建筑道路。1927年,中山人再次发起修筑澳门至中山的公路,组织岐关车路公司,在港澳及华侨之间筹集资金筑路,自1928年起分段陆续建成通车,1936年全线建成。虽然岐关车路的最终筑成和当时民国政府大力建设中山县这一模范县有关,中山县训政实施委员会成立的民众实业公司拨借巨款支援陷入财政困难的岐关车路公司,委员孙科亦入股10万元,在广东省政府及港澳富商的支持下,最终筑成近100公里的公路,沟通澳门、中山。② 然而,岐关车路并非公有,仍然属于岐关车路公司,据称是20世纪三四十年代全国唯一的"奉准永远专利权"的民办公路,成为民国时期广东省民办公路之冠。③

二 民国"主人"

香山东海十六沙,因此地多有"沙田",故"利益巨大",向来是各方争夺的对象,因此也导致香山地方治安差。至1917年,因为护法运动,西南各路军队进入广东,形势更加复杂。11月,军政府据十六沙农民代表何升平等呈,将农民自捐自卫的团体命名为"香山东海十六沙农民护沙自卫局",由政府委官督办,派委员刘汉华充当督办,要求各业佃按章缴交沙捐、捕费,④ 并派孙振兴、朱卓文负责成立香(山)顺(德)联军,力求控制香山、顺德,为军政府提供财政支持。种种行为,自然

---

① 《香山筹筑自由车路》,《广东群报》1921年3月7日,转引自段云章、倪俊明编《陈炯明集》下册,中山大学出版社,1998,第562页。
② 黄珍德:《官办自治:1929—1934年中山模范县的训政》,文物出版社,2009,第98页。
③ 梅士敏:《岐关车路六十年》,《中山文史》第43辑,第156—158页。
④ 《军政府为香山东海十六沙护沙事宜布告》,《国父全集补编》,台北:中央文物供应社,1985,第496—497页。

与顺德地主组织的"大良护沙局"及盘踞其间的桂系军队和莫荣新产生极大冲突。1918年7月后，顺德的护沙局更是趁军政府失败之际，请莫荣新派兵前来镇压自卫军。自卫军因无力抗拒军队，自行解散。①

1918年5月底，袁带投向北京政府，在香山据城独立，随即被欧阳荣之、林警魂等人的卫沙、护沙部队赶走，然林警魂部多为土匪，蹂躏地方更甚。陈赓如时任香港香山侨商会所临时主席，于8月致函孙中山求助，谓："民国时代而有此虐政，虽前清为专制政府，然未闻官兵敢若是之残民以逞"，"此等军官尚可容留于共和政体之下耶？兹当军政府改组，先生实力护法，牺牲一切，乃林警魂竟敢坏法，虽为一隅小乱，然其目无香山，即是目无广东政府。本会虽迭将邑中护沙军官纵下殃民情形历陈当道，请为究办。但官官相卫，积习已深，令人可悲可泣耶"。②

此时孙中山避居上海，对广东政局、军队完全没有能力过问，陈赓如寄希望于孙，"素仰先生持正不阿，实事求是，为万众钦仰，倘先生不为援手，更有何人拯斯民于水火"，基本不可能有实际的效果。然而孙中山并未犹豫，随即复函，谓"文亦乡人，当此宗国垂危，里闾不靖，俛仰慨叹，实有不能已于言者，请得为左右陈之"。对于林警魂，孙中山可以说有为之辩护的意思在，"彼等为服役之军官耳，驭之得其道，未尝不可束身寡过，勉目致于功名之域；驭之失其道，则放佚恣睢，遂成民国之罪人"；而将责任归之于民国"主人"，谓"假使今日有贤明之国民，以监督政府，有贤明之政府，以监督地方长官，以监督其所属，则彼等之事，何至发生？即使发生，亦可不崇朝而决，何致迁延以迄于今"。信末随即发挥自己心中所想，谓"诸乡先生身为国民，即民国之主人，对于恶仆横行，弁髦法纪，诚不可不加以制裁。监督机关有议会在，喉舌机关有报馆在，宜从各方面着力，明事实之真相，得犯罪之主名，庶几公愤可申，大法得立"。③

在此复函中，孙中山论述民众作为国家"主人"，在地方自治中可

---

① 王慧民：《孙中山和东海十六沙自卫军》，林亚杰、邱捷主编《文史资料存稿选编·东征北伐》，中国文史出版社，2002。
② 《陈赓如上总理函》，环龙路档案第03090.1号。
③ 《孙中山全集》第4卷，第537—538页。

以起也应该起的作用。1916年7月15日，孙中山即在国会议员茶话会演讲中指出，民国"当超于共和之上"，"今后当无代表而采用直接民权"为民国基础，人民除了共和政体的选举权外，还有三权：（1）创制权，使人民可裁案；（2）表决权，使人民监督行政官、表决法律；（3）退官权，使人民得劾除官吏。如此乃可超于共和国，而为真正民国。① 此时面对暴力蹂躏地方的求助，自然也就提出人们应以民国"主人"的精神及身份去建设国家与地方，然而"窃国者侯，窃钩者谁得而诛之，此岂尚有望于今之政府与地方长官哉？"局面如此，孙中山无能为力，只有表示要继续奋斗。

1918年9月23日，陈赓如再次函孙，对孙之无能为力表示理解，"未就总裁之职，不在其位，未便越俎干涉"；然对其积极来信指导却极为感谢，"以视梓里中之接函不复者，贤不肖相去为何如耶。今日中国之败坏，均由国人多所放弃，诚如先生所言，倘人人能如先生，则国步何致艰难若是哉"。②

1919年7月3日，陈赓如再次来函，报告江永隆借统一沙捐财政之名，行揽尽沙捐财权之实，香邑护沙已成有名无实，提出护沙办法及致广东督军函稿各一纸，恳请向广东督军设法挽救。③ 7月13日孙中山复函，痛斥桂系视广东人为"黑奴"，为"猪仔"，三年来拥兵广东，皆以敲剥为能事，而强占护沙不过其中一端；望广东各界幡然变计，联合华侨及绅商学界，"以广东善后为名，结立坚固弘大之团体，誓死以除一省之蠹，谋根本之解决"，推翻桂系军阀统治。④

围绕香山护沙、卫沙一事，到20世纪20年代，亦是屡起争端，而事实上是沙田的巨大收益成为各方势力争夺的对象。1924年，孙中山大元帅府发出训令，谓："查香山县属护沙事宜，前经该县绅民等呈请自筹自卫，此事有关人民自治起点，自应准其试办，以观后效。至东海十六沙地隶香山，亦应准其统筹办理。惟现在用兵之际，军需孔亟，当饬该

---

① 黄彦编著《论民治与地方自治》，广东人民出版社，2008，第25—26页。
② 《陈赓如上总理函》，环龙路档案第03090.2号。
③ 《陈赓如上总理函》，环龙路档案第02075号。
④ 《复陈赓如函》，《孙中山全集》第5卷，第82—83页。

属业佃依照前案,于民国十三年缴纳特别军费,每亩四毫,分上下两造征收。其他有沙田之县分亦照案征缴,以济军需。仰粤军总司令、广东省长分饬广东沙田清理处及该管各县长遵照办理。至香山属沙田,既听人民自筹自卫,其每年应缴之沙捐,即责令该属护沙自卫局,帮同清佃局切实督催,勿令短欠。所有护沙事宜,并责该属县长监督整理,务使农民得所,军需有赖,是为至要。"① 再次试图控制沙田税收以应军需的同时,亦将其作为自治的试点。

作为地方士绅的陈赓如在向孙中山求助的同时,并不妨碍他与地方当权派搞好关系。1919 年,陈赓如同时向广东督军莫荣新上书,要求改变香山护沙制度,在香山废除护沙营制,改立香山全县沙田自卫总局,由督军督办,县长为会办,真正掌握实权的局正、副局正则由香山自行选举。对此建言,莫荣新曾表示考虑,但其中关系利益巨大,该建议并未实行。② 陈、莫两人关系不错,1919 年 12 月,莫荣新且为陈氏生圹题写"胜地佳城"。③

三 孙中山与陈氏兄弟

陈席儒、陈赓如兄弟作为港澳的大富商,很早以前就和孙中山有所联系。其父陈芳与孙眉在檀香山素有交谊。孙中山在澳门行医,亦颇得陈赓如的资助,陈是中西医局的资助人之一。④ 陈席儒还曾于辛亥革命后致力于举孙眉为广东都督,1912 年 2 月孙中山致电陈席儒等阻止,谓"家兄之事,文期期以为不可。前已有电劝家兄及电省城各界矣。昨再电粤,许令精卫、汉民俱回,请省会勿庸另举他人"。⑤ 1912 年底,陈席儒亦曾为陈炯明广东都督之位奔走。

然而,冯自由对陈氏兄弟深为不满。一是筹款失败,1907 年潮州黄

---

① 《照案征收沙田特别军费》,《广州民国日报》1924 年 6 月 16 日。
② 邱捷:《民国初年广东乡村的基础权力机构》,《史学月刊》2003 年第 5 期。
③ 珠海市文物管理委员会编《珠海市文物志》,广东人民出版社,1994,第 79 页。
④ 陈锡祺主编《孙中山年谱长编》上册,中华书局,1991,第 60 页。
⑤ 《孙中山全集》第 2 卷,第 131 页。

冈起义前，孙中山曾致函二陈及另一港商杨西岩，请筹10万元军饷，为陈等所拒绝。① 二是胡汉民于民初拨款偿还华侨一事，陈赓如等人曾通电各界质问支出款项"未经省议会公决，实属忍心违法"。② 陈席儒更是于1922年受陈炯明委任，出任广东省长，为陈炯明"军民分治"的幌子。其子陈永善美国留学返国，亦任陈炯明兵工厂总办，并曾率部攻打吴铁城、朱卓文所占据的香山，1922年6月，"带兵二千人、飞机二架，由海道赴香山剿办"。③ 结果陈永善会同袁带所部，"击退孙系县长吴铁城所部，并击毙吴部民军六十余人。吴已败走，香山全归陈炯明部占领，袁带所部已返香山"。④ 因此，冯自由谓二陈"缺乏国家观念"，辛亥革命前，"只是陈少白私人有相当关系，实未予革命党以何种助力"，民国成立后，"二陈亦仅向当局权要虚与委蛇，未立寸功"。⑤

在乡土记忆中，陈赓如形象亦不佳，或谓其"除了分享遗产而成为富翁外，事业上没有多大的成就"，⑥ 其家乡人亦谓"陈赓虞未曾做什么事"。⑦ 各种记载、史料中少见"陈赓如"一名，陈赓虞的个人传记中亦未提到"陈赓如"，虽然有1919年的《复陈赓如函》，但少见将陈赓如与陈赓虞联系起来。据环龙路档案第01608号《陈赓如上总理函》，其信纸为"赓虞启事笺"，环龙路档案第03090.2号《陈赓如上总理函》谓"家兄席儒"，可认定"陈赓如"即"陈赓虞"。因此，相关史料的汇合，可以丰富对陈赓如的认识，也可以进一步了解孙、陈关系。

香山地方辽阔，向称富庶，但是到了20世纪20年代初，地方凋敝，民生日困。唐绍仪等因此发起会议，邀集邑中绅商各界及各乡局董来省，筹议整顿邑事计划，期冀乘此趋重民治潮流，将各项政治刷新，进为全省模范。1921年1月11日，孙中山参加香山恳亲大会，演讲地方自治主

---

① 《丁未潮州黄冈革命军实录》，冯自由：《革命逸史》第5集，商务印书馆，第88—92页。
② 蒋永敬：《胡汉民先生年谱》，台北：中央文物供应社，1978，第163页。
③ 《孙陈相持之粤中形势》，长沙《大公报》1922年7月6日，"中外新闻"。
④ 《上海快信摘要》，长沙《大公报》1922年7月11日，"快信"。
⑤ 《香港陈杨三家与革命党》，冯自由：《革命逸史》第2集，第225—227页。
⑥ 梁小枫、唐仕进：《陈芳与陈芳家族》，《珠海文史》第9辑，1990，第91页。
⑦ 赵立彬、何文平、胡海峰编《关于近代珠海历史文化名人的乡土口述史料》，珠海出版社，2010，第141页。

义。陈赓如亦参与该会，并做讲演发挥。① 1923 年 6 月，陈氏还曾为孙、陈（炯明）和解奔走，惜无结果。②

孙中山深知，其"去粤日久，有同寄寓，军权吏治，失所挟持"，但其"欲为民国一清官僚盗贼之毒，以树立真正之共和"，乃于1917年7月毅然南下护法。③ 这次护法，受制于桂系军人及各方势力，孙中山除了弄到一支援闽粤军外，可以说是一无所获，且给地方造成极大的负担与破坏，部分广东民众对其极为不满。然从本文揭示的两事，亦可见其关心桑梓之热心。另有一事，亦可见孙中山之注重民生，1917 年他曾命南海九江人李卓峰调查丝业，李后来编成《调查丝业报告书》一册。④ 1918 年，李卓峰与返广东的孙科来往密切，关心孙中山《实业计划》的撰写，谓"备闻先生民生计划进行甚速"，"亦欲本其微长奉行伟创，顾切望鼎力互助，方克发展"，似亦在谋某项事业的发展。以上各事表明，孙中山在为恢复约法、国会而与各方势力周旋时，仍不忘为地方建设添砖加瓦，既反映了其热心于家乡建设，亦体现了其民主共和理论试图落实到基层具体建设的设想。

1918 年下半年，护法事业遭受严重失败，孙中山随即酝酿、写作其皇皇大著《建国方略》之一《孙文学说——行易知难（心理建设）》与之二《实业计划（物质建设）》，体现了其毫不气馁、革命到底的勇气和毅力。从中可见，即使在遭受重大挫折后，民生计划仍无时或忘，而其"信仰的理想主义"也表露无遗。⑤

---

① 《唐总裁提倡地方自治》，上海《民国日报》1921 年 1 月 16 日，"要闻"。
② 范体仁：《孙中山先生三次回粤斗争纪实》，中国人民政治协商会议江苏省委员会文史资料研究委员会编《在中山先生身边的日子里》，江苏古籍出版社，1986，第 126 页。
③ 《孙中山全集》第 4 卷，第 537 页。
④ 古应芬等：《李卓峰先生行状》，广东省南海市政协文史资料委员会编《南海文史资料》第 22 辑，1993。
⑤ 桑兵：《孙中山的活动与思想》，中山大学出版社，2001，第 343 页。

附录：两件复函批示

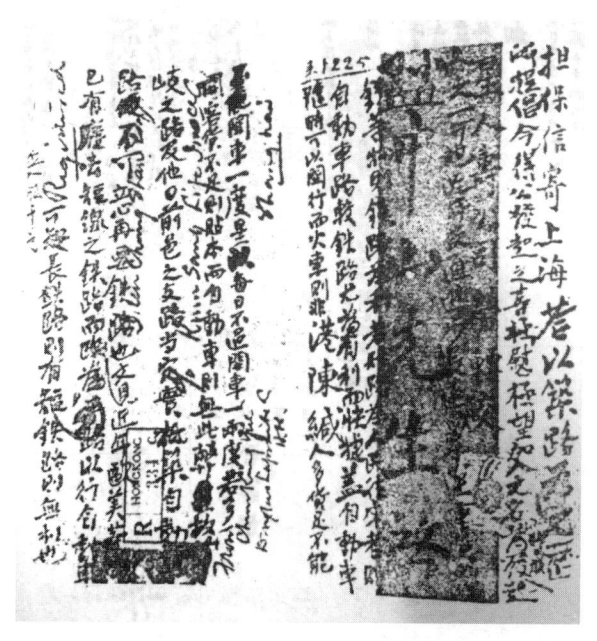

《批陈春生函》（《中山墨宝》第 10 卷，北京出版社，1996，第 61 页）

第四頁

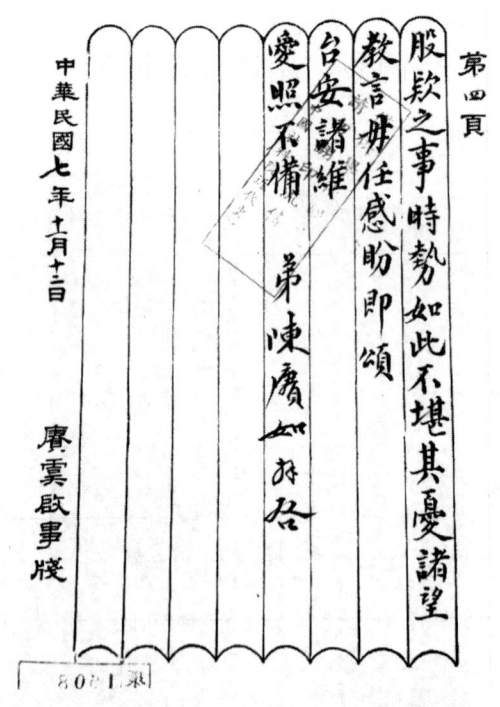

股歎之事時勢如此不堪其憂諸望

教言毋任感盼即頌

台安諸維

愛照不備　弟陳賡如拜啓

中華民國七年十月十二日　賡雲啟事牋

《陈赓如上总理函》（环龙路档案第 01608 号）

［张文苑，中山大学历史人类学研究中心馆员］

杨匏安在马克思主义传播史上的地位再探讨

沈志刚

1919 年，杨匏安在《广东中华新报》以"匏庵"署名，分 19 天连载了《马克斯主义（Marxism）——一称科学的社会主义》（以下简称《马克斯主义》）一文，向读者较为系统地介绍了马克思主义。该文发表时间与李大钊的《我的马克思主义观》下篇相近，[①] 且两文都涵盖了马克思关于唯物史观、剩余价值论和阶级斗争的学说，很快引起了学界的重视。杨匏安在马克思主义传播史上的地位围绕着李大钊而逐渐提高，与李大钊并称"北李南杨"的说法也不胫而走。目前，学界关于杨匏安传播马克思主义的研究已取得很多成果，[②] 但对于"北李南杨"这一说法建构尚缺乏梳理。而且，由于刊载杨匏安《马克斯主义》的《广东中华新报》不易得见，因此大多数学者关于杨匏安的研究未能从原始资料出发，[③] 很多后续成果受先期研究者的结论和观点影响很大，回到杨匏

[①] 李文上篇刊于《新青年》第 6 卷第 5 号，登载的出版时间为 1919 年 5 月，但实际出版时间尚不能确定。刘维认为其实际出版时间应为该年 9 月，见刘维《一个必要的考证》，《光明日报》1960 年 8 月 4 日，转引自彭明《五四运动论文集》，广东人民出版社，1978，第 387 页。而唐正芒等认为该文也可能发表于当年 7 月或 8 月，详请参见唐正芒、李美玲《李大钊〈我的马克思主义观〉首次发表时间再考》，《党史研究与教学》2016 年第 3 期。李大钊《我的马克思主义观》由上下两篇组成，其下篇于 1919 年 11 月 1 日刊于《新青年》第 6 卷第 6 号，笔者认为应将其下篇的发表视作该文的完结，故认为二文发表时间接近似无大谬。

[②] 关于 2007 年以前的杨匏安研究史，已有人做了整理，详见黄永康等《杨匏安研究述评》，中共"一大"会址纪念馆等编《上海革命史资料与研究》第 7 辑，上海古籍出版社，2007，第 558—579 页。

[③] 由于《广东中华新报》未被整理成电子版，绝大多数研究者接触不到。因此，目前学界对杨匏安传播马克思主义的相关研究所凭借的核心资料，是经李坚整理出版的《杨匏安文集》（有 1986 年版和 1996 年版）及李坚编的《杨匏安史料与研究》（中共党史出版社，1999）二书。

安研究的前史对其进行重新认识实属必要。中山大学历史学系资料室所藏 1919 年的《广东中华新报》的残存部分（复印件），① 使正本清源的工作成为可能。本文欲从"北李南杨"之说的建构过程入手，对杨匏安在马克思主义传播史上的地位变迁进行学术史梳理，并从杨文的写作逻辑入手，利用笔者在《广东中华新报》上的新发现，对素有争议的杨匏安《马克斯主义》一文来源问题做出回应，进而从当时的历史环境出发，对杨匏安传播马克思主义历史功绩提出新的认识。

一 从"华南第一人"到"北李南杨"

在中国的马克思主义传播史上，最为人们所熟知的当数李大钊。俄国十月革命胜利后不久，他便发表了一系列文章对之热情讴歌。1919 年，李大钊在《新青年》上发表的《我的马克思主义观》（上、下）一文，第一次系统地向国人介绍了马克思主义学说的主要内容，"在思想上起到了重要的启蒙作用"。② 此外，李达、李汉俊等人传播马克思主义的文章和事迹也广为时人与后人所知，较早引起研究者的重视。相比而言，杨匏安在广东宣传马克思主义的情况却长期无人知晓，甚至单纯作为党史人物的杨匏安，在很长时间内人们也对其知之甚少。③

20 世纪 60 年代，执教于中山大学历史学系的李坚教授，在征研有关广东五四运动的历史资料时，于《广东中华新报》上偶然发现署名为"匏庵"的《马克斯主义》一文。该文于 1919 年 11 月 11 日至 1919 年 12 月 4 日分 19 天连载（由于留存报纸不全，该文尚缺四日次），较为系统地介绍了马克思主义学说。该文发表的时间与李大钊《我的马克思主

---

① 据笔者调查，中山大学历史学系所藏之《广东中华新报》被削剪过，每页仅存上半部分。该报原本现藏于广东省中山图书馆，但未经拍照缩微，现已脆化，不能翻看。
② 田子渝等：《马克思主义在中国初期传播史（1918—1922）》，学习出版社，2012，第 36 页。
③ 在杨匏安传播马克思主义的事迹被发掘前，人们对杨匏安的了解大多来自萧三主编《革命烈士诗抄》一书中收录的其就义前所作的《示狱友》一诗。关于杨的生平事迹，直到 20 世纪 80 年代以后才陆续为人所知。

义观》(下)接近,故而引起了李坚的重视。① 但不久"文革"爆发,这一研究便被搁置。

改革开放以后,李坚重新开展对"鲍庵"的研究。经过文献考证与实地调查,李坚确定了"鲍庵"即杨匏安,并于1980年6月在广东省委党校内部刊物《党史教研资料》第13期发表了《鲍庵即杨匏安烈士考》② 一文,详细介绍了其对杨匏安的文献挖掘及考证的经过。1981年,李坚初步完成杨匏安传记,在是年举办的"全国党史人物研讨会"上,向与会专家做了介绍,引起胡华、彭明等人的重视。③ 随后,杨匏安的传记被收录于中共党史人物研究会主编的《中共党史人物传》第4卷中。与此同时,李坚与曾庆榴在《中山大学学报》撰文详细阐述了杨文介绍的马克思主义学说的内容,提出杨文"是华南地区最早系统地传播马克思主义的文章",④ 并初步确定了杨匏安作为华南地区传播马克思主义第一人的历史地位。

经过李坚、曾庆榴的推动,杨匏安传播马克思主义的事迹开始引起学界的重视,对杨匏安的评价也围绕着李大钊而逐渐提高。1983年,沙东迅在《广州研究》(现名《开放时代》)第1期上刊文,不仅肯定了杨文是"广东地区最早有系统地宣传马克思主义的文章",更进一步将杨文与李大钊《我的马克思主义观》下篇比较,称两文为"姐妹篇"。⑤ 1984年,彭明《五四运动史》一书出版,该书介绍了杨匏安在广东传播马克思主义的事迹,也认为"《马克斯主义》可以说是《我的马克思主义观》的姊妹篇"。⑥ 同年,李坚又撰文提出,杨文与李大钊《我的马克

---

① 李坚:《鲍庵即杨匏安烈士考》,《党史教研资料》1980年第13期。
② 1999年,李坚编辑出版《杨匏安史料与研究》时,也将此文改写后收入,但文章标题改成了《鲍厂即杨匏安烈士考》,将此文中提到"鲍庵"的地方都改成了"鲍厂"(按:"厂"即"庵"的古体字),见李坚编《杨匏安史料与研究》,第187—191页。李坚为何做如此改动并未做出说明,但改动后的说法被后续很多文章援引,实不确。
③ 《上海革命史资料与研究》第7辑,第560页。
④ 李坚、曾庆榴:《记华南地区最早的马克思主义宣传者杨匏安烈士》,《中山大学学报》1981年第3期。
⑤ 沙东迅:《马克思主义在广东的早期传播》,《广州研究》1983年第1期。
⑥ 彭明:《五四运动史》,人民出版社,1984,第458页。

思主义观》一文"南北呼应","同为我国马克思主义传播的不朽丰碑"。① 这一评价在1986年广东举办的"纪念杨匏安同志诞辰九十周年学术讨论会"上得到大多数与会者的认同。

到20世纪90年代,杨匏安在华南地区传播马克思主义的功绩逐渐被权威期刊和著作肯定。1990年,曹仲彬、杜艳华在《中共党史研究》发文,认为杨的文章与李大钊一样,"一开始就紧紧抓住了根本问题",对唯物史观、阶级斗争说、剩余价值理论进行了较为系统的表述,认为"杨匏安是最早接受马克思主义的先进中国人之一",并为杨匏安的地位尚未得到党史学界的公认抱不平。② 稍后该文被《新华文摘》做了论点摘编。③ 紧接着,胡绳主编的《中国共产党的七十年》一书于1991年出版发行,书中特别提及杨匏安,充分肯定他对马克思主义在中国的早期传播"起过重要的作用",并评价其《马克斯主义》一文对马克思主义的唯物史观、经济学说和科学社会主义做了"相当系统的介绍"。④ 同年6月,由李新、陈铁健主编的中国新民主主义革命史长编的首册《伟大的开端（1919—1923）》问世。该书也肯定了杨匏安传播马克思主义的功绩,并指出他在当时对马克思主义表现出的热情和确信的态度"难得"。⑤ 1996年,内容增加了约三倍的新版《杨匏安文集》在杨匏安烈士100周年诞辰之际出版发行。时任中共党史研究室副主任的龚育之受邀为之作序,龚在序文中写道:"杨匏安同李大钊站在一个营垒,在中国马克思主义早期传播的历史上占有显著的一席位置。"⑥ 该序文又以《读〈杨匏安文集〉》为题在《中共党史研究》第6期上发表。同年,于光远也撰文刊于《炎黄春秋》,提出"杨匏安是在我国最早传播马克思主义

---

① 李坚、冯崇义：《杨匏安在第一次国共合作中的贡献》，《广州研究》1984年第2期。
② 曹仲彬、杜艳华：《杨匏安在传播马克思主义中的历史功绩》，《中共党史研究》1991年第1期。
③ 《杨匏安传播马克思主义的历史功绩应该得到应有的评价》，《新华文摘》1990年第5期。
④ 胡绳主编《中国共产党的七十年》，中共党史出版社，1991，第13页。
⑤ 李新、陈铁健主编《伟大的开端（1919—1923）》，上海人民出版社，1991，第208页。
⑥ 杨匏安：《杨匏安文集》，中央文献出版社，1996，"代序"，第2页。

的先驱者之一,因此有'北李南杨'之说"。① 于光远该文后经修改,收入 1999 年李坚编的《杨匏安史料与研究》一书中,并进一步将"北李南杨"作为小节标题来展开论述。② 李坚在该书中也多次提到"北李南杨"的说法。③

进入 21 世纪后,杨匏安在党史上以及马克思主义传播史上的地位得到了极大的提高。2001 年值建党 80 周年,《人民日报》于 6 月 25 日刊发《开天辟地》一文,介绍了建党史上的 9 位革命先行者,杨匏安也在其中。在 9 位革命先行者照片的排位中,杨匏安位列第三,紧随李大钊、陈独秀之后,④ 给予了杨匏安极高的评价。2002 年,中共中央党史研究室编写的《中国共产党历史》第 1 卷上册中介绍了杨匏安传播马克思主义的事迹,并评价《马克斯主义》是"中国人所写的又一篇比较系统地传播马克思主义的文章"。⑤ 2005 年 2 月,中央电视台在《新闻联播》中推出"永远的丰碑"栏目,向观众介绍党内的历史人物。3 月 16 日,该栏目以"'借次青霜坚傲骨'的革命家——杨匏安"为主题介绍了杨匏安,称其与李大钊并称为"北李南杨"。次日,《人民日报》《光明日报》《解放军报》也分别刊登介绍文章,称杨匏安与李大钊并称"北李南杨"。⑥

---

① 于光远:《纪念革命先烈杨匏安百岁诞辰》,《炎黄春秋》1996 年第 11 期。于光远 1936 年由清华大学毕业后,应广州岭南大学的聘请,到该校当物理老师,并接受"中华民族解放先锋队"派给的在广州建立民先支队的任务。工作中他与杨匏安的儿子杨明相识,"一见如故",并曾探望过杨明的母亲吴佩琪女士。见于光远《在广东参加青年运动的回忆》,《广东青年运动回忆录》,广东人民出版社,1984,第 133、135 页。后来,于光远在推广杨匏安事迹中起到很重要的作用,龚育之为新版《杨匏安文集》作序,便是于光远居中联络促成。2003 年,于光远在《同舟共进》刊文《几乎被湮没了的伟人》,对党史界不熟悉杨匏安表示很遗憾,呼吁大力宣传杨匏安。同年,他在参加"珠江区域经济合作论坛"接受记者采访时表示,"我现在最关心的事就是宣传杨匏安"。见《于光远来粤宣传杨匏安》,《南方都市报》2003 年 12 月 2 日。
② 李坚编《杨匏安史料与研究》,第 4 页。
③ 李坚编《杨匏安史料与研究》,第 57、61、62 页。
④ 《开天辟地》,《人民日报》2001 年 6 月 25 日。
⑤ 中共中央党史研究室:《中国共产党历史》第 1 卷上册,中共党史出版社,2002,第 58—59 页。
⑥ 《我党早期优秀理论家——杨匏安》,《人民日报》2005 年 3 月 17 日;《青霜坚傲骨——我党早期优秀理论家杨匏安》,《光明日报》2005 年 3 月 17 日;《杨匏安:我党早期优秀理论家》,《解放军报》2005 年 3 月 17 日。

2006年，珠海市隆重召开"纪念杨匏安诞辰110周年研讨会"。在参会论文及学者发言中，杨匏安与李大钊并称"北李南杨"的说法频频出现。如出席会议的原北京图书馆党委书记、副馆长唐绍明在参会论文中便提出杨匏安和李大钊并称为传播马克思主义的"北李南杨"；时任中共中央党史研究室第一研究部副主任刘益涛在讲话中也认为杨文与李文下篇"几乎同时问世"，对马克思主义三个组成部分做了比较全面而系统的阐述，因此"在传播马克思主义上党内有'北李南杨'之说"；有的文章标题更直接冠以"北李南杨"。[①] 2008年，会议论文以《杨匏安研究文选》为题出版，时任中共中央党史研究室第一研究部主任的霍海丹应邀为之所作序，也提出"他与李大钊并称为中国马克思主义传播的先驱，在党的历史上有'北李南杨'之美誉"。[②] 此后，无论在学术研究领域，还是新闻传媒领域，提及杨匏安时大多会提到他与李大钊并称马克思主义传播史上的"北李南杨"这一说法。

杨匏安传播马克思主义的事迹被发掘以后，其在马克思主义传播史上的地位由最初的"华南第一人"逐渐上升到与李大钊齐名，并称"北李南杨"。单从文献考察而言，最早提出"北李南杨"评价的文字出处，可以追溯到1984年广州社会科学研究所辛熙撰写的《南中国传播马克思主义第一人——杨匏安》一文，作者在文中提出"史学家将他与在北中国最早传播马克思主义的李大钊并列，誉之为在我国开马克思传播新风的'北李南杨'"。[③] 不过，该文的影响力并不大。就影响力而言，对"北李南杨"之说的传播和接受起到重要推动作用的，当数李坚编之《杨匏安史料与研究》一书，以及21世纪初叶权威媒体的集中宣传。因此，可以说"北李南杨"说法的建构是学术界与传媒界交互作用的产物。

虽然目前学术领域和传媒领域在提及杨匏安时经常会提到他与李大钊并称为"北李南杨"，但是关于杨匏安在马克思主义传播史上能否与

---

① 详见珠海市社会科学界联合会编《杨匏安研究文选》，珠海出版社，2008，第18、33、79页。
② 《杨匏安研究文选》，"序二"，第4页。
③ 辛熙：《南中国传播马克思主义第一人——杨匏安》，《青年探索》1984年第3期。文中并未指明"史学家"是何人。

李大钊并肩而立，学界仍存有争议，甚至可以说存有十分对立的歧见。

二 关于杨匏安在马克思主义传播史上的地位的争议

杨匏安的《马克斯主义》一文被发掘以后，人们不免要将其文与李大钊的《我的马克思主义观》做对比。以李文为参照，杨文发表时间与李文下篇接近；杨文与李文一样都介绍了马克思主义学说的三大部分——唯物史观、剩余价值论和阶级斗争说。据此两点，有学者认为杨匏安可以与李大钊齐名，如于光远就认为杨文与李文的发表"几乎是在同时"，杨文"在水平上不低于李文"，因此有"北李南杨"之说。① 曹仲彬更是从这两点立论，认为从宣传马克思主义的内容全面系统而言，杨匏安的地位高于李达、李汉俊、张闻天等人，因为他们"只是对马克思列宁主义的某一观点或某一方面的原理加以表述"；从时间而言，杨文又超前于同样介绍了马克思学说上述组成部分的陈独秀《马克思学说》一文，② 因此他认为"'北李南杨'才真是我国最早传播马克思主义的两位先驱者"。③ 与此同时，认为杨匏安的地位不能与李大钊比肩的学者也是根据杨文的文本立论。如唐宝林指出杨文"内容多来源于《新青年》，其本人在理论上鲜有创见，对马克思主义理论的了解也比较有限"，认为杨匏安难以和李大钊等比肩。④ 曾庆榴认为杨文编改自《新青年》李大钊等人的文章，对马克思主义并非"独立认知、独立归纳与领先阐发"，并认为杨匏安当时只是一个"在学习宣传马克思主义方面，刚起步"的年仅23岁的"普通中学教师和报馆撰稿者"，呼吁学界对杨匏安不要人为拔高，过誉评价。⑤

由此观之，学界对于杨匏安在马克思主义传播史上的地位能否与李大钊比肩的争论焦点，在于杨文是原创（包括独自翻译）还是来源于《新青年》。此问题并非言人人殊的开放性问题，而是二元对立的歧见。

---

① 李坚编《杨匏安史料与研究》，第4页。
② 陈独秀《马克思学说》一文发表于1922年《新青年》第9卷第6号。
③ 《杨匏安研究文选》，第39—41页。
④ 唐宝林主编《马克思主义在中国100年》，安徽人民出版社，1997，第91页。
⑤ 曾庆榴：《杨匏安的〈马克斯主义〉源于〈新青年〉》，《中共创建史研究》2016年。

若杨文是编改自《新青年》李大钊等人的文章，那么从杨文发表时间和介绍马克思主义学说的内容上来立论的观点便难以成立。因此，杨文如何写成是一个值得深究的关键问题。目前学界对杨文的来源问题尚没有达成一致意见，总的来说，有以下三种观点：一是认为杨文是独自创作；[1] 二是认为杨文译自日本的马克思主义传播者堺利彦；[2] 三是认为杨文编改自李大钊《新青年》第 6 卷第 5 号。[3] 笔者利用学界尚难以见到的《广东中华新报》等原始史料，除进行文本比较外，也着力从杨文写作逻辑的角度，对上述几种观点一一做出回应。

杨匏安的《马克斯主义》一文连载于《广东中华新报》[4] 上的"世

---

[1] 除于光远、曹仲彬外，黄永康认为杨文的写作是"广泛阅读、比较、参考了各种版本的介绍文章基础上，由他自己按照唯物史观、阶级斗争和经济学这三个部分"统编而来。见黄永康《杨匏安是当之无愧的中国传播马克思主义先驱之一》，《中共创建史研究》2017 年。

[2] 持此观点的学者有李坚、宋凤英、胡为雄等，详见李坚编《杨匏安史料与研究》，第 62 页；宋凤英《与李大钊并称"北李南杨"的杨匏安》，《党史纵横》2011 年第 6 期；胡为雄《赴日留学生与"日本马克思主义"在中国的早期传播》，《马克思主义与现实》2015 年第 3 期；等等。

[3] 除唐宝林、曾庆榴外，李新、陈铁健、龚育之等人也或隐或显地指出杨文是来自《新青年》。李新、陈铁健主编的《伟大的开端（1919—1923）》一书指出，杨匏安的"这些文章，主要是根据《新青年》的《马克思主义研究专号》上的文章加工改写而成的"（第 208 页）；龚育之也隐晦地指出杨文"是对《新青年》《马克思主义研究专号》的直接呼应，是接受并积极传播《新青年》所介绍的马克思主义的有力表示"，见龚育之《读〈杨匏安文集〉》，《中共党史研究》1996 年第 6 期。

[4] 《中华新报》是政学会谷钟秀、张耀曾等人为反对袁世凯而在上海创刊的报纸，上海版《中华新报》是政学会的机关报，除在上海发行外，该报还有北京版和广东版等。1919 年前后，《广东中华新报》陆续登载了很多介绍西方新思潮与新学说的文章，对广东新文化的传播有过积极作用。但是在五四运动中，广东的学生与商人之间爆发冲突，该报却站在商人一边，对学生运动持不赞成态度。另据军政府时期在政学会杨永泰执掌的财政厅谋职的高承元（据其自陈，他虽投身财政厅，却只为谋食，在政治立场上他站在国民党民友社一边，并化名参与对政学会的笔战，且是笔战主力，见高承元《承元文存》，上海民有印书馆，1929，"自序"）回忆，军政府时期的《广东中华新报》由政学系国会议员韩玉辰主持政论，与当时在广东的国民党民友社照霞楼等之机关报《新民国报》势成对垒，双方持论常针锋相对。见高承元《回忆广州〈新民国报〉》，《文史资料选辑合订本》第 143 辑，中国文史出版社，2011，第 120 页。1920 年粤军驱逐桂系后，该报被陈炯明查封，自此便退出历史舞台。直到 20 世纪 60 年代，中山大学历史学系偶然购得该报 1917—1919 年的残存部分（仅有上半张），后来交给了当时的省委党史办，并由党史办组织人力油印了若干手抄本。目前，中山大学历史学系资料室尚存有该报留存下来的 1919 年的部分复印件。

界学说"栏目。当时,杨匏安担任《广东中华新报》的记者、专栏作家,并同时在广州南武中学、甲种工业学校兼课。1918—1919 年,杨匏安常在该报发表一些诗文、译著和时评,也曾创作小说,连载《青年心理学》《美学拾零》等长文,1919 年 7 月 12 日开始负责"世界学说"栏目编写。据当时该报社长容伯挺①介绍,该栏目的开设是鉴于国人对于欧美学术思想知之甚少,"各科之普通学说,术语名词之粗浅概念,即在号称学者士夫,亦莫能举其似焉",因此,"爰于报业之末",从西方自然科学、精神科学中"遴选诸家学说二百数十余条","倩社友杨君抄译而演述之",以饷志学之士。② 由此可知,该栏目开设动机和目的是向"吾国志学之士"介绍欧美思想,重在宣传,而非学术探讨。杨匏安的《马克斯主义》一文便是作为"欧美思想"中的社会主义系列之一而被引介的。在《马克斯主义》一文连载前,他已陆续发表《社会主义》《共产主义》《集产主义》《社会民主主义》四文;在此之后,杨又介绍了国家社会主义、讲坛社会主义、基督教社会主义和社会改良主义。

  抛开杨匏安对这些"主义"的认识水平不谈,笔者认为他的这些文章可能不是自己从外文原著中直接翻译而来,更像从已有的汉译文本中转手引介。证据如下:杨匏安在提及德国铁血宰相 Bismarck(现译为"俾斯麦")时,在其《社会主义》一文中作"卑斯麦",③ 在《社会民主主义》一文中却为"俾斯麦",④ 而在《国家社会主义》一文中又译成"毕斯马克",⑤ 又在《讲坛社会主义》一文中译作"毕士马克"。⑥ 外国

---

① 容伯挺,即容宝墣,在护国战争时期曾担任岑春煊的都司令参谋,后来曾担任广东省议员兼军民两署顾问,与桂系莫荣新、沈鸿英走得较近。1923 年,容因"奉政学首领来粤"替沈鸿英刺探情报被抓获。当时广州公安局长吴铁城亲自审讯并坐实其罪名后,于当年 4 月 19 日下令将其枪决。据《申报》报道,容赴死时"态度雍容,毫无变色",对宣布自己罪状的布告大声诵读了一遍,并指出该布告中称其为"沈鸿英参议"一处是错误的,自己乃沈鸿英的"咨议官"。详见《粤当局枪毙容伯挺》,《申报》1923 年 4 月 26 日。
② 伯挺:《世界学说》,《广东中华新报》1919 年 7 月 12 日。
③ 匏庵:《社会主义(八)》,《广东中华新报》1919 年 10 月 28 日。"(八)"是该文连载第八次之意,下文同。
④ 匏庵:《社会民主主义(一)》,《广东中华新报》1919 年 11 月 8 日。
⑤ 匏庵:《国家社会主义(一)》,《广东中华新报》1919 年 12 月 5 日。
⑥ 匏庵:《讲坛社会主义(一)、(二)》,《广东中华新报》1919 年 12 月 10、11 日。

人姓名的对译一般采用音译的办法,而"译音无定字",① 本无对错之谓,完全是译者外文水平和个人偏好的反映,通用的译法只是学界所达成的共识,并无硬性规定。譬如"Marx"在当时译作"马克思"的有之,译作"马克斯"的也有之,两种译法皆广为传用。杨匏安在《马克斯主义》一文之前所发表的《社会主义》一文中初次提及马克思时,便写作"马克斯",而且在1922年发表的《马克斯主义浅说》一文中仍写作"斯"。这本无关宏旨,却可作为其文章的一种辨识。因此,"俾斯麦"的译法在其前后文章中的多变,令人生疑。

笔者认为杨的这些文章很可能有汉译母本做参照,并非自己直接从原著中译介,否则在这些文章发表的时间间隔不长的情况下,似不应当出现译名用字不统一的问题。当然,笔者此处质疑他的部分文章可能不是直接译自原著,并非质疑他的外文水平,能否翻译与是否翻译不应等同视之。考虑到他当时身兼数职,生活拮据,又同时负责几个专栏,②要保证每日的连载并非易事,写作速度和效率的需求甚至有时会压过文章的质量,在这种情境下,如果手边有现成的文章,"抄译而演述之"并非没有可能。而且,笔者发现《广东中华新报》"文苑"栏目上登载的很多当时的文化名人如陈三立、俞明震、陈衡恪、沈增植、郑孝胥等人的诗作,都是从《东方杂志》上直接转录过来的。③ 这说明该报从当

---

① 蔡鸿生:《仰望陈寅恪》,中华书局,2004,第179页。
② "世界学说"一栏设于1919年7月12日,在此之前,杨匏安已在该报开设"美学拾零"一栏,该栏设于1919年6月28日,止于同年10月18日。"世界学说"一栏开辟后,杨匏安同时负责两个专栏,其在"美学拾零"的文章署名为"匏庵",在"世界学说"的文章署名为"匏盦"。"美学拾零"栏目于10月18日连载完最后一篇,同一天的"世界学说"一栏文章署名变为"匏庵"。
③ 如该报"文苑"栏目1919年1月1日登载的陈三立《病中作》《答人问病状》,1月3日的《病初起》《侯恪士不至闻亦卧疾海上占此讯之》《病起后始饭食》,以及1月3日俞明震的《夜雨待萧稚泉不至》,已先登于1918年《东方杂志》第15卷第11号的"文苑"栏目。又如该报1919年3月11日登载的陈三立《中秋夕看月》等、3月14日《起疴始观俞园》,3月15日俞明震《送大维侄赴美国入哈佛大学》、3月20日《暑夜雨过平明泛舟出南湖》,3月31日陈衡恪《答贞长》,也先见诸1919年《东方杂志》第16卷第1号"文苑"栏目。还有该报1919年4月1、2、4日分别登载的沈曾植、郑孝胥、陈宝琛的诗作,也已先在1919年《东方杂志》第16卷第3号上登出……笔者认为陈三立、俞明震等人应不会同时投稿于《东方杂志》和《广东中华新报》,根据这两份报刊在当时的影响力以及这些诗作的刊出时间,笔者判断《广东中华新报》的上述诗作应是从《东方杂志》转录而来。

时一些著名报刊上转录内容的情况并不少见。如邱捷所言："当时的中国并无著作权意识，照抄照录是常事。"① 当时秉持学问乃天下之公器的读书人，见其他报刊有美词佳句或符合栏目需要的作品，转而录之的做法很普遍。

那么，杨匏安的《马克斯主义》一文是否也有类似的汉译母本呢？有学者认为杨文是直接译自日本的社会主义传播者和活动家堺利彦，依据是杨匏安1922年在广东社会主义青年团机关刊物《青年周刊》第4—7号连载的《马克斯主义浅说》一文中，有"关于唯物史观要领记的译语，从堺利彦"一句。② 杨匏安《马克斯主义浅说》一文主要根据其1919年的文章改写而来，后文③的段落架构并未改变，与前文各段落一一对应的关系依然明晰，但是后文更加通俗易懂，文字上较前文也有很多增删，尤其是后文中介绍唯物史观的部分（即杨自称"从堺利彦"的部分），有很多前文所没有的内容。

杨匏安在《马克斯主义》一文中对唯物史观的表述为：

> 唯物的历史观有二要点：其一乃关于人类文化的经验之说明，其二即社会组织进化论。第一说谓人类社会生产机关的总和，构成社会经济的构造；此实为社会之基础构造。一切社会上之政治法制，及种种精神上的构造，皆随经济的构造变化而变化。而基础构造，其内部亦有最高动因，以促其自己之进化，此最高动因，即生产力是也。第二说谓生产力与社会组织有密切的关系，生产力一有变动，社会组织必随之而变动。社会组织即社会关系，与布帛、粟米无异，亦人类依生产力而产出者也。手臼产出封建诸侯的社会。蒸汽制粉机产出产业资本家的社会。社会组织即其始亦尝助长生产力的发展，然其发展的力若到社会组织不能适应之程度，则社会组织不独不能

---

① 邱捷：《1912年广州〈民生日报〉刊载的〈共产党宣言〉译文》，《中山大学学报》2011年第6期。
② 夊幺弓（即"匏厂"的注音符号）：《马克斯主义浅说（续）》，《青年周刊》第5号，1922年3月26日。
③ 以下"前文"指1919的《马克斯主义》一文，"后文"指1922年的《马克斯主义浅说》一文。

为之助长，势必加之以束缚妨碍矣。此时生产力虽受束缚妨碍，然仍发展无已，发展的力愈大，与社会组织之冲突愈迫，其结果非令旧社会组织崩坏不可，是则社会革命也。①

他在《马克斯主义浅说》一文中则为：

> 唯物的历史观有两个要点：第一是关于人类文化的经验的说明。第二是社会组织进化论。现在更把马克斯所著的唯物的历史观要领记写几条出来。
>
> 　人类从社会的而生产他的衣食住，不知不觉间，自然成就了一种关系。这一种关系，就是相应于这种社会物质生产力的发达程度的生产关系。生产关系的总和，构成社会经济的构造，这就是社会真实的基础构造。凡社会上法律的、政治的及一切精神上的构造，都建筑在这个基础的上面，并且相应于此而生一种社会的自觉。……人类的自觉，不能决定人类的生活法；但是人类的社会的生活，倒可以决定人类的自觉。
>
> 　社会生产力发达到某时期，便和旧的生产法相矛盾。从法律的来说，就是和从来的财产关系矛盾。到了生产力的发达取著新形式，那旧的生产关系变成了生产上的障碍物，社会革命于是开始。
>
> 　……
>
> 　某个社会形体，如果包容于他内部的生产力不到十分发达，这个社会形体也未必会崩坏。高级的新的生产关系，必等到孕育这生产关系的物质条件从旧社会翼下孵化出来之后，然后确立。
>
> 　……
>
> 　——关于唯物史观要领记的译语，从堺利彦。②

比较二文可知，前文中"人类社会生产机关的总和，构成社会经济的构造"，在后文变为"生产关系的总和，构成社会经济的构造"；前文提出

---

① 鲍庵：《马克斯主义（六）》，《广东中华新报》1919 年 11 月 18 日。
② 攵幺弓：《马克斯主义浅说》，《青年周刊》第 5 号，1922 年 3 月 26 日。

此社会经济的构造有促其进化的"内部最高动因"——生产力,在后文中被删去;后文则增加了"社会的自觉""生活法"等新词;前文尚没有"生产关系"的提法,而是以"社会组织"或"社会关系"来代述,后文出现了"生产关系"一词;此外,后文还增加了"人类的自觉,不能决定人类的生活法;但是人类的社会的生活,倒可以决定人类的自觉"的新论,并出现了"两个决不会"的理论雏形,"某个社会形体,如果包容于他内部的生产力不到十分发达,这个社会形体也未必即会崩坏。高级的新的生产关系,必等到孕育这生产关系的物质条件从旧社会翼下孵化出来之后,然后确立"等内容。

可以说杨匏安后文的唯物史观要领部分与前文有很大不同。因此,我们对其后文"从堺利彦"的内容,应限定在后文"唯物史观的要领"部分,并不能得出后文全部是参照堺利彦的文章而来的结论,更不能据此认为其1919年发表的《马克斯主义》一文是从堺利彦的论著中翻译而来。毕竟这两篇文章之间有两年多的时间差,而这期间国内对马克思主义学说的引介与传播有了新的进展,杨之《马克斯主义浅说》里的"唯物史观要领记的译语",可能是杨匏安在这段时间接触到堺利彦的相关译著并加以吸收的反映。

不过,上述论证只能说明部分学者根据杨匏安后文中有"从堺利彦"的译语便认为其前文是译自堺利彦这一逻辑推论难以成立,但并不能对其前文到底是不是直接译自堺利彦做出回答,毕竟仍存在另一种可能,即杨匏安译著的堺利彦著述原本就有前后不同。那么,杨匏安的文章究竟是不是译自堺利彦呢?从杨文的文本来看,该文不像是一篇独立翻译之作,直观的证据表明杨文有其他的来源。

最早发现杨匏安的文章并大力宣传推广的李坚,通过比对杨文与《新青年》上李大钊的《我的马克思主义观》,发现两人关于马克思唯物史观二要点的论述,"有二三百字基本相同",因此,他认为杨文的编写"直接、间接受过李大钊的影响是可能的",但也认为二者"毕竟存在很大差异",并进一步从文体、内容上做了区分。[①] 不过,如果杨文的写作

---

① 李坚编《杨匏安史料与研究》,第61—62页。

真的"参考"了《新青年》，他会只参考李大钊的文章吗？毕竟将杨匏安与李大钊紧紧地放在一起的是后来人，在1919年时两人关系不一定如此"密切"。若不局限于将杨文与李文做对比，同时对杨文的考察范围也不局限于其关于唯物史观的部分，而是将其全文纳入考察的视野，杨文就不仅仅与李大钊的文章有二三百字基本相同了。

李新、陈铁健、龚育之、唐宝林等人都曾或隐或显地指出，杨文是根据《新青年》第6卷第5号上的文章加工改写而成，① 但均未加详考。曾庆榴对杨匏安的文章进行了考证，发现杨文除连载第一天和最后一天的段落外，中间所有的文字都可以从《新青年》第6卷第5号上李大钊、顾兆熊（孟余）、陈启修（豹隐）三人的文章中找到文意相同的对应文字。② 笔者按图索骥，将杨匏安发表于《广东中华新报》上的《马克斯主义》原文与《新青年》第6卷第5号上顾兆熊、陈启修与李大钊三人文章的相关段落逐一进行了比照，确证了曾庆榴的结论。除了一般文字上的对应外，最具说服力的证据是杨文对三人关于马克思主义学说一些术语的混用以及杨文留下的文字借用痕迹。

1919年11月26日连载于《广东中华新报》的文章中，杨匏安将现译"剩余价值"一词写作"余工余值"，③ 而到11月28—29日载文再次提到该词时却写成了"赢余价值"；④ "阶级斗争"一词在11月14日的连载文章中写作"阶级战争"，⑤ 到11月26日却变成"阶级竞争"。⑥ 当时关于马克思主义学说的术语并没有统一的译法，不同的人采用不同的译语，但在同一人的文章中基本是统一的，如李大钊将"剩余价值"译作"余工余值"，将"阶级斗争"写作"阶级竞争"，而顾兆熊对应地写作"赢余价值""阶级斗争"。杨匏安文中对这些术语的翻译用词多变，

---

① 见李新、陈铁健主编《伟大的开端（1919—1923）》，第208页；龚育之《读〈杨匏安文集〉》，《中共党史研究》1996年第6期；唐宝林主编《马克思主义在中国100年》，第91页。
② 请参见曾庆榴《关于杨匏安〈马克斯主义〉的考证》，《广东社会科学》2002年第1期；曾庆榴《杨匏安的〈马克斯主义〉源于〈新青年〉》，《中共创建史研究》2016年。
③ 匏庵：《马克斯主义（十二）》，《广东中华新报》1919年11月26日。
④ 匏庵：《马克斯主义（十四）》，《广东中华新报》1919年11月28日。
⑤ 匏庵：《马克斯主义（三）》，《广东中华新报》1919年11月14日。
⑥ 匏庵：《马克斯主义（十二）》，《广东中华新报》1919年11月26日。

显然不是独立翻译之作。比较易知，杨文提及这些术语的段落若来自李文，这些术语的译法则从李，参考顾兆熊文则从顾，痕迹明显。

更为直观的证据是，李大钊在提到"余工余值"一词时，在其后有一括号注明"余工余值说详后"，即"余工余值（余工余值说详后）"样，① 意即关于"余工余值"在之后的文章中有详细的介绍，李文在该标注后仍接着谈论阶级的问题；杨文提到"余工余值"一词后也标注"详后"，即"余工余值（详后）"样，② 但杨匏安26日的载文到标注便已结束。李大钊在此提及"余工余值"，主要为了解释"社会为什么呈出阶级对立的现象"，该部分的主题是介绍马克思"阶级竞争"说，因此李大钊提到"余工余值"后，并未继续就此问题阐发，而是接着探讨阶级的问题，因此标注"详后"符合独立撰文的写作逻辑。但杨匏安27日的文章紧接着26日的余绪介绍了马克思的价值论，③ 已经开始就"余工余值"的内容进行阐发。连续探讨同一问题，为何要标注"详后"呢？这很明显不符合独立写作的逻辑，杨文参考、改写自李文的痕迹很明显。这也说明杨文并非一蹴而就地写成后逐日连载，而是边写边载，没有对文章进行系统的统合。

---

① 李大钊：《我的马克思主义观》（上），《新青年》第6卷第5号，1919年，第532页。
② 匏庵：《马克斯主义（十二）》，《广东中华新报》1919年11月26日。
③ 从杨文连载次序看，第十三天的连载文应刊于27日的《广东中华新报》。该日报纸虽已遗失，但从杨1922年的《马克斯主义浅说》文对应段落可以判断，其27日载文内容是根据顾兆熊《马克思学说》一文第458页"价值论"一段改写而来。前面言及，杨匏安《马克斯主义浅说》一文主要根据其前文《马克斯主义》改写而来，后文虽有增删，但与前文的段落对应仍较为清楚。《马克斯主义浅说》连载于《青年周刊》第4—7号。对前后文进行比较可知，《青年周刊》第6号连载的《马克斯主义浅说》最后一段对应前文26日的内容，《青年周刊》第7号连载的《马克斯主义浅说》第二段对应前文28日的内容。因此，《青年周刊》第7号刊载《马克斯主义浅说》的第一段应是缺失的前文27日的内容。根据文本比较，《马克斯主义浅说》文此段中"例如铁几斤、面几斤……可以由一定货币与同等价格而交换，但是这几样货物的性质本不相同"，对应于顾兆熊文中"譬如白面与铁，无论这两件货物互易的比例是怎样，却一定可以若干之白面易得若干之铁。这两件货物形式不同，物理的性质不同……"；《马克斯主义浅说》文中"就社会上所需要的劳动时间而言，这就是以社会上普通的生产技术、熟练、勤勉，而生产的劳动时间……特别困难而且复杂的劳动，比之普通的劳动，价值应高数倍"，对应于顾兆熊文中"所谓'社会上需要的'就是指'社会上普通的出产条件与平均的技术平均的勤勉'而言。特别烦杂的工作须按寻常工作的几倍计算"。因此，可以推断前文27日载文是顾兆熊文中关于马克思主义价值论的介绍。

有人认为，中国早期马克思主义传播者接触的马克思学说，"多数还是以日本的堺利彦、河上肇等人的译著为蓝本"，对马克思主义基本原理与主要观点的表述互相对应、文意相近、内容基本一致是正常的，"应是基本趋向"。① 单从逻辑推论而言，也确实存在这样一种可能，即杨匏安、李大钊、陈启修、顾兆熊四人的文章均有相同的外文母本，四人由于语言风格、外文水平不同，而各自文章的段落、内容有文字、文意上的对应，却又不完全相同的情况。但是，符合逻辑推论不一定符合史实，从事实来看，这种推论很容易否证。因为顾、李、陈三人的文章之间并没有这样的文字对应情况（尤其是他们三人的文章均介绍了马克思的唯物史观，但各自不同），而杨匏安的文章却绝大部分分别对应于三人文章的不同段落。因此，杨匏安的文章是编改、重组自《新青年》顾、李、陈三人的文章可以确证。

经上述考论，可知杨匏安的《马克斯主义》一文是根据《新青年》第6卷第5号的文章改写、重组而来。因此，于光远、曹仲彬等人根据杨文发表时间早、涵盖马克思学说的全面系统立论，认为杨匏安在马克思主义传播史上能与李大钊比肩而立的观点难以成立。但是，与此同时，唐宝林等人以对马克思主义学说的介绍是否具有理论原创性为标准，认为杨文编改自《新青年》便对之有所贬低，笔者认为也有失公允。以马克思主义研究史的学术标准来评价中国早期的马克思主义传播者，是不适当的。正如龚育之所言，最初在中国介绍马克思主义的文章，"其意义主要都是在于对'主义'作出的选择，理论上的独创是在后来为传播马克思主义而进行的论辩中，在后来把马克思主义同中国实际相结合的过程中"。② 从对"主义"的选择来看，杨匏安较之其同时代的马克思主义宣传者具有十分超前的地方。

三　回到历史现场的再认识

还原到1919年时的历史情景可知，马克思主义在当时只是众多思潮

---

① 黄永康：《杨匏安是当之无愧的中国传播马克思主义先驱之一》，《中共创建史研究》2017年。

② 龚育之：《读〈杨匏安文集〉》，《中共党史研究》1996年第6期。

之一，还未有今天的官方意识形态的权威地位，在众多思潮中确立对马克思主义的信仰并宣传之，这本身就是难能可贵的。李大钊、杨匏安等人的伟大应在此处，对这一问题应该历史地看待，不能以今人学术研究的标准来评价。例如，梁启超逃亡日本期间，从日本学界转手向国人引介的西学，也大都是翻译、改写、重组自日本学者的论著，① 但其引介对国内的思想和文化产生了重大影响。而今人若以其文章是改写而来，便对其持贬低的态度，自不公允，因为即便是翻译、改写日人的著述，其选择的背后也有远见卓识的支撑。而且就传播的角度而言，传播者的文章是直接翻译自外文，还是凭自身了解而独创，抑或从国内已有刊物上改写、重组，都是对马克思主义传播的推进，并无本质区别。杨匏安的文章虽然是改写、重组自《新青年》上的文章而成，但他对《新青年》上的文章也有自己的取舍，并非简单的"拿来主义"。

李大钊任主编的《新青年》第 6 卷第 5 号，② 集中刊登了几篇有关马克思的生平、学说的文章，因此后人常将这一期《新青年》称为"马克思主义研究专号"。由于马克思主义在当时是众多新思潮之一，尚处于"引进"阶段，引进者的当务之急是让大众了解、认识马克思主义。因此李大钊在组稿《新青年》时，对一些批评马克思主义学说的文章也一并刊发，意欲通过学术探讨的方式使马克思主义成为思想界的热门话题，以引起更多人的注意，进而使马克思主义在"人们的对比选择之中显示出自己的正确性"。③ 正如张静如等所指出，李大钊这种宽容的态度也可以在当时反对封建军阀专制思想这一大旗下，尽可能团结更多的人，其做法对于马克思主义旗帜在中国的树立起到了"特殊的促进作用"。④

纵观《新青年》第 6 卷第 5 号上关于马克思主义的文章，易知除了正

---

① 相关研究参见〔日〕狭间直树编《梁启超·明治日本·西方》，社会科学文献出版社，2001。
② 《新青年》第 6 卷各号由陈独秀、钱玄同、高一涵、胡适、李大钊、沈尹默六人轮流担任主编，李大钊任第 5 号的主编。
③ 张静如、朱志敏：《李大钊与马克思主义旗帜在中国的树立》，《北京党史》1999 年第 6 期。
④ 张静如、朱志敏：《李大钊与马克思主义旗帜在中国的树立》，《北京党史》1999 年第 6 期。

面宣传马克思主义的文章以外,有的文章在介绍马克思主义学说的同时,也对其有很多批评,甚至专门批评马克思学说的文章也一并刊发。

出于时代的局限性,李大钊在其《我的马克思主义观》一文中,也有一些对马克思学说不正确的认识,但他在总体上对马克思主义表达了赞赏、崇敬之意,正面宣传了马克思主义的三大学说。陈启修的《马克思的唯物史观与贞操问题》一文,介绍并肯定了马克思的唯物史观理论。虽然他引介唯物史观的目的是探讨女子贞操问题,但这也是他对唯物史观接受的一种表示。除了李、陈等从正面介绍马克思主义学说以外,顾兆熊虽然肯定马克思学说在历史上的大意义是"终古不能磨灭的",但他同时也认为马克思学说包含很多错误。顾认为马克思唯物历史观"弱点很多",并从"社会科学的认识条件"上对其学说进行了批评。该文对马克思的经济学说也颇有微词,认为马克思价值论里所用的理论,"狠属勉强,并有根本矛盾的地方"。① 该号中还刊有黄凌霜的《马克思学说批评》一文,黄在当时信奉无政府主义,他对马克思学说基本持批判态度,而且批判的语气还比较激烈,多有"不着边际""极危险的论调""弄坏了科学""马氏恐怕不能自辞其咎"等评说。②

正如李大钊所言,马克思主义"惹动了世人的注意,自然也招了很多的误解"。③ 上述对马克思主义一些不正确的批评性观点,有的是出于主义信仰上的恶意攻击,有的是因为"智能谫陋"而认识不足,李大钊都将之登载刊发,寄希望于读者能在思辨中"有点正确的解释"。这既是李大钊在当时环境下的无奈之举,也是其为促进马克思主义传播的灵活策略。而杨匏安在《新青年》的"马克思主义研究专号"中摘取正面介绍马克思主义学说的段落进行改写、重组,滤去批评性文字,并积极迅速地正面宣传,尤应值得称道。

杨文最开始几段中关于马克思唯物史观的部分,主要改写自顾兆熊《马克思学说》一文中"'唯物历史观'的大意""'唯物历史观'的应

---

① 顾兆熊:《马克思学说》,《新青年》第 6 卷第 5 号,1919 年,第 450—465 页。
② 凌霜:《马克思学说批评》,《新青年》第 6 卷第 5 号,1919 年,第 470—478 页。
③ 李大钊:《我的马克思主义观》(上),《新青年》第 6 卷第 5 号,1919 年,第 521 页。

用"两小节。① 在《广东中华新报》上的连载日次为第二次到第六次。其中，第六次载文于 11 月 18 日在《广东中华新报》刊发。但从 19 日开始，杨文介绍唯物史观的母本却改成了李大钊文中的相关部分。杨匏安为何做出如此改变呢？原来顾文"'唯物历史观'的应用"一节结束后，接下来进入"'唯物历史观'的批评"部分，这时杨匏安果断停止以顾文为母本，开始以李大钊文为参照，介绍"唯物的历史观有二要点……"这种取舍，充分体现了杨匏安对马克思主义学说的立场和倾向，也充分反映出杨匏安对马克思主义学说的推崇和信仰。杨匏安不仅选择了马克思主义进行热情宣传，而且还选择了正确的马克思学说内容进行宣传，这也反映出当时杨匏安对马克思主义学说较高的认识水平。

杨文的结尾部分表达了对布尔什维克会取得最终胜利的坚定信心，并认为布尔什维克不能用武力扫除。② 这几句未见有出处的文字，应是杨匏安对马克思主义的独立认知，说明他此时已经接受了马克思主义作为政治信仰，这在与杨匏安同时代的马克思主义传播者中当属少数。杨匏安与李大钊在当时的身份地位有很大不同，杨对如何宣传马克思主义的思考虽然没有李大钊站位高，但他对马克思主义表现出信仰的态度和热情也有超前之处。杨匏安在广州开辟了除北京、上海以外的又一个传播马克思主义的中心，对于杨匏安在马克思主义传播史上的地位应正确地看待，不必自设藩篱，刻意地将其与李大钊做比较。

结　语

马克思主义传播史上的"北李南杨"这一说法的建构，是学术界与传媒界交互作用的结果。李大钊在五四时期便已是全国知名的学者，其宣传马克思主义的文章刊登于全国著名的刊物，广为天下知；而杨匏安在广东地方性的报纸上宣传马克思主义，且是片段式连载，其影响自然没有李大钊大，否则也不会那么长时间无人知晓。而且杨匏安的文章是直接编改自李大钊主编的《新青年》第 6 卷第 5 号，还有直接改写自李

---

① 顾兆熊：《马克思学说》，《新青年》第 6 卷第 5 号，1919 年，第 453—455 页。
② 匏庵：《马克斯主义（十九）》，《广东中华新报》1919 年 12 月 4 日。

大钊文章的部分。因此,笔者认为将杨匏安与李大钊并称为马克思主义传播史上的"北李南杨"不甚妥切。不过,历史人物的功绩和地位并不能用科学的方法进行量化比较,认为杨匏安传播马克思主义的功绩可以与李大钊比肩而论,也是论者的自由。但若为了宣传或维护"北李南杨"之说而对杨文来自《新青年》一事有所忌讳,则大可不必。

还原到具体的历史场景中可知,杨匏安的文章虽编改自《新青年》第6卷第5号,但他对《新青年》上的文章并非不加取舍,而是滤去了批评马克思主义的言论,只选择积极正面的内容并热情地宣传之,这充分反映了杨匏安对马克思主义的推崇与信仰。就当时而言,其宣传马克思主义的态度和热情是十分超前的,值得大力称颂。"北李南杨"之说是后人为宣传杨匏安而构建,并非杨匏安生前所有,杨匏安的历史功绩与"北李南杨"之说是否妥当是两回事,不应混为一谈。而且,杨匏安一生光明磊落,以生献于主义,以死殉于高节,连蒋介石也称他为"一个纯粹的马克思主义者"。[①] 笔者认为,杨匏安的历史地位并不需要借助李大钊之名来彰显。

[沈志刚,中山大学历史学系博士研究生]

[①] 蒋中正:《苏俄在中国——中国与俄共三十年经历纪要》,台北:"中央"文物供应社,1983,第28页。

调研报告

牛歌再响
——变革年代下的非遗传承

刘　嘉　卢依韵　李嘉欣　管艺婷

本调研报告通过探索作为非物质文化遗产的鸡山牛歌的乡土底蕴、历史文化内涵和变革年代下的发展，了解现代社会牛歌的传承状况以及牛歌传承中的困境，从而激发人们保护这一宝贵的非物质文化遗产的热情。

一　鸡山牛歌概述

鸡山村是广东省珠海市历史文化名镇唐家湾的一个自然村，地处伶仃洋西岸，背倚凤凰山麓，背山靠海。生活在这里的村民从事稻作业、渔业、养殖业等。

鸡山牛歌是鸡山村所孕育的独特的非物质文化遗产。它原本是农人在田间闲时自编自唱的民谣，后来成为村中重要的公共娱乐活动，村民在每年的中秋之夜举办对歌会，唱响牛歌，故鸡山牛歌，又称"八月十五歌"。

据村中长者回忆，中秋对歌会源于明末，盛于清，延续至今已有三百余年历史。以前每年的中秋夜，全村老幼都聚集在街市上，以街市中间为界，东西各放一条长凳，一边坐的是里头村的歌者，一边坐的是外头村的歌者，通常情况下都是声音洪亮的年长男性，两村选出的歌者互相对唱问答。街市前方放置八仙方桌，桌上摆放果品，村中长者主持拜月仪式后，中秋对歌会便开始。里头村和外头村两边对唱牛歌，直至有一方唱不出来或者接不下去才会结束。过去中秋对歌会常常因为胜负难分，一直唱到第二天日出。若里头村唱赢，则意味着来年五谷丰登，好时年；若外头村唱赢，则意味着来年鱼虾大顺，好江海。[①] 今时今日的中秋对歌会作为广东省非物质文化遗产，已不仅是鸡山村的盛宴，还吸引了大量的外来人前来观看，当地媒体也十分关注这一盛事。现在的对歌会由当地的文化站和社区公共服务站组织，时间从原来的整夜缩短为约两个小时，其形式在原来拜月和对歌的基础上增加了舞狮和歌舞表演。对歌环节不再严格区分里头村和外头村，也不再讲究两边输赢，歌者数量较从前为少，但是歌者的组成更为丰富，女性和年轻人均可参与。

牛歌形式较为灵活，分长短句，短句一般为七字四句，长句则字数不限，以鸡山方言演唱，歌词押韵，朗朗上口。其内容极为丰富，雅俗共赏，当中包括生产劳动、时令节气、时政、历史地名和婚恋生活，与当时村民的日常生活息息相关。当中的内容为我们研究社会史、地方史、历史地理等提供了丰富的素材。

鸡山牛歌中有一首名为《鸡山地名歌》，反映了过去鸡山村人对于周围自然地理的认知及其多种经营的农业方式，是了解鸡山村地方社会难得的材料。内容如下：

> 出山老虎入山狮，金鸡相伴凤凰嘻；
> 三脚香炉百足地，黄蛇出洞白鹤飞。
> 白水飞流落沙洲，黄金沙埔船仔头；
> 大横坑侧狮仔尾，和尚敲钟南山沟。
> 叠石对面龟蛇洲，大浪湾边榕树头；
> 石灶环头蚝贝仔，银坑望面系香洲。

鸡山牛歌中《劝戒鸦片烟歌》《庆解放》《农村集体化》《鸡山改革开放十变》等歌曲显示出鲜明的时代特色。此外，近年来牛歌在歌词上有不少创新。作为中秋对歌会传承基地的唐国安纪念学校在这方面表现

[①] 《鸡山村史》编撰委员会编《鸡山村史》，广东人民出版社，2014，第145—149页。

积极，组织校内的语文老师，结合时代特点和学生需要，对牛歌歌词进行了改写。如下面两首，分别为《传颂》和《梦想》：

传　颂

名人倍出唐家湾，绍仪国安个个能。
胸怀大志伶仃过，流芳百世耀乡邻。
忠义之行后人颂，求学大志莫滞停。

梦　想

读书写字本领强，唱歌跳舞有特长。
实践创新记心上，勤奋善学不能忘。
国安校长树榜样，清华求学愿可偿。

二　昔日牛歌——乡土社会的剪影

为了更多地了解牛歌，我们采访了中秋对歌会的非遗传承人唐贻程老人。尽管老人（下称阿公）已经进入耄耋之年，但他仍非常健朗，唱起牛歌来中气十足。阿公是1927年生人，在他七八岁的时候，从村中长者那里学会了唱牛歌。2006年鸡山牛歌准备申请珠海市非物质文化遗产的时候，镇里的文化工作者找上阿公，请他回忆自己学过的牛歌，阿公欣然答应。他说，当时他在自己床头放了一张纸、一支笔，每天起床的时候就回忆牛歌。不仅如此，他还从旁人身上收集了不少牛歌，到2008年前后，阿公已收集80余首牛歌，并协助镇文化中心编成《中秋对歌会歌集》。他还经常受邀到附近的中小学教学生唱牛歌。

我们向阿公了解的主要是过去的中秋对歌会以及牛歌在21世纪之前的发展情况。

阿公在访谈中回忆了自己七八岁时候的中秋对歌会（应该是在20世纪30年代中后期），那时候村中的娱乐活动并不多，除了新年和平时的几场戏之外，中秋对歌会就是最盛大的公众娱乐活动，平时生活较为单调的村民在一年一度的中秋对歌会上非常积极，只要能唱的、想唱的，都会踊跃上台。坐在长凳上面唱牛歌的都是村里七八十岁的老人家，女人和小孩子不能上台唱，只能在旁边听。他们严格地分为里头村和外头村两边来对唱，更确切地说，是斗唱。两边以歌词问答，看哪一方最后答不出来，哪边就输了。输和赢并没有什么实质性的意义，只有约定俗成的美好含义。里头村近山，主要的生计方式为种植业，外头村靠海，主要的生计方式为渔业和水产养殖，输赢的象征意义也直接和鸡山村民的生计方式相关。

就着阿公的回忆，我们进行了一系列的追问。

首先，关于里头村和外头村的关系。我们翻阅了《香山县志》《唐家湾镇志》《鸡山村史》以及相关地图，都看不到里头村与外头村的划分，但是在过去的中秋对歌会中，两村却如此分明，甚至两村之间还有一种相互较劲的张力，这让我们心生疑惑，于是就此问题进一步问阿公。

阿公的回答让我们有些沮丧。他说，外头村和里头村其实是同一宗族，外头村的人是从里头村搬出去的，里头村和外头村以街市为界，生计方式虽因所处位置不同而存在差异，但是鸡山村民本身就是农业和渔业混作，所以这种区别并非根本性的。至于中秋歌会上的斗唱，他说并不存在实际利益的角逐，里外斗唱只是一种约定俗成的习惯，输赢只关系到美好的象征意义的归属。在他的记忆中，两村在歌会之外并没有发生过争斗。

尽管阿公的回答似乎否定了我们的猜测，但是在听到"约定俗成"四个字的时候，我们仍然有理由对里头村和外头村的关系存疑，也许是阿公当时年纪太小，尚未理解传统社会村落之间的张力，也许是两村的矛盾当时已经不像对歌会最早出现的时候那么尖锐，因为阿公一个人的话就认定两村之间不存在争斗，这无疑是不严谨的。为什么两村要在这种难得的公众娱乐活动中斗唱？是否两村本来就存在一些争斗？对歌会是否为两村争斗的仪式化表达方式？这与当时村民的生产方式、社会关系是否有联系？这些问题是我们始终要追问的，只是当下材料不足以让我们下定论。

其次，关于女性不能上台的问题。鸡山的传统牛歌中存在大量的男女情歌对唱的内容，女性为什么不能上去演唱？如果没有女性，他们如何演唱这些歌？牛歌中还有诸如《十二月望夫归》这种纯女性口吻的歌词，如果女性不能上台，那么这种歌词写出来的意义又在哪里呢？

阿公告诉我们，当时的女性不敢出门，不敢抛头露面，更不用说和一堆男人坐在一起唱歌，如果有女人真的敢上去唱的话，当时的舆论就会指责她"不知羞耻"。情歌对唱的部分是由男性独立完成的，有些戏谑的男性甚至会用女性的腔调去演唱。而对于我们的最后一个问题，阿公并没有做出回答。

虽然我们追溯的年代是20世纪30年代中期，距离中华民国建立已经过去了二十余年，但是传统社会中的礼教大防仍然存在，女性因为受到礼教和道德舆论的影响，不能随意出门，参与公共活动受阻，村落的公共仪式中缺少女性的位置。再说到女性口吻的歌词，通过翻阅《鸡山村史》，我们发现中秋对歌会中允许双方请本村或邻村有文化之人到现场作词。对于文学创作来说，闺怨是一个常见的题材，我们推测，像《四季相思》《十二月望夫归》《十二月花开》这几首以女性口吻唱出，歌词又相对雅致的牛歌，并不来源于鸡山村本身的生产生活，而是来自知识分子的文学创作。

三　牛歌沉浮——变革年代的盛衰

接下来，阿公开始回忆牛歌在过去大半个世纪的沉浮。在他十二三岁的时候，日本军队闯入了鸡山村，并要求村里的人向他们弯腰鞠躬，还要在家门口贴上"中日亲善"。当时年少的阿公被家里人警告不能乱出门，不要主动招惹日军。对于日军来说，只要顺从他们，不与之起纠纷，他们是不会干预一般人的劳动和生活的，但是像中秋对歌会这样的公众娱乐活动，需要在街市聚集大量村民，这显然不能够为日军所接受，而且当时家家戒严，人人自危，连外出都必须小心翼翼，在这种情形下，中秋对歌会自然难以为继。如此持续了七年之久，1945年日军战败投降，但是鸡山村仍然处于混乱与不稳定中，盗贼和土匪仍然威胁着地方社会。鸡山村还没来得及恢复安宁，国共内战就开始了。从抗日战争到解放战争，总共十多年的动荡时期，中秋对歌会一直停办，在自顾不暇的年岁里，唱牛歌几成奢望。

中华人民共和国成立后，鸡山村开始逐渐安定下来。新中国成立初期，由于村民不了解国家的文化政策，担心牛歌中存在封建落后或淫秽色情的内容，中秋对歌会并未恢复举办，加之此时百废待兴，村中忙于生产建设，也无暇顾及牛歌传唱。一直到 50 年代初国家提出"百花齐放"的方针，村里才重新办起中秋对歌会。但这次中秋对歌会的恢复并没有持续多久，便因"文革"再次停办。

80 年代初，改革开放的春风吹到了鸡山村，村民的生活慢慢安定下来。2006 年，鸡山牛歌申报市级非物质文化遗产，中秋对歌会这个从抗日战争开始就中断的活动，在当地政府的支持下，在文化机构的协助下，在村民们的努力下，重新焕发生机。2012 年，中秋对歌会入选广东省非物质文化遗产。

阿公讲到这里，我们又产生了一些疑问。改革开放是 1978 年，中秋对歌会复办是 2006 年，其间将近三十年都没有恢复中秋对歌会，这是为什么呢？为什么突然在 2006 年恢复中秋对歌会？中秋对歌会最初是在村落自然孕育的，而它的复办是在政府推动下进行的，其性质是否发生了改变呢？

阿公有些语焉不详，只是说改革开放以后有很多事情要忙，也一直没有人提出办这个活动，直到 2006 年要申请非遗。就此，我们进行了一个推测，从 20 世纪 30 年代末到 70 年代末，中秋对歌会几乎中断了四十年，牛歌的传承青黄不接，村落中会唱牛歌的人已经很少了，而且年龄偏大，即使是阿公，这个时候也已经五六十岁了，缺少有活力的青壮年传承人，缺少组织中秋对歌会的动力。而且在现代化的进程中，鸡山牛歌逐渐落后于时代发展，其内容大多还停留在传统村落的劳动和生活中。我们认为，如果没有政府这个外在动力，单凭鸡山村本身的传承，牛歌难以复活。

在采访完阿公回去后的第二天，我们去了唐家文化站，那里的工作人员为我们提供了一些重要信息。2006 年对于唐家湾而言是不平凡的一年，那一年唐家湾镇开始实行"区镇合一，由市直管"，在管理体制调整后，辖区内的经济社会和文化民俗蓬勃发展。① 我们推测，行政管理体制的改革使唐家湾镇更重视对于自身文化资源的挖掘，通过复兴非物质文化遗产将自己打造成历史文化名镇。

关于前后的性质对比，阿公给的回答比较细。从前的中秋对歌会持续时间长，从晚上月升到次日日出，村民参与的积极性高，只要会唱并且愿意唱牛歌的人都踊跃参与其中，即使妇女和小孩子不能上台，也会在下面听。现在中秋对歌会的时间被大大缩短了，已经没有了以前的那种味道。而且现在那些会唱牛歌的人，要么已经搬离鸡山村到城市居住，要么已经垂垂老矣，甚至已经去世，只有小部分人还愿意在中秋对歌会上演唱，而这一小部分人也是由当地的社区服务站和文化站组织起来的。阿公提到，现在村里有很多外来人口，本村原来的人已经很少了，对外来人而言，麻将、棋牌之类的娱乐方式远比牛歌有吸引力。

阿公的话虽然带有一定的主观色彩，但是从中我们了解到了牛歌传承的又一个困境——人口的流动，本地原来会唱牛歌的人离开了，而外来的人没有掌握鸡山方言，与本土文化也存在一定的隔阂，在人口大规模流动的时代，传承和发扬乡土的非物质文化遗产无疑是困难重重。

谈及变化，阿公更是打开了话匣子，他说现在牛歌的歌词已经不像从前那样押韵，因为许多原来以鸡山方言演唱的句子现在变成了粤语，失去了作为本土民谣的特色，而且不再像以前那样严格分为里头村和外头村两边。不过变化也有好的方面，比如女人也可以上去唱歌，十几二十岁的年轻人也可以坐在第一排的长凳上，鸡山牛歌的内容在这些年也得到了一定的丰富，包括《鸡山改革开放十变》《改革开放十春秋》这样与时俱进的歌，这些发展都是让人高兴的。

四 非遗曙光——薪火未绝的传承

在我们采访唐贻程老人的时候，他提到自己有时候会到附近的中学和小学去教学生唱牛歌，尤其是唐国安纪念学校，每年都会请他过去指

---

① 《唐家湾镇志》编纂委员会编《唐家湾镇志（1524—2013）》，广东人民出版社，2015，第 180 页。

导学生，校方近些年对于鸡山牛歌在年轻一辈中的传承非常重视。为了进一步了解学校开展牛歌教学的情况，我们来到了唐国安纪念学校。

在学校门口，我们就看到了2015年颁发的非物质文化遗产"中秋对歌会"传承基地的挂牌，这让我们对此行信心满满。在老师们的帮助下，我们找到了参与鸡山村中秋对歌会表演的几位同学，并对他们做了简单的采访。

采访结果有些出乎我们的意料，从他们的回答来看，他们都是在学校的鼓励下学习牛歌，而且只会唱用于登台表演的个别曲目。虽然他们都是鸡山村人，也在不同程度上表现出对牛歌的兴趣，但是他们在课外并不会主动学习牛歌。当问及他们对牛歌的看法时，其中两位同学认为这是鸡山村的传统，有一位同学则直言"没有看法"。

这让我们意识到当下牛歌传承的一些问题，其中最突出的一点就是仅依靠学校在青少年中进行推广教育，而家庭和社会在牛歌继承人培养上是缺位的，尤其是两位同学提到家中父母均不会唱牛歌（如我们前面所言，这是数十年传承中断的结果），这个问题是当下非遗传承的通病。文化部门很重视，学校很欢迎，但是真正孕育出非物质文化遗产的原生环境却极为沉默，故而非遗传承浅尝辄止，难以触及文化内核。同学们在学校的推荐下为了登台表演学唱个别牛歌，本身对牛歌缺乏理解，对其中蕴含的乡土文化缺乏认同感和归属感。

接着，我们又采访了负责牛歌教学的刘云飞、马庆庆、宋伶三位老师，了解关于学校"中秋对歌会"传承基地的建设和牛歌课堂的开展。

宋伶老师为我们介绍了唐国安纪念学校的牛歌开展形式，学校主要以第二课堂的方式推进牛歌教学，选出通鸡山方言并热爱牛歌的学生，平时对他们进行一些声乐和表演的培训，并邀请鸡山村的唐贻程老人过来教他们唱牛歌，学校里的语文老师还会为牛歌创作符合时代要求及学生特点的歌词。老师提到，当前选用学生最主要的标准还是语言，最初他们要求学生一定要会鸡山话，后面把范围扩大到学生会粤语就可以参与，不断扩大牛歌的参与人群。宋伶老师认为，方言问题是阻碍牛歌传承和推广的重要因素。她给我们举了个例子，学校的语文老师有一次创作了牛歌的歌词部分，歌词用普通话唱是完全押韵的，但是鸡山话唱起来就不押韵，后来还是唐贻程老人根据鸡山话的音韵对歌词加以修改，这首歌才最终成形。学校内懂鸡山话的毕竟还是少数，考虑到这一点，宋老师提到牛歌教学需要有不同的层次，有的会唱，有的会欣赏，有的会表演。

三位老师都认为，鸡山牛歌是优秀的非物质文化遗产，旋律优美，传统深厚，应该努力改进和宣传，使更多的人能够听到，非遗传承是社会的责任，需要共同参与，形成合力，这绝不是学校能独立完成的事情。现在唐国安纪念学校在对外交流合作方面也十分积极，主要的合作对象是唐家文化站、大学和相关政府部门。唐家文化站主要负责鸡山牛歌的非遗申报以及非遗传承活动组织。在近两年的中秋对歌会和非遗文化节上，唐国安纪念学校的学生都会受文化站的邀请去进行牛歌表演。与大学的合作主要指的是大学里的志愿者到校内进行非物质文化遗产的科普，通过兴趣课的形式让学生更多地了解牛歌。与政府的合作主要有两个方面，首先是学校成了"中秋对歌会"的传承基地，得到了政府资金上的支持。然后学校与相关政府部门配合，开展非遗进校园的讲座。有的时候学校还会受邀参加一些大型活动，比如珠海电视台的春节联欢晚会，或者到电视台去表演牛歌，这些活动都对鸡山牛歌的宣传推广起到了重要的作用。

对老师们的访谈让我们深刻地了解到了现代牛歌传承的状况。鸡山牛歌伴随着乡土社会而生，它的内容是村民的生活，它的语言是乡村的方言，它的演唱者是乡间最朴实的农民和渔民。然而在现代社会，鸡山村的生计方式、生活日常、语言文化乃至人口构成都发生了翻天覆地的变化，传统的鸡山牛歌在某种程度上缺少了曾经孕育它的土壤，想要让它在年轻一辈中继续传承，形式内容的创新和乡土特色的保留都是必不可少的。唐国安纪念学校的牛歌新编就是一种有益的尝试。

一系列的访谈到这里就结束了，鸡山牛歌在明清的乡土社会中因村落的内部需求而生，在抗日战争、解放战争、"文化大革命"等历史时期因社会动荡而息，21世纪又因政府历史文化建设和学校第二课堂开展的需要而复活，并在传统与创新的融合中寻求摆脱传承困境的办法，它的发展历程就像一部跌宕起伏的电影，通过不同人口中的叙述，拼合成完整的情节，而在这当中，变革的年代就是电影的时间轴。我们通过访谈和查阅资料，记录下牛歌传承发展的历史记忆，然后对之进一步探究，从而书写牛歌发展史背后的时代变迁。

后　记

我们四人最初只是想找一个既能够反映时代变革，切口又比较小的题目，在不断地筛选中，最终选定了鸡山牛歌这一非物质文化遗产的传承过程作为研究主题。在大一的时候，中山大学历史学系（珠海）曾组织我们到学校附近的鸡山村进行考察，那个时候，我们就被鸡山牛歌丰富的历史文化内涵吸引，同时惋惜于这样优秀的非物质文化遗产在现代社会难以为继。这种情感冥冥之中推动着我们向这个主题靠近，希望通过口述的方法帮助探讨非物质文化在新时代下的传承策略，让更多优秀的传统文化在改革开放的新时代仍然能够熠熠发光，这是我们历史学人朴素的理想主义。

最后，感谢在项目进行过程中为我们提供帮助的单位和个人：感谢唐贻程老人愿意和我们分享他的人生历程以及牛歌的发展变迁史，感谢唐国安纪念学校愿意和我们分享牛歌教学和推广的现况，感谢唐家文化站为我们提供中秋对歌会的相关活动资料，感谢鸡山社区公共服务站不厌其烦地为我们联系村中的老人，感谢中山大学历史学系（珠海）徐鹤涛老师为我们提供选题建议，感谢香港科技大学夏一红女士为我们提供口述史方面的指导，感谢中山大学历史学系吴义雄和何文平老师在论文撰写过程中给我们的建议，感谢中山大学历史学系（珠海）吴滔教授和万忠娟副书记为我们提供的一系列帮助。

附：中秋对歌会歌集

开场歌

今晚歌堂系我开，吹箫打笛引郎来。

引到郎来跟我唱,一同唱到热头红(太阳出)。

或:

今晚歌堂系我开,揾齐兄弟一起来。
三只大船装满载,还有歌师打路来。

一　生活歌

(一) 落手摸虾摸到钱
落手摸虾摸到钱,今年一定好时年。
禾仔翻青草又死,割谷入围顶到瓦坑边。

(二) 请埋各位贺中秋
八月十五又到头,买鱼买肉买鲜蚝。
买得一樽好烧酒,请埋各位贺中秋。

(三) 定亲需用好媒人
唱歌须用歌来引,打锣须用鼓来跟。
打银须用硼砂药,定亲需用好媒人。

(四) 东边月上玉兔皎
南风唔敌北风凉,狗牙唔敌素馨香。
狗牙生在林棚上,素馨生在路边等姑娘。

(五) 一出天星有大细
一出天星有大细,山林树木有高低。
大刀扑落鏨刀口,锯仔鎅来一样齐。

(六) 叫我唱歌我就唱
叫我唱歌我就唱啦,唱出歌王就要钱?

无钱无米谷都要啦，担埋箩仔在身边哗。

（七）竹筒装水两头流
清清白白谁家偶，坑边洗衫水长流。
马尾生成两边摆，竹筒装水两头流。

（八）清闲无事小神仙
去访诗酒琴棋客，何处风花雪月天。
自古有名闲富贵，清闲无事小神仙。

（九）六壬俱在五行中
石崇富贵范丹穷，早运甘罗晚太公。
彭祖长寿颜子短，六壬俱在五行中。

（十）灯笼点火里头光
灯笼点火里头光，姜太公八十遇文王。
王婆搅坏西门庆，一剂毒药害死武大郎。

（十一）刘关张赵
刘备起初担席卖，关羽豆腐摆塞街。
张飞挑肉街头摆，赵子龙好打不挂怀。

（十二）七千里路到郎乡
七千里路到郎乡，伯偕无义不面乡。
张公就把书来寄，五娘剪发卖青丝。

（十三）下马离鞍就太平
三条大路到浦京，五旗兵马乱沉沉。
直成上马兵就进，下马里鞍就太平。

（十四）东坑流水西坑响

东坑流水西坑响，南面栽花北面看。
海南蝴蝶飞返广，为着贤妻坏肚肠。

（十五）撑艇公

撑艇公，撑艇公，撑埋我过涌。
有乜槟榔来敬奉，白纸卷烟两三筒。

（十六）一出太阳照东西

一出太阳照东西，照见秀才骑马我骑鸡，
秀才骑马通街走，我哋打起生鸡立乱啼。
一出太阳照东红，秀才骑马我骑龙，
秀才骑马通街走，我哋打起猛龙穿广东。

（十七）一枝竹仔顶透天

一枝竹仔顶透天，乾隆嘉庆同我年。
天上雷公系我亲舅父，海底龙王系我亲外孙，
天上彩虹系我金腰带，海上龙船系我脚踏花鞋。

（十八）十足世界又封侯

八月十五系中秋，中秋赏月乐陶陶。
请埋各位来饮酒，猜枚高兴贺中秋。
一心敬你来饮酒，二（义）气姊妹在横楼。
三元及第名利就，四季兴隆有租收。
五子登科穿锦绣，六代儿孙姓氏留。
七宫仙女来敬酒，八仙贺寿结鸾球。
九子连环居相首，十足世界又封侯。
诸君听过长福寿，吃到一百又零头。

（十九）关埋门仔又一年

正月蔗仔标，二月蔗仔摇；

三月劏蔗标，四月蔗仔真大条；
五月端阳裹大粽，六月割禾苗；
七月烧衣夹打醮，八月秋风在街摇；
九月重阳人放鸢，十月火行桥①；
十一月系冬，十二月系年。
家家贴晒红门钱，隔离二叔婆烧炮仗，
关埋门仔又一年。

（二十）

八月十五系中秋，中秋明月照当头；
人哋亚爹有钱吃月饼，我哋啊爹有钱吃芋头糕。

（二十一）石狮看见眼泪流（懒老婆）

十七十八该两年有柴有米亦有油，
自从攞到该位"贤妻"日夜愁，
朝朝梳头梳到小晏昼，
梳起龙凤咁个头，鸡乸爬过坩个窦，
眼眉虱乸打千秋，脚垫脚带摆到门兜口，
着件衫有衫袖，着条裤有裤头，
着对屐拖剔沥啪啦踢叻踢到铺门口，
搦几文钱籴斗米，挪米饲鸡鸡又走，
装饭饲猫猫捂口，摘潲饲猪猪拧头，
失礼几多亲戚朋友，
石狮会，石狮看见眼泪流。

（二十二）十二月花开

正月花开是水仙，开在盆中甚鲜妍；
又有凌霄金雀蕊，此花同是贺新年。

---

① "十月火行桥"意指风高物燥，容易引起火灾。

二月扬花满路飞，杜鹃桃李正当时；
曾记昨天金殿内，齐齐相聚赋新诗。

三月春风不曾闲，富贵花开是牡丹；
此花真正如人意，神仙看见也思凡。

四月花开是珍珠，珠胎结就白花怡；
人人作客思故里，正是清明扫墓时。

五月花开是石榴，榴花生子白衣包；
端午迎神真热闹，一年好景莫丢抛。

六月荷花开满池，香风吹送绿荷衣；
公子佳人同说藕，莲蓬莲子结连枝。

七月花开金丝桃，开花结子被人偷；
古人有位东方朔，偷食金桃万古留。

八月桂花开正妍，唐皇游月至今传；
至有宾风传圣事，小舟游殿月下贤。

九月菊花真好样，含苞待放傲秋霜；
红黄白色胭脂样，开得满盘咁威扬。

十月先开岭上梅，应知独占百花魁；
娇红淡白得人爱，夜合兰花满园开。

十一月花开腊花妍，此花出自武则天；
狂妄自封女皇帝，霸住江山几十年。

十二月花开是吊钟，红红绿绿结成氅；
等到春天又抽笋，开得枝枝满树红。

（二十三）对唱

问：乜嘢出世山中坐？乜嘢出世落塘河？
　　乜嘢买鸡唔用秤？乜嘢籴谷唔用箩？
答：老虎出世山中坐，鸭仔出世落塘河。
　　崖鹰买鸡唔用秤，老鼠籴谷唔用箩。

问：乜瓜出世青基基？乜瓜出世面皱皮？
　　乜瓜出世红粉女？乜瓜出世头大尾拖丝？
答：青瓜出世青基基，苦瓜出世面皱皮。
　　南瓜出世红粉女，蒲瓜出世头大尾拖丝。

问：乜嘢咁光唔似火？乜嘢咁甜唔似糖？
　　乜嘢咁酸唔似醋？乜嘢咁辣唔似冬瓜姜？
答：咁好月光唔似火，蕉子咁甜唔似糖。
　　柠檬咁酸唔似醋，辣椒咁辣唔似冬瓜姜。

（二十四）大话歌

看牛仔，走奔波，拉条牛绳到地拖，
荫凉树下唔识坐，丢开牛牯吃人禾。
鸡佬巡田巡着我，要我赔粘又赔糯，
足足赔到下造过，不如走上山头唱支大话歌。
一粒豆，晒三窝，一边萝白斩三箩，
一条榕树遮三顷，一滴山水流出三条河。
老鼠拖猫屋背过，黄蛤拖蛇倒遁拖；
担梯上树捉黄鳝，落地盘泥攞鹩哥；
赶鸭上山雪树叶，赶牛落海味青螺。

(二十五）拆字歌

八月十五到中秋，中秋赏月响嘈嘈。
字眼拆开添减造，众人听过爽百秋。
左边一撇唔成字，右边一捺就成人。
人字经逢三日内，富贵荣华春过春。
春字除三日不近，家中还有老年人。
人字头上花两朵，变成火字点神灯。
火字下头开口问，生成谷米养人民。
谷字头上加宝盖，揭开宝盖照颜容。
容字侧边添木衬，种成榕树好遮荫。
榕字除容加木并，一子登科点翰林。
林字头上加个木，兄弟交情得咁深（森）。
森字除林艮字并，读书人仔要真根。
尹字低头开口问，期望官升伴帝君。
八字下头刀顶紧，张公九代住不分。
㢑斗担东唔再问，两家情愿结朱陈。
貢字旁边添土衬，薛刚偷祭铁坵墳。
廣字无黄将木放，古云仁贵睡龙床。
田字居下头顶尚，子承父业理应当。
禾字底下日顶上，卖花人过路头香。
香字除禾添日上，一年四季大吉昌。
良字侧边添㢑斗，不知边位唱歌郎。
就把歌书拦绝唱，众人听过福寿长。

（二十六）字谜歌：一心敬奉

东头落笔西头停，一弯明月照三星；
狗（苟）仔咬文双礼贝，春头牛仔少条绳。

（二十七）春夏秋冬

三人同日去采花，百友原来系一家；

禾火两人对面坐，夕阳底下两条瓜。

（二十八）夫妻义重
二人同立顶穿天，十女同耕半亩田；
八王准备来助我，千连田土土连干。

（二十九）风花雪月
凤凰飞鸟去寻虫，二十七人同一宗；
大雨落在横山上，朋友相交一半空。

（三十）徽
西厢待月一寺空，白马求救去无踪；
崔莺此日失佳偶，恼煞红娘不用工。

（三十一）养
当初估你真情义，谁知丢我另寻人；
中间一点无情水，好极还要再添艮。

（三十二）一
项羽当初气概雄，昔日有功并无工；
八千子弟归西去，乌江自刎不回东。

（三十三）真快活，住茅寮
真快活，住茅寮，风吹雨打当吹箫；
日间有个太阳照，夜间有个月来朝。
荣华富贵我唔要，清茶淡饭好逍遥；
织席为生几咁妙，风流潇洒住茅寮，
唔惊大贼来捉我，至惊贼仔放火烧。

（三十四）劝戒鸦片烟歌
劝君莫吃鸦片烟，一吃魔鬼身上缠。

三朝两日烟瘾起，心酸眼鼻水涟涟。
骨瘦皮黄伤身子，倾家荡产更可怜。

(三十五) 唔曾见过吃烟人仔剩到钱
千万千，千万千，千万嫁郎莫吃烟，
千个吃烟千个贱，唔曾见过吃烟人仔剩到钱。

(三十六) 劝戒赌歌
劝人莫入赌钱场，十个赌博九个伤；
欠下周身阎王债，卖儿卖女也难偿。

(三十七) 对唱
问：乜字写来曲去又曲翻，乜字写来山叠山？
　　乜字写来三个口，乜字写来田字上下两出头？
答：之字写来曲去又曲翻，出字写来山叠山；
　　品字写来三个口，申字写来田字上下两出头。

二　劳动歌

(一) 插秧姑
问：插秧姑，插秧娘，问你手揸黄秧几寸长？
　　几寸到泥几寸到水，剩番几寸要风凉？
答：我唔系插秧姑，我唔系插秧娘，
　　手揸青秧六寸长，一寸到泥二寸到水，
　　剩番三寸要风凉。

(二) 三更半夜打秧归
三更半夜打秧归，七宿已斜月又低，
我早早洗脚上床揾觉瞓，楼上更鼓来催楼下生鸡立乱啼。
亚哥嗳，今年耕田辛苦啲，
唔嫌辛苦共我亚爹做多一年添，

等我亚爹凑够银七钱，亚妈添够三钱共一两，
织麻捻线共你亚哥做多两套睡衣裳。

（三）十二月采茶
正月采茶系新年，抱石投江钱玉莲；
尸骸流出东边海，十朋友义祭江边。

二月采茶又发枝，苏秦六国尽归其；
千声埋怨妻周氏，当日之时不下机。

三月采茶茶叶黄，仙姬七姐会牛郎；
董永卖身七姐配，仙姬七姐下天台。

四月采茶茶叶香，又逢山伯会英娘；
同窗三载情义长，点得还乡共结双。

五月采茶系龙舟，汉皇投水向东流；
感得龙皇太子救，进宝状元永无忧。

六月采茶大暑天，志远投军十六年；
妻在家中多厌贱，母子相逢在井边。

七月采茶系立秋，蒙正捞斋向南游；
功名不凑时运配，千金同伴把篮投。

八月采茶系中秋，君王正德下南游；
皇帝下乡来巡视，天下太平永无忧。

九月采茶系重阳，桃园结义刘关张；
拜请军师诸葛亮，鼓响三声斩蔡阳。

十月采茶大冷天，伯偕无义不归田；
张公就把书来寄，五娘剪发卖青丝。

十一月采茶系大冬，孔明台上借东风；
借得东风旗尾涌，曹操败阵走华容。

十二月采茶系近年，三娘汲水在河边；
感得太白金星一支箭，血书正得大团圆。

三　情歌

（一）河边洗衫绿滔滔
河边洗衫绿滔滔，该双玉手放落水中流。
亚妹嗳，我问知你系边位爹娘生得你咁靓，
引得我郎行去又行高。
亚哥嗳，你顺水行舟即便去，你妹条路唔通眼望高。
你返去屋企勤谨赚银来攞嫂，勤谨赚银来养老。
冬至过哕年又到，你妹单望住月宫该条丹桂树。
你妹手爬（攀）唔到枉费心劳。

（二）远望亚姑逆面来
远望亚姑逆面来，风吹衫尾射怀内。
亚妹嗳，我问你手揸庚书把纸扇，问娘何处探亲来。
亚妹嗳，你身着田衣被我娘来踩。
你妹吃多两年系我亚哥手下妻，唔知真妻还是假妻。
真妻至少行得三五遍，田衣揸烂洗得万年来。

（三）远望亚姑着件大蓝青
问：远望亚姑着件大蓝青，唔长唔短问你乜姓名？
　　亚妹嗳，我问你祖公山坟葬采边笪地？
答：我哋祖公坟葬采观音岭，无五色土泥生得你妹真白净。

唔搽脂粉系你妹生成。

你信就信，唔信走去氹边照水影，大鱼作乐共虾跳。

（四）三更半夜打失偶

三更半夜打失偶，五更饱饭去寻奁①。
东寻西寻南北寻唔见，寻到渡头问渡主。
渡主公公来开口，今朝霞雾就抛船，
昨晚看见七八个娇娥照该经过去，唔知边位系你小娇妻，
我妻有样，妻有样，
我妻桔插朵莲花鬓芸边，我妻行路似得风摆柳。
说话讲来蜜汁咁甜。

（五）雨仔筛

雨仔筛，雨仔筛，丢麻唔捻去望夫归。
安起麻篮兼凳仔，关起大门兼门仔。
走到江边踏上船头睇一睇，睇两睇，睇见艄公兼伙计。
艄公嗳，做乜你带我夫去，唔带我夫归。
你夫在十字路头开间小铺仔，元宝蜡烛仔。
盐油酱醋米，攞到一位十七十八嘅亚姑仔。
着件京青蓝裆仔，白衫白裤仔，搭起香山椰油仔。
日间得来做伙计，晚间得来做夫妻。

（六）竹叶丝

竹叶丝，竹叶丝，未嫁情娘我先知。
亚爷有钱上城打个金戒指，戒指里头有三行字：
第一行该行孝顺爹和妈，
第二行该行孝顺玉张飞，
第三行该行两老行床房间里，先有麒麟后有太子。

---

① 奁：女子梳妆用的镜匣。

夫妻会，夫妻和顺白发齐眉。

(七) 清奇白净上街行

吃到咁大个唔曾去过薄情坑，薄情坑中有个女拉男，
亚妹嗳，我问你放手唔放手，
你话唔放手，我去话知更夫兼地保，
话你薄情坑中有个女拉男，
亚哥嗳，做乜你哋男人讲嘢咁交关，
今日遇着一蓬西水落头风又猛，我有胆过桥惊桥翻，
迫于无奈跟着你亚哥脝边行，
海水咁咸坑水咁淡，你亚哥剥件衣衫等我帮你清洗净，
清奇白净上街行。

(八) 乌缎包头打脚揢（绑腿）

乌缎包头打脚揢，亚爹有钱请个落船撑。
撑撑撑撑，撑到根竹山；遇着一蓬西水落头风又猛。
我哥狂忙踏烂一块船头板，鹅哥青脚都刮烂。
两行珠泪湿衣衫。

(九) 远望亚姑廿二三

远望亚姑廿二三，手抱孩儿街上行。
亚妹嗳，问你男共女，女共男？
亚哥我哋返去屋企做个煎堆酒米担，买埋姜醋贺你妹初生。
哑哑哑，哑过你只大死仔，大贼斩，老鸦喊黑雀担，
担到你白日投江发鸡盲。
我哋大哥去掘田亚嫂担晏昼（午餐），
剩落两个侄子采屋企哇哇喊，抱起侄子上街行，
禾秆穿针唔过眼，明明白白系你妹初生。
哑哑哑，哑过你只大死佬，鳝白离江发鸡盲。
亚妹嗳，龙洞过哆双并企，妹你佗胎肚又横，

唔怕你系生铁犁头嘴咁硬，一于买埋姜醋贺你妹初生。

（十）出街听见话米贵

昨晚出街听见话米贵，养妻唔住点施为。
亚哥嗳，你莫忧，你莫愁，总之米塔挂住担杆头。
你哋男人吃饱三餐出去做，我哋女人唔吃几多闲。
亚妹嗳，唔吃三餐都要吃两餐，恐怕饿坏我哋贤妻恨唔翻。

（十一）日出东方一点红

姑：日出东方一点红，朝朝洗面睇芙蓉。
　　咁靓芙蓉有子结，咁好亚嫂有仔生。
嫂：咁好肥田咁好坑，谁叫你亚哥唔识耕。
　　咁好犁头唔入三寸土，你叫禾苗点样生。

（十二）四季相思

春季里相思艳阳天，春草回芽遍地妍；
柳如烟，我郎为客常在外边，梳妆打扮菱花镜无缘。
可怜奴打扮咁好娇容无郎来见面，
莫不是外边另有玉天仙？忘却了当初一段美好姻缘？
我郎呀，你是个有良心人，怎肯把良心来改变。
怎肯把良心来改变，害得我迢迢长夜不成眠。

夏季里相思荷花香，乌云蓬松懒去梳妆，
热难当，我郎一去不知在何方。
泪如珠江水，点点落胸膛。
可怜我，独坐凉亭将郎来盼望。
无情无义，懒去绣鸳鸯，何日回来诉我衷肠？
我郎呀，你是个年轻人，怎肯拆散一对好鸳鸯。
秋季里相思桂花飘，寒虫叫得絮絮又叨叨。
好心焦，牛郎织女渡鹊桥。

细雨寒窗湿，谁家品玉箫，凄凉人最怕听凄凉调。
孤雁黄昏叫声高，欲写封情书怎能寄到？
我郎呀，我在这里思念你，你在外边可知道？
你在外边可知道？望郎早日买归舟。

冬季里相思腊梅花开，鹅毛大雪落在地成堆。
冷难捱，我郎一去竟忘回。
郎在外边冷，我在这里心挂怀，到晚来谁与你铺盖？
痴心不过是我女裙钗，忘恩负义系你小郎才。
我郎呀，你若是没良心，头上还有青天在。
头上还有青天在，郎知我意早日回来。

四季相思真正候一年，忽听门外像是我郎言。
喜连连，慌忙急步走到大门前。
衣袖拖丹桂，玉手捧郎肩。
到今朝方见冤家尊容面，双双对对来到大堂前，
洗手焚香告苍天。
我郎啊，今朝是我团圆日，了却我的相思一整年。

（十三）十二月望夫归

正月望夫夫不归，山林草翳鹧鸪啼。
鹧鸪啼啼无眼泪，人仔啼啼眼泪筛筛。

二月望夫夫不归，春花开放满罗帷。
有心拗花无心插，头发懒梳髻懒围。

三月望夫夫不归，寒食清明节又嚟。
有仔山坟挂晒黄白纸，有仔山坟枉费一堆泥。

四月望夫夫不归，黄梅柰仔（李子）挂高低。

有心种梅无心摘，熟透黄梅跌落泥。

五月望夫夫不归，端阳菖蒲浸艾酒。
有夫在堂杯杯满，无夫在堂尽此杯。

六月望夫夫不归，禾黄米熟养肥鸡。
有心养鸡无心放米，赶出槐荫树下啼。

七月望夫夫不归，牛郎织女会河溪。
牛郎七姐七夕会，我夫出路仍未归。

八月望夫夫不归，中秋明月伴光辉。
家家户户来赏月，有人欢乐有人愁。

九月望夫夫不归，满田禾熟雁南归。
立冬寒冷衣衫少，长流珠泪望夫归。

十一月望夫夫不归，北风阵阵冷悲凄。
独睡罗帷真正冷，梦中梦见我夫妇。

十二月望夫夫不归，冬至过哖年又来。
为夫懒食茶和米，唔知何日望得我夫归。

四　时政歌

（一）穷人生活苦连天
穷人生活苦连天，不论做工或耕田；
日夜辛苦有米煮，家无片瓦住茅寮。

（二）定要人穷志不穷
耕田劳苦但有功，世人吃粮我哋种；

猪牛鸡鸭农民养，着衫穿裤靠棉农；
自古艰难磨意志，定要人穷志不穷。

（三）一只花碗打烂十六边

一只花碗打烂十六边，亏我十六嫁人实可怜，
着条花裙仔衬住小金莲，个啲三姑六婆揸住个把大葵扇。
又话苏饼三千银三百，烧猪回礼拜祖先。
天过天，天过天，亏我郎好赌好吹烟，
卖儿卖女苦连天，封建害人真不浅。
解放以来人赞美，一双一对同生产，
好似一条红丝线穿住两个大光钱。

（四）肥壮牛羊满山岗

凤凰山上好风光，青山绿水换新装，
松竹果树全种上，肥壮牛羊满山岗。

（五）庆解放

三座大山已推翻，穷人从此当主人；
翻身不忘共产党，幸福全靠毛主席。

（六）鸡山赞

珠海县内唐家湾，唐家南望系鸡山；
禾苗绿油人称赞，亩产七百唔系难。
上沙岗，下沙岗，蛇洲海面水茫茫。
涌边有个天然荫，渔船停靠做得避风塘。
观音洲，石冧洲，水干艇仔去攞蚝。
盛产海鲜鱼虾蟹，人人赞赏叠石蚝油。
公路两条经过村门口，直通凤凰山里头；
青山绿水风景美，鸡山堪称第一筹。

(七) 解放翻身十春秋

解放翻身十春秋，农业生产得丰收；
植树造林山绿化，渔蚝副业争上游。

(八) 农村集体化

自古单丝不成线，又话独木不成林；
农村实行集体化，共同富裕奔向前。

(九) 改革开放十春秋

改革开放十春秋，工农生产展鸿图；
绿树成荫山似锦，低房旧舍变高楼。
街巷开通车畅流，教育卫生步步高；
幼有所育老有养，人民生活乐悠悠。

(十) 鸡山改革开放十变

1. 生产变
村办工业日益增，制衣、饲料、灭蚊灯；
玉石精雕工艺好，还产饮料造游艇。

2. 养蚝变
昔日养蚝靠瓦砖，而今改用水泥条；
海边吊养新科技，载上鲜蚝运港销。

3. 荒山变
种果造林改山丘，荒山今已变绿洲；
山蕉、茅苔唯我有，翠竹婆娑诱人留。

4. 村庄变
户户村民建新居，幢幢高楼立村前；
家用电器堂前摆，男女老少乐绵绵。

5. 道路变
披荆斩棘路畅通，狭街窄巷扩开宽；
水泥道路天边绕，中小汽车到村中。

6. 食水变
白水坑前水管铺，甘泉引至每家户；
食水无须担井水，洗涤不用水坑露。

7. 水利变
溪流裁直疏通后，湍急坑水海中流；
暴雨成灾成过去，雨夜高枕不用愁。

8. 教育变
崭新校舍平地起，教育设施多齐备；
尊师重教勤学习，朗朗书声伴晨曦。

9. 卫生变
集体热心办保健，求医治病好方便；
村庄努力美环境，功及子孙泽绵延。

10. 福利变
年前办起托儿所，今又兴建幼儿园；
老人退休有津贴，尊老爱幼福利全。

五　地名歌

（一）旧广东府州县名歌

广府南番附省城，香山顺德及新宁；
增城东莞由斯路，新会新安起共程。
清远直从三水过，龙门进步必相经；
须知从化言旋北，花县咸称十四名。

佛冈厅过南雄州，统辖始兴一邑侯；
韶州曲江同廊往，翁源伴外乳源俱。
欲寻英德归何处，乐昌仁化是通衢；
连州也辖阳山县，欲往连山又一厅。
肇庆高要又一方，开平开建及阳江；
高明人唱阳春曲，音韵新兴四会扬。
德庆欲求知己会，鹤山歌调亦为良；
封川路隔恩平远，先到广宁赴客商。
碧罗定帐东安宿，望断西宁几度关；
高州城内茂名衙，电白信宜各一丫。
寄语化州人买桔，吴川错认石城家；
廉州土产称奇美，合浦珠还胜碧霞。
嗟叹钦州同狄海，灵山西省两交芽；
诸君欲往雷州府，先到海康不是差。
堪笑遂溪红粉女，徐闻更鼓蝶催花；
琼州城内即琼山，澄迈经商久未还。
乐会会同分两县，临高陵水许多山；
三州定是儋崖万，昌化文昌处处难。
幸得安定回首日，感恩高挂顺风帆。
惠州归善邑为尊，闻道博罗胜境传。
莫把连平州作县，龙川经过问河源；
永安人访长宁友，先到和平说事端。
偶遇海丰人作伴，几乎错落陆丰船；
潮州城内海阳强，始属饶平大埔场。
澄海普宁兄弟邑，惠来君语共邻疆；
揭阳又到潮阳港，丰顺回城不觉长。
偏游嘉应同长乐，兴宁首县亦安闲；
平远镇平都走过，不如高卧且加餐。

（二）香洲地名歌

凤凰白鹤喜欢欣，南山落脉大草岩；

观音坐莲耙拨岭，白鹤飞蒲水射行。
白足喷珠金鸡叫，金丝老虎大餕精；
黄蛇出洞兼缩颈，水牛吃草路边行。
北吖南吖鸡拍共唐家，螺井二整大整石；
水埗深深青台牌，第一坳渔蚝田里。
要吃肥蚝大浪湾，观音洲榕树洲石冧洲；
银坑大姐在打蚝，石灶环头蚝贝仔；
义昌会，义昌对面系香洲。

（三）旧中珠澳地名歌

五桂赶龙过南山，南山捉凤过龙潭；
龙潭山顶有个崖鹰转，凤凰脚下有个观音山。
东西分开有两径，一点莲花插入澳湾；
一边水咸一边水淡，西洋鬼占去攞唔翻。
四水归源丁财贵，妈阁对面就系路环；
关闸外出有个莲花径，望洋映照对面就系北山。
北山杨氏人称赞，走出沙尾赶过前山；
南屏群贤众赞誉，白石村中鲍当头。
北岭里头徐为首，吉大湾畔叶丰茂；
牛坑赖过神前牯，蚝贝仔跌落水蓊坑。
一出契爷岭碰亲耙齿石（华子石），
香洲本来就系石灶环；
山场里头吴、黄、鲍，走出茅斜（梅溪）赶入东坑。
前山白石有个留人洞，翠微村佬掘鸡笼；
狗仔嘤嘤白鹤港，沥溪坑水长流南界涌（南溪）。
五溪流水长沙墟，麻湾走过系鸦岗；
蛛洲孖洲过坦洲。新塘石塘过神湾。
神湾里头有个白石庙，桥头乌石过平岚；
水截截过里外埔，古鹤飞蒲落西山。
秤钩钠肉趁那州，会同莫家姓氏留；

白叶林中出燕子，前陇垅肖家去吃馒头。
一对双龙飞过佛径，塘锦有间马玉山；
雍陌有个泉眼挖虾仔，平湖大步（埔）过沙岗。
东岸担沙镇外堂，北山运石筑新围；
新围燕子飞去根竹尾，潭井鹅公走入新福塘。
北山外堂河头有个麒麟石，东岸下栅（仔）对面系流尸山；
上栅赶落下栅（仔）觅桃李，佘卓两姓住官塘。
唐家兴办中山港，拆屋填地建新村场；
社庙拆开神权灭，三圣宫菩萨升天庙改做监仓。
鸡拍杨寮踏入茭塘夏，你睇淇澳撑船过银坑；
唔使几个钟头到崖口，隔田放炮打平沙。
唯有岐环我都唔去，不如走落澳门赌几口番摊；
一上二出三番唔买四，俾佢连中十二口孤番。
山标独得佢时常惯，开间银行大过凤凰山；
英德美俄同我来往惯，齐齐赞，
将呢啲钱买齐飞机和炸弹，齐心合力打东洋。

（四）鸡山地名歌
出山老虎入山狮，金鸡相伴凤凰嘻；
三脚香炉百足地，黄蛇出洞白鹤飞。
白水飞流落沙洲，黄金沙埔船仔头；
大横坑侧狮仔尾，和尚敲钟南山沟。
叠石对面龟蛇洲，大浪湾边榕树头；
石灶环头蚝贝仔，银坑望面系香洲。

（原载《鸡山村史》编撰委员会编《鸡山村史》，广东人民出版社，2015）

［刘嘉、卢依韵、李嘉欣、管艺婷，中山大学历史学系（珠海）本科生］

书评与史料介绍

程美宝等著《把世界带进中国：从澳门出发的中国近代史》

王　鹏

　　《把世界带进中国：从澳门出发的中国近代史》是澳门基金会资助、澳门科技大学主持的"澳门在全球化和东西方文化交流中的历史地位、独特作用与现实意义研究"项目子课题"15—20世纪澳门对周边地

区的示范与辐射作用研究"的结项成果，由程美宝、何文平、赵立彬、黄健敏、胡雪莲等人共同撰写，2013 年由社会科学文献出版社出版。该书旨趣并不是单纯的澳门地方史研究，而是对澳门与周边地区的"关系"进行探讨，尤其强调澳门对周边乃至对中国社会整体所发挥的示范与辐射作用。珠海与澳门同根同源，珠澳共同组成了一条中西文化之间双向交流的通道。在这个思路之下，不仅澳门的历史定位被凸显出来，珠海的历史定位也自然地显现。

虽然珠海在 20 世纪 50 年代方始建县，但并不代表珠海在近代历史叙事中不可辨识。该书在论述澳门与周边地区关系时，已经充分意识到香山存在"两个世界"，并将其描述为"香山以北"（大致在今天的中山市）与"香山以南"（大致在今天的珠海市且包括中山市部分地区），二者在地理上大致以石岐为界。与香山北部所代表的传统中国不同，香山南部更具海洋性且更为趋新（第 195 页）。这个趋近于现代珠海，可被识别的"香山南部"之地方特性在于，它与澳门之间是城郊关系（第 110 页），它是国家的边缘，但又是中国走向世界的最前沿（第 196 页）。

该书共有五章，在章节安排上基本遵循时间顺序，即从 16 世纪叙述到 20 世纪初，同时各章之间存在一条"自下而上"的逻辑线贯穿全书，从所谓的"边缘群体"说开去，谈到"中间阶层"，再论及知识分子和革命领袖（第 258 页）。这条逻辑线并非强行解释，而是符合历史事实。如序言所说，最先也最愿意与西洋人直接打交道的，往往是在中国社会被视为"边缘"的人物（第 5 页）。

第一章论述了早期中西交往过程中的普罗大众，包括水上人、通事、艺匠和华仆。20 世纪 50 年代珠海设县的本意即巩固海防，争取渔民内向，发展渔农业生产。故该章所论述的水上人，是最能清晰辨认出的"珠海人"。这些水上人的职业相当多元，包括引水人、渔户、涉外情妇等。水上人是中国传统社会典型的边缘群体，虽然受到前山寨的管辖（第 16 页），但他们借由珠澳交流实现了社会地位的提升，积累了大量财富，其生活因为澳门发生了显著的变化。除水上人外，南屏"容姓"的工匠也受到澳门影响，学到了建造西洋建筑和装饰的工艺（第 33 页）。同时，作者还提供了可供珠海地方研究的新思路，即摆脱"契约华工"

和"华侨历史"窠臼,将视野提前,转为研究当地的"前华工史"(第49页)。

第二章考察了西洋火器经由澳门在中国的传播过程及其对中国传统社会秩序产生的特殊影响。澳门因其在中西文化交流中的独特位置,而成为近代西洋枪炮进入中国的重要通道之一。由于武器买卖的滞后以及澳门的特殊地位,清政府难以真正有效控制武器的流入,这成为近代华南社会动乱的重要因素。清末华南地区的盗匪活动、反清革命以及地方性叛乱,都与澳门军火有关。居于珠澳之间的拱北海关是考察这一历史过程的关键切入点,同时也是史料的重要来源。

第三章探讨了澳门在思想观念上对周边地区的辐射与影响。该章首先以珠海湾仔为例,展现了澳门在日常生活中和经济上对香山南部的吸引力,这种吸引力使得香山南部的村民愿意与外国人打交道。底层民众对待中外交流的态度,与诸如《杜凤治日记》等文献中所展现的官僚阶层嫌恶洋人,甚至憎恨洋人通事的心态截然相反。澳门周边底层民众愿意与外人交流的心态,往往容易被研究者忽视或低估。正如作者所言,这是因为现存文献多出自官府和绅商,多数是政治争拗的产物,易于显现政治上的对立(第110页)。通过澳门这一渠道,香山南部民众不仅在经济上受惠,同时也获取了教会教育、海外留学和女学教育的机会,并自下而上地改变着这一地区人们的思想观念,直至对中国整体产生影响。中国近代早期趋新人才集中涌现于珠海南屏与唐家湾绝非偶然,继续挖掘香山南部小人物与澳门之间早期来往的细节,更有助于我们理解中国近代的一些大人物与大事件。

第四章通过论述近代香山民居建筑的演变、香山买办的居住形态、香山人的商业文化等,展现了澳门对周边地区所起的辐射与示范作用。该章第一部分以孙中山故居为引子,展现了香山的舂墙屋、西装屋、青砖屋三种建筑形态。这三种建筑形态的消长,反映的正是中西文化在当地的碰撞交汇。同时作者特别点出了从澳门到唐家湾金星港,再到翠亨的这条交流通道,是当地建筑形式发生变革的来源(第150页)。过去关于珠海唐家湾金星港(淇澳)的研究,仍是在"革命史范式"的视角下重点关注中外战争与鸦片贸易,作者对于当地建筑变迁的考察,有助于拓宽珠海淇澳研究,并在一定程度上重描近代唐家湾金星港连通中外的本相。作者接着通过考察香山买办的"三头家"现象及其商业活动,展现了近代澳门、香山、广州、香港与上海之间的复杂联系。当这种联系网络被呈现出来时,也就自然彰显了从澳门出发的香山人对于近代中国的影响。作者提到这些香山买办具有世代相传的家族特性(第170页),如徐润、郑官应等都是家族发展到成熟阶段走出去的"知名者"。那么这些香山买办家族在早期尚未走出去前的"不知名者"的情况又是如何呢?如果能深入挖掘珠海早期的买办历史,我们就能对19世纪末"少数先锋的横空出世"更多一分长时段的理解(259页)。

第五章主要考察了澳门近代报刊的发展,并展示出其影响逐渐由澳门扩展到华南,并最终到全中国的过程。由于澳门在政治上的特殊地位,澳门不仅成为中国近代报刊的起源地,同时也充当了在华外文报刊躲避清朝政治打击的避难所。虽然这一章的内容并不直接涉及香山,但还是可以从报纸刊载内容的演变,尤其是澳门对香山关注度的变化,来做一些长时段的思考。该章所论澳门最早的报纸《蜜蜂华报》只刊登外文消息,对于中国内地的情况刊载极少(第206页)。1893年创刊的《镜海丛报》偏向于大量刊载关于香山的新闻,反映出澳门与香山两地联系的紧密。到1896年《知新报》创刊时,关于香山的新闻已大量减少,而关于中国与全球的新闻大量增加。如果说《蜜蜂华报》还是一份外国人的报纸,《镜海丛报》还是一份地域性很强的报纸,那么《知新报》已经完成了向全国性舆论阵地的蜕变。这种变化反映的正是该书的主题——"把世界带进中国:从澳门出发的中国近代史"。

该书的一个重要主题是"全球史",数十年来全球史发展的一个重要特点是易于倡导,难以落实。全球史实践之难主要在两个方面,一是如何打造圆熟贯通的叙事框架,二是如何将跨域史料落实。这里所指的跨域,不仅是跨地域,往往还要跨研究领域。只有做到这两点,全球史才能从一种史观、视野或方法,落实成为成熟的史学作品。从叙事框架上说,全球史贵通,通论所要求的笔调与专论所要求的笔调不同,专论往往只要求线性逻辑,通论则需要圆熟框架,圆熟框架之下,还要在博通与专精之间取得平衡。全球史框架过于圆滑,则很容易变成浅显教材,在细节上过分纠缠，又会导致框架失衡，各章之间合而不同。这要求研究者有极强的执简驭繁的能力，但又谈何容易？从如何将跨域史料落实来说，笔者以为这是撰写全球史的关键。研究者必须通多门语言，同时掌握传统文献、口述、博物馆藏品等不同类型的史料，还要临时性地涉足自己不熟悉的研究领域，程美宝教授在这方面已经做出很好的表率，但毕竟不是每一个专家都有这样博通的能力。脱离史学"单打独斗"的传统，可能是一种应对之法。从该书可以看到，澳门基金会在搜集跨域史料方面已经做了许多工作，为研究者提供了帮助。同时，该书以团队合作的方式撰写，在一定程度上弥补了个人的局限，也是一种有益的尝试。

从珠海研究的角度看，该书提供了三方面的教益。首先，在重视珠澳研究，从"珠澳中西文化走廊"的视角，对珠海研究进行定位。借由较为成熟的"澳门学"，深入挖掘澳门史料中的香山因素，进一步推进与澳门联系紧密的淇澳、湾仔地区的研究，以逐渐构建起成熟的"南部香山"的历史图景。其次，在重视鸦片战争以前的历史，以帮助理解19世纪末和20世纪初的大事件与大人物。如该书第三章提到的容三德与秦三才（第119页），两人都是过去史学研究中名不见经传的珠海人，但他们在鸦片战争前的行迹，与后续人事形成一条完整逻辑线，让我们明白容闳与幼童事件并不是横空出世。又如该书第二章论述了19世纪末20世纪初导致华南地区军火泛滥的珠澳因素，而联系科大卫在《皇帝和祖宗：华南的国家与宗族》一书中提出的18世纪枪炮何时、何以在广东发生突变，可知鸦片战争以前的珠海历史还有很大的研究空间。最后，在重视普罗大众的经验，具体而微地落实地方历史（第258页）。历史上，珠海有大量走向世界的小人物或可被识别的小人物群体，如该书中所介绍的引水人、通事、华仆、留洋者等。沿此思路，珠海史研究可以开拓的又何止"前华工史"，还包括"前留学史""前买办史"等领域，珠海史研究当有一番新气象。

[王鹏，温州大学人文学院讲师]

吴义雄、恽文捷编译《美国所藏容闳文献初编》

张建宇

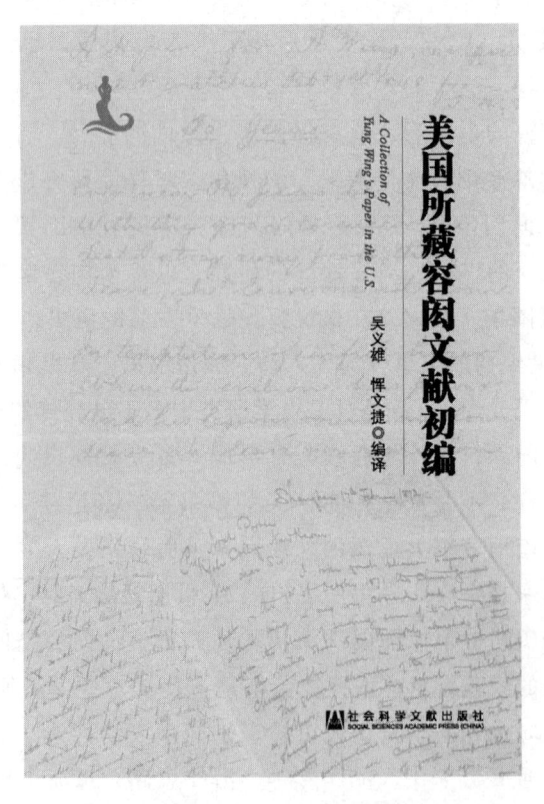

容闳（1828—1912），原名光照，号纯甫，英文名 Yung Wing，广东香山县南屏村（今珠海市南屏镇）人，中国近代著名的教育家、外交家和社会活动家。容闳是第一个毕业于美国耶鲁大学的中国留学生，是中国留学生事业的先驱，被誉为"中国留学生之父"。容闳的一生经历丰富，经历过中国近代史上的许多重要事件。因此，对容闳及相关问题的研究始终是学者关注的热点，并已有不少成果出现。

既有研究所利用的核心史料，多为容闳的自传《我在中国和美国的生活》（或译为《西学东渐记》）。容闳本人的档案、日记等核心史料，只有少数研究者利用。例如，章开沅先生曾对耶鲁大学馆藏容闳档案进行介绍，并在此基础上进一步提出容闳具有"中国传统文化的基因"，应注意到他"为东学西渐作出力所能及的贡献"，①认为容闳的一生"无论是在中国还是在美国，他把自己的一生全部奉献给中国现代化伟大事业"。②

核心史料利用不足，在很大程度上限制了相关研究的推进。吴义雄教授长期致力于搜集、整理、研究海外所藏的有关华南地区的档案文献资料。在珠海市委宣传部的大力支持下，吴义雄、恽文捷合作翻译了耶鲁大学藏容闳相关档案，一并翻译出版的还有容闳1902年的日记。经过三年多的努力，《美国所藏容闳文献初编》一书于2015年1月由社会科学文献出版社出版，受到学界关注。

《美国所藏容闳文献初编》一书共分为三部分："耶鲁大学藏容闳文献""容闳1902年日记""容闳手迹选录"。书后附有译名对照表，以方便读者阅读。这批资料许多是在国内首次公开，之前出版的相关资料或研究中鲜有涉及，因此十分珍贵。

第一部分为"耶鲁大学藏容闳文献"。具体包括容闳致各方友人的13封书信，大部分来自手稿与档案馆之"容闳专藏"，有两封来自"耶鲁大学图书馆档案"；容闳致卫三畏的8封书信，来自耶鲁大学藏"卫三畏文书"；选取的耶鲁大学1854届同学为容闳题写的27则留言，容闳给其他同学的7则毕业留言，主要来自容闳的耶鲁大学毕业纪念册。③

第二部分为"容闳1902年日记"。日记现藏于美国康涅狄格州立图

---

① 章开沅：《西学东渐与东学西渐——耶鲁馆藏容闳档案简介》，《浙江社会科学》1991年第1期。
② 章开沅：《对于容闳的新认识》，《华中师范大学学报》（人文社会科学版）1995年第3期。
③ 参见吴义雄、恽文捷编译《美国所藏容闳文献初编》，社会科学文献出版社，2015，"编译说明"，第2—3页。

书馆，由加列特·布兰切菲尔德于 1924 年 12 月 8 日捐赠。① 日记中有许多有价值的信息，并提供了许多线索。如容闳与时人的交往，包括与一些名人的往来，如梁启超、徐勤等，个人的财务信息和对许多事情的态度等。但是，由于其日记内容较为简略，在利用的过程中需借助更多其他类型的史料进行补充完善。

第三部分为"容闳手迹选录"。这一部分共选取 37 页容闳手迹，其中从耶鲁大学的容闳文献中选取 24 页，选自容闳日记的有 13 页。这些手迹使我们对相关资料有更为直观的认识，由此亦反映出编译过程的艰辛与不易。

吴义雄教授针对这批资料从四个方面进行了初步介绍：一是通过容闳早年的书信，以及他与同学之间的临别赠言，探究他早年的精神世界，包括其丰富的情感和脆弱的一面；二是通过容闳与耶鲁大学校长波特的通信，探究他为幼童培养模式提出的细节上的初步想法；三是通过容闳与卫三畏的通信，探究他在华工问题上的正义感与民族立场；四是通过容闳的诸多通信与 1902 年日记，探究他与中外友人的交游情况等。② 这些史料大部分是直接体现容闳本人真实想法的记录性文字，极大地丰富了我们对容闳的认识，对于全面、系统、深入探讨他的想法、经历与业绩等有极为重要的意义。

《美国所藏容闳文献初编》一书具有极大的学术价值。其最直接的作用是，两位编译者通过个人的付出，解决了许多研究者难以直接看到相关史料原件，在直接利用过程中可能遇到的字迹不清、书写潦草、大量人名地名难以确定等诸多问题，但更重要的是给予我们推动相关研究取径的思考。

对于容闳及相关问题的研究，《美国所藏容闳文献初编》一书的意义绝不仅仅是补充了一些资料，它实际上体现了整体史观的要求，而整体的观念是与资料的极大扩充相辅相成的。

其一，既有研究成果除关注容闳的生平事迹外，有关容闳思想的研究始终是学界关注的重点。但我们不应仅关注作为公众人物的容闳的政

---

① 吴义雄、恽文捷编译《美国所藏容闳文献初编》，"编译说明"，第 3 页。
② 吴义雄：《未刊文献中所见之容闳》，《广东社会科学》2014 年第 5 期。

治、教育等思想,还应将其扩展至作为其他身份的容闳的思想研究,尽量展示其人物形象的多样性,揭示其不同身份的矛盾性与复杂性。例如,该书所反映的作为学生的容闳的求学诉求与家人希望他尽快担负养家重任之间的矛盾,得知曾资助自己的公司参与向秘鲁偷运华工时内心的遗憾,以及由此对他可能产生的影响等,无不极大地丰富了我们对他的认识,使他的人物形象更为饱满。

其二,涉及中外各界人士与容闳的关系往来,有利于将容闳置于宏观背景下更加客观的看待,又可体现旁观者对容闳的具体态度以及人脉对容闳言行和事功的可能性影响,在一定程度上避免就容闳而谈容闳的研究取向。从书中的内容可知,容闳在许多重大事件上都与重要人物有接触,尤其是维新派人士、革命党人等。这有利于整体地显示容闳与他的时代、同时代人物之间的关系,有利于把容闳置于近现代历史乃至更长时间段内进行考察。

如果没有这一批未刊资料的翻译出版,我们便很难看到如此丰富的新内容。而这正是以扩张史料为取径的研究方法效果的体现。相信随着资料的进一步挖掘,我们可以进一步拓宽研究视野,突破低水平重复研究的瓶颈,对相关事件、容闳的历史地位等都有新的认识。

《美国所藏容闳文献初编》一书可以说是两位编译者的阶段性成果。正如编译者在后记中所提及,已通过不同渠道搜集到了更多容闳的未刊资料,下一步的编译工作已着手进行,更多的资料将译介出版。因而该书的出版无疑为日后系统整理容闳的个人资料提供了良好契机,我们期待容闳的个人文集尽早系统整理问世。

此外,在《美国所藏容闳文献初编》一书出版后,已有学者开始利用该书,并结合其他外文文献进一步探究容闳与耶鲁大学的关系,指出容闳一生都与耶鲁保持紧密的联系,"耶鲁人"是容闳与耶鲁大学关系的集中体现,而耶鲁的校友认同和维护机制,则借助耶鲁的中国留学生影响到清末民初中国大学自我认同的建构。[①] 另有学位论文利用该书中的资料尝试探究相关问题。该书的出版亦为进一步推动容闳的相关研究

---

① 刘晓琴:《容闳与耶鲁大学再研究》,《广东社会科学》2019年第3期。

提供了良好契机，有利于激发学者对相关问题的研究热情。

　　综上所述，该书提供的史料，内容丰富，角度多元，真实原始，是研究容闳和相关问题的重要史料来源。容闳研究虽然门槛较高，推进较难，但依然具有广阔的空间与潜力。我们生活在一个学术氛围自由开放的时代，史料利用日益方便，各方交流日渐紧密。在这种情况下，把握优势，整合资源，重视历史要素之间的联系性，重视历史与现实的联系性，从史料扩展出发，开阔视野，拓展角度，提出问题，一定能够推动相关领域的持续快速发展。

[张建宇，中山大学历史学系博士研究生]

赵立彬、何文平、胡海峰编《关于近代珠海历史文化名人的乡土口述史料》

刘 宇

《关于近代珠海历史文化名人的乡土口述史料》（以下简称《乡土口述史料》）是由中山大学历史人类学研究中心、历史学系教授、孙中山研究所副所长赵立彬，历史人类学研究中心、历史学系教授何文平，以及中山大学珠海校区党政办公室主任、历史人类学研究中心兼职研究员胡海峰共同主持的口述历史项目成果，2005年底立项，2006年开始实

施，历时三年多完成，由珠海出版社 2010 年出版。开展该项目的初衷，是配合中山大学历史学系本科生与中国近现代史及口述史相关的教学课程，通过由教师带领同学们到实地进行田野考察、口述历史访谈与实践，来增进同学们对历史文本的理解和领悟。参与该项目的中山大学历史学系学生达 39 人，除一名硕士研究生外，其余均为本科生。正如编者在后记中所言，"乡土口述史料是课题组全体老师和同学共同的心血结晶"（第 187 页）。同时，《乡土口述史料》为历史研究与口述历史及田野考察的有机结合提供了典范。

"口述历史"（oral history）是历史研究的一种方法。"口述史法"包括研究者就一个事件采访多位当事人，或多次采访同一位当事人，并将由此搜集的口述史料与当事人的回忆录、回忆文章和有关事件的档案文献等相互比对、考证和补遗，力求获得最有历史价值的口述史料。[1] 国内较早研究口述历史的学者杨祥银强调，"国际口述史学界普遍把美国历史学家、新闻记者阿兰·内文斯（Allan Nevins，1980 – 1971）于 1948 年创建哥大口述历史研究室视为现代口述史学诞生的标志"。[2] 口述史学先驱、英国埃塞克斯大学（University of Essex）社会学名誉教授保罗·汤普森（Paul Thompson）指出，美国口述历史协会（American Oral History Association）宣称，当哥伦比亚大学（Columbia University）历史学家阿兰·内文斯开始记录美国重要人物的回忆录时，"口述历史"作为一种获得历史文献（historical documentation）的现代技术在 1948 年建立起来。[3]

《乡土口述史料》以与珠海有关的近代历史文化名人（如"留学群体"容闳和唐国安，"革命家群体"苏兆征和杨匏安，"侨商群体"陈芳，以及"实业家群体"唐廷枢和蔡昌）为中心，以历史文化名人"与珠海近代社会变迁及长期影响为重点"，同时"扩大关注面"，即在田野

---

[1] 刘宇：《口述历史访谈的技术性细节经验及启示——以西南联大口述历史访谈为中心》，杨祥银主编《口述史研究》第 4 辑，社会科学文献出版社，2019，第 148—149 页。
[2] 杨祥银：《美国现代口述史学研究》，中国社会科学出版社，2016，第 1—2 页。
[3] Paul Thompson, *The Voice of the Past: Oral History*, Oxford: Oxford University Press, Second Edition, 1988, p. 59.

考察和口述历史访谈的过程中,"不仅注意与历史人物相关的资料,也包括近代珠海地区的社会经济情况、人口外迁(出洋谋生)状况、家族影响、历史人物与乡土社会联系及其影响等领域的历史记忆",由此深入探索"历史文化名人在本土的生存状态"及其"精神遗产在故乡的建构过程"(第13页)。值得注意的是,近代珠海历史文化名人在"中国近代历史舞台上都扮演了重要的角色"(第7页)。如编者在前言中指出:"珠海近代历史文化名人研究是研究珠海本地文化的重要内容,同时也是研究中国近代文化变迁的有益课题。"(第8—9页)

关于口述历史访谈的受访者或受访群体,原美国口述历史学会会长、美国参议院历史办公室(United States Senate Historical Office)荣誉历史学家唐纳德·里奇(Donald A. Ritchie)认为,"哥伦比亚大学模式促进了对政府、商业、军队和其他高层领域的杰出人士的访谈——与当时在历史学专业里盛行的'自上而下'的方法(the 'top-down' approach)并行",① "与之相反的是,欧洲口述历史项目从一开始就是社会历史学家的研究领域,他们试图记录劳动阶级的日常生活和经历"。② 他指出,直到20世纪70年代,"新一代的美国历史学家开始'自下而上'(from the bottom up)地书写历史","他们渴望书写那些遗留在标准历史文本之外的群体的历史,他们缺乏可获得的有关精英的丰富手稿资源和正式文件,进而转向口头资料(oral sources)"。③ 从某种意义上讲,《乡土口述史料》一书将唐纳德·里奇所提及的早期美国历史学家"自上而下"书写历史的方法和欧洲社会历史学家"自下而上"的方法有效地结合在一起。一方面,课题组关注的是近代珠海历史文化名人,专访了地方上有一定地位的知名人士和名人后代(如杨鲍安的四子、离休干部杨文伟和儿媳郑梅馨);另一方面,课题组并未局限于精英群体,而是将受访群体

---

① 〔美〕唐纳德·里奇:《评保罗·汤普森和乔安娜·博纳特〈过去的声音:口述历史〉》,刘宇译,杨祥银主编《口述史研究》第3辑,社会科学文献出版社,2018,第260页。Paul Thompson and Joanna Bornat, "The Voice of the Past: Oral History," Reviewed by Donald A. Ritchie, *The Public Historian*, Vol. 40, No. 1, February 2018, p. 179.

② Donald A. Ritchie, *Doing Oral History*, New York: Oxford University Press, Third Edition, 2015, p. 6.

③ Donald A. Ritchie, *Doing Oral History*, p. 7.

扩大为近代珠海历史文化名人的族亲、当地的文史工作者、乡村长者，甚至包括随机采访的普通人（如乡民）。如唐纳德·里奇所说，"当项目涵盖广泛的受访者，收集到不同的记忆和观点时，项目是最行之有效的"。①

《乡土口述史料》分为三篇。第一篇"乡土珠海：环境、习俗与孕育名人的一方水土"，由 8 份口述历史访谈稿组成，主要述及对珠海及珠海各地乡土社会的整体印象，内容涉及近代以来珠海地方的社会环境、社会习俗、社会状况等，由此使读者对珠海近代历史文化名人产生的土壤和文化气氛有个整体的把握。第二篇"形象、传说和遗泽：名人和名人家族在家乡的历史记忆"是全书的重点，由 4 个章节、21 份口述历史访谈稿组成，②围绕四个重要历史人物或群体展开，即容闳、唐绍仪及唐家群英（如唐廷枢和唐国安）、中共革命家（如杨匏安和苏兆征）、陈芳家族，目的是通过受访人的叙述，重点反映近代珠海历史文化名人及其家族在亲属、后裔、乡民心目中的印象和记忆，他们与家乡的关系，以及相关传说所包含的文化意义。该篇第四章节也包括孙中山原配夫人卢慕贞亲属和原香港太古洋行总买办莫仕扬亲属的口述历史访谈稿。第三篇"建构文化象征：研究者眼中的历史文化名人"，包括 4 份珠海近代历史文化名人相关研究者的口述历史访谈稿，由此可使学界对这一课题的研究情况有所了解，同时也可"将其叙述与乡土口述进行对比和参照"（第 151 页）。

诚然，采访者前期充分的案头准备工作对口述历史访谈十分重要。台湾学者侯坤宏和陈仪深认为，采访者"必须努力提高自己采访的技巧，必须训练自己一面提问题时，就能一面消化对方谈话的旨意，还要能同时把对方的谈话正确笔记；有时还要诱导对方说话，有时要判断对方的反应，还要尽可能把关键细节都问到，没有事先的准备是做

---

① Paul Thompson and Joanna Bornat, "The Voice of the Past: Oral History," Reviewed by Donald A. Ritchie, *The Public Historian*, Vol. 40, No. 1, February 2018, p. 180.
② 课题组田野考察地点主要为珠海的南屏镇南屏村（容闳故居所在地）和北山村（杨匏安故居所在地），唐家湾镇（涉及唐氏家族），前山梅溪村（涉及陈芳家族），以及唐家湾镇淇澳村（苏兆征故居所在地）、金鼎外沙村（卢慕贞故居所在地）和金鼎会同村（涉及莫仕扬）。

赵立彬、何文平、胡海峰编《关于近代珠海历史文化名人的乡土口述史料》 | 293

不好这项工作"。①"事先的准备"的落脚点即采访提纲。《乡土口述史料》课题组事先拟定的采访提纲主要包括五个方面，即"乡土社会"、"中西交汇"、"门楣家声与名人遗事"、"人物网络与社会变迁"和"传统塑造"。关于采访提纲在口述历史实操中的具体应用，课题组特地指出："访谈提纲只是我们预定的口述史料的大致内容，并不是用这些问题直接向受访人提问，也不是以此作为引出话题的工具。因为受访人的身份、经历、文化程度各不相同，需要以各种不同的方式展开采访工作，引出话题，从每个受访人那里获得信息的重点也各自不同。"（第15页）由此可见，在以"自下而上"书写历史的方法为主的口述历史访谈中，采访提纲不是给受访者或受访群体看的，而是采访者或采访团队为自己准备的，受访者或受访群体可能并不知道采访提纲的存在，也不关注采访提纲，这无疑有别于阿兰·内文斯所创建的"哥伦比亚大学模式"（Columbia Approach）。②正如中山大学历史学系教授、历史人类学研究中心主任、亚太研究院常务副院长刘志伟教授在为《乡土口述史料》所写的极具学术内涵的"序"中所言："在当代历史学的关怀下，普通人的历史，他们的情感，他们的思维以及他们的日常生活越来越多进入历史研究者的视野，即使是名人的历史，人们越来越关心的，也是他们作为普通人的日常生活，于是，口述历史自然成为一种寻找新历史事实的路径。"（第2页）《乡土口述史料》珍贵的史料价值也正缘于此。

《乡土口述史料》是一部策划周密、视角新颖、资料翔实、逻辑清晰、结构完整的创新性学术成果。在学界首次结合个人生命史、集体传记和社区口述调研，还原一幅由近代珠海历史文化名人群体与乡土社会构成的历史图景，以全面认识和把握珠海的历史传承和文化精神，以及近代珠海历史文化名人对当地人和社会的深层次影响。《乡土口述史料》对于珠海历史文化和中国近现代史研究，意义非凡。

其一，极大地丰富了乡土口述史料，实现了研究方法和研究视角的创新。编者将该研究放入一个中国近现代史的大的历史脉络中进行考察，

---

① 侯坤宏、陈仪深：《口述历史与质性研究——兼论及新闻采访、田野考察》，许雪姬主编《台湾口述历史的理论实务与案例》，台北：台湾口述历史学会，2014，第139页。
② Paul Thompson, *The Voice of the Past: Oral History*, p. 59.

将历史研究与实地访谈调研有机融合,运用口述史法、文本理论、社会文化史和历史人类学的方法,从宏观和微观的角度,对近代珠海历史文化名人的乡土口述史料进行了系统、全面、深入的搜集,由此不仅丰富了近代珠海历史文化名人的乡土口述史料,"为档案材料等文献提供了比对的可能",[①] 而且帮助研究者理解档案文献中字里行间的深意,[②] 进而使研究者从全新视角来解释和建构珠海历史文化与中国近现代史相关的研究课题成为可能。例如,近代珠海历史文化名人容闳(1828—1912)和杨匏安(1896—1931)都是南屏镇人,但在《乡土口述史料》中,多位受访者都讲述了南屏的容氏和杨氏两大家族"水火不容"的情况。容闳的堂侄孙容汉诠指出,"我八九岁的时候,听老人说,和北山姓杨的是死对头。容、杨水火不容,一见到就打架,打人原因不清楚,不考证它","两姓之间不通婚的"(第48页)。另一位受访者、已91岁高龄的鲍康尧也回忆说,"我妈妈就姓容,我们和容氏关系都挺好的。我们和北山那边的关系就不是很好。他们姓杨的,以前有'北山孤独老绵羊'","他们就说南屏'南屏鸡股穿肠烂肚'。以前大家互相攻击,经常打架"(第54页)。这些珍贵的乡土口述史料无疑极大地丰富了有关近代珠海历史文化名人以及珠海历史文化与社会的第一手资料,"也让我们得到一个更完整的历史成为了可能"。[③]

其二,专业的口述历史训练、扎实的史学根基、翔实的案头准备工作和规范的口述历史操作,使得课题组在乡土口述史料采集中常有意想不到的收获,因此在《乡土口述史料》一书中汇集了大量珍贵的独一无二的口述史料,对于珠海历史文化乃至中国近现代史的研究意义重大。例如,杨匏安的四子杨文伟讲述了他亲历的抗战时期中共香港地下党史和东江纵队的事情,以及他走上革命之路的心路历程。他回忆说:"1938年,抗日战争期间,我们家和党组织取得了联系,祖母、庶祖母带领着

[①] 王政:《书评:贺萧著,张赟译,〈记忆的性别:农村妇女和中国集体化历史〉》,《历史人类学学刊》2018年第2期。

[②] 参见刘宇《口述历史访谈的技术性细节经验与启示——以西南联大口述历史访谈为中心》,杨祥银主编《口述史研究》第4辑,第149页。

[③] 王政:《书评:贺萧著,张赟译,〈记忆的性别:农村妇女和中国集体化历史〉》,《历史人类学学刊》2018年第2期。

姐姐和我，到香港参与党在香港的秘密机关活动"，"姐姐在香港中华书局印钞部当工人，为掩护党的地下电台，同参加过红军长征的老干部王裕寿，假扮夫妻，第二年结婚"，"日军占领香港以后"，"在全家掩护下，地下电台安全地转移到澳门"，"1945年，组织上送我到东江纵队参军去"，"我被分到电台工作。新一军从缅甸回来以后，在广东搞大扫荡，我们整个电台就搬到香港去"，"当时我还小，不知道革命的道理，只知道蒋介石把我父亲杀了，恨蒋介石。后来长大后才知道父亲是什么人物，怎么牺牲的，这对我革命理想的形成是有很直接的关系。如果不是这种关系，我可能也不会参加革命队伍，也不会在解放战争中贡献力量"（第93—94页）。又如，沙基惨案的见证人、林伟民之子、已90多岁的林俊华明确指出了"景文营"的来历，据他忆述："当年的沙基惨案，沙基游行我也有份参加。我那时候小学"，"沙基惨案中有一个学生被打死，叫李景文"，"当时我们学校的游行队伍走到旧电厂那边打了起来"，"那个李景文被打死的时候是童子军"，后来"用李景文命名那个童子军营，称作景文营。这个在当时很出名的，可能在教育局还有备案"，"那时候经常开纪念会来纪念这个人，当然现在就没人认识了。所以记录下来，今后就会有人知道有这个李景文"，"我也是童子军，做过童子军小队长"（第122—123页）。

须指出的是，课题组访谈了多位已进入耄耋之年的受访者，他们虽不是重要历史事件的主要参与者，却是重要历史时期的见证人或重要历史事件的亲历者，而由他们口述的历史人物、历史事件的细节和地名，也许仅他们才知晓。这些年迈的受访者很可能是一些重要历史细节唯一的口述者，而这些独一无二的口述史料也无疑是宝贵的，同时，对这些长者的口述历史访谈具有抢救性意义，这更凸显了《乡土口述史料》的学术价值、历史内涵和现实意义。

此外，对于口述历史访谈项目及其多元化应用，其难点在于请受访者签署具有法律效力的授权协议书或访谈同意书。协议书上应明确写明访谈项目名称、委托单位名称（如档案馆、图书馆和校史馆）、受访者姓名年龄及身份、采访者姓名及身份、访谈时间、访谈目的及访谈原始笔录、访谈录音录影和照片（包括受访者提供的老照片等原始资料及由采访团队现场拍摄的照片）等第一手资料多元化应用的具体事宜。在口述历史访谈实操中，采访者请受访者签署授权协议往往会引起受访者的抵触和防范情绪，但如不签署授权协议或访谈同意书，则出版的学术成果会存在法律纠纷的风险（如台湾中研院已有学者在其口述历史学术成果出版后不得不应对此类问题）。

如何既能避免法律纠纷，又能顺利进行口述历史访谈，留下珍贵的口述史料并加以多元化应用，至今仍是学界值得探讨的问题，这一问题需要口述史学界共同找到行之有效的解决方案。《乡土口述史料》课题组无疑在这一问题的解决上提供了一个可供参考的成功范例。《乡土口述史料》访谈过程是在采访者与受访者互信的状态下进行的，课题组在这一过程中"自觉让自己与讲述者一同回到历史现场"，"设身处地地思考讲述者是如何凭民间记忆建构历史的，而不是做一个所谓的简单的评判者"，并且课题组秉持的是"任何叙述都是有用的"理念，在访谈中不对受访者预设讲述内容，因此受访者流露的是真情实感（第31页）。与此同时，在与受访者建立互信的基础上，《乡土口述史料》课题组与大多数受访者签署了授权协议。能够找到原受访人的口述稿件，都经过原受访人的审阅，并签订了授权协议，提供给该项目发表和出版。尽管由于主题和篇幅所限，课题组在《乡土口述史料》一书中未能就"口述历史项目中的授权协议"这一问题在访谈实操中的具体案例及注意事项加以详述，但从现有文本中可看出该项目已在知识产权和法律领域做了有益的尝试，并得到一种可供借鉴的解决方法。

针对采访者在口述历史访谈中的定位，课题组认为，尽管采访者也参与到口述访谈这一历史建构的过程，但其定位应是"旁观者"的角色，应在"较大程度上避免"，"一般特定访问中可能出现的有意叙述或被引导的痕迹"，"以期获得原始的未受干预的信息"（第20、31页）。由此可见，一方面，口述历史访谈不是脱口秀（talking show），"脱口秀"是两个人的表演（如电视上播放的人物专访），其重点在"秀"，而口述历史访谈则完全不同，其重点在于口述史料的搜集；另一方面，课题组倾向于把采访者定位为"旁观者"，在某种程度上弱化了采访者在口述历史访谈中的作用，强调"无引导"的漫谈方式。然而事实上，如台湾成功大学历史学系长期研究口述历史和中国现代史的林德政教授所言,"采访者在'口述历史'中居于重要的地位","不同的采访者即使采访同一对象也会得到不同的资料","采访者引导访谈的进行是'口述历史'能否获得历史价值的重大关键。因为'引导访谈'的过程,不会形诸文字,也许有人会误以为口述历史仅仅只是靠口述者的回忆完成,采访者只是听写录音的内容而已!事实则不然,采访者必须具有独特的识见与能力,方能引导口述者讲出具有特殊历史价值的回忆","所以口述作品虽然呈现出来的全是口述者的话语,但隐身在其后的最大功臣是采访者"。[①]

关于采访者与口述史料之间的关系,刘志伟教授在《乡土口述史料》序中指出,"治史者凭着自己的学养、见识与研究技巧,自可从扑朔迷离的事实中理出历史的线索,获得新的知识,如此一来,治史者也就加入到了这种对话之中了","在这个过程的每一个环节,都会成为以旁观者自居的学者加入到现在与过去对话的入口。口述历史的收集者,无论多么小心翼翼自觉努力避免引导讲述者,都不可能真的是一个完全被动的倾听者,他们的兴趣,他们既有的历史认识和取舍,都可以通过他们提出的问题、提问的方式、现场的反应以至不经意表露出来的态度,影响讲述者对记忆的搜索和表达的选择"(第3页)。唐纳德·里奇亦明确提出,口述历史"访谈基本的一对一互动"将影响"采访者和受访者,并进而塑造了结果"。[②] 简言之,口述史料是采访者和受访者共同创造的作品或成果。

与此同时,刘志伟教授在《乡土口述史料》序中强调了"现在"与"过去"、"文字书写"与"口述"的关系,进而引发人们对"历史认知与历史智慧"的思索(第2—4页)。他指出,"口述历史最有魅力之处,还不只是从口述传统的历史记忆中获知新的历史事实,而是我们可以从这种历史记忆本身以及讲述者的叙述所倾听到的过去与现实之间的对话。

---

① 林德政:《口述历史的定义与要领》,许雪姬主编《台湾口述历史的理论实务与案例》,第10—11页。
② Paul Thompson and Joanna Bornat, "The Voice of the Past: Oral History," Reviewed by Donald A. Ritchie, *The Public Historian*, Vol. 40, No. 1, February 2018, p. 180.

人们对历史真实的追求，本质上都是现在与过去的对话"（第 2 页）。唐纳德·里奇认为，"口述历史的本质是记录现在的记忆并反思过去"。[①]而关于"文字书写"与"口述"的关系，刘志伟教授指出，"治史者的加入，结果一定是令到口述传统的历史向文字传统的历史靠拢，口述历史由此向文字书写历史转变"，由于口述历史是历史研究的一种方法，并且其学术成果是以文字书写的方式最终呈现，因此，在口述音频转变为文字的过程中，口述史料不可避免地被层层加工，"所谓口述史实质上就变身成为文字记录的历史了"（第 3 页）。关于"现在"与"过去"、"文字书写"与"口述"的关系，仍将是口述史学界热议的话题。

尽管目前"口述"为"文字书写"服务的命运无法改变，但可贵的是，课题组在尽最大的努力保留更接近原汁原味的关于近代珠海历史文化名人的乡土口述史料。比如，在口述音频转为文字的基础上，为避免一些生动的访谈现场信息［如身体语言（body language）］的丢失，课题组"在必要的地方记录下主人的态度和动作"。如采访林伟民之子林俊华时，他叙述道"原来孙中山有信件留给他的，后来（丢失了）（感情激动……）"（第 35 页）。通过括号内的身体语言和情绪的文字描述，可使研究者通过《乡土口述史料》更准确地把握受访者讲述时的情绪波动及口述史料字里行间的深意。不仅如此，课题组还在《乡土口述史料》一书中尽量保留了受访者口语化的表达特点和方言。由于大多数受访者是用广东话叙述的，故课题组提问也是用广东话进行，当遇到较难懂的方言时，课题组会在括号里加以注释，由此得以在最大程度上保留口述史料的原貌，更加强了《乡土口述史料》的史料和学术价值。

目前，《乡土口述史料》课题组的口述历史教学实践及其学术成果已引起学界和社会的广泛关注，并产生了良好的口碑和巨大的社会影响。该项目已被纳入珠海市哲学社会科学规划项目。同时，《乡土口述史料》课题组参加了多个与之密切相关的重要的学术活动，如"香山文化研讨会"、"中华口述历史国际学术研讨会"、"中国留学文化学术研讨会"、"珠海历史文化渊源与香山文化"座谈会和"珠海与中国文化的近代际

[①] Paul Thompson and Joanna Bornat, "The Voice of the Past: Oral History," Reviewed by Donald A. Ritchie, *The Public Historian*, Vol. 40, No. 1, February 2018, p. 180.

遇"讲座等，并撰写和发表了相关论著。这些重要的学术活动和学术成果在广州、珠海、中山的报刊上陆续报道。总括而言，正如刘志伟教授为《乡土口述史料》所写的序中指出的，"研究者不断地从口述史寻找历史的源泉的时候，更多收获到的，其实是在这个过程中训练自己对文字记录的敏感和理解能力，培养一种更能够亲近历史的历史观"（第4页）。不可否认，《乡土口述史料》是将历史研究、口述历史访谈和田野考察相融合的极佳的尝试，并取得具有创新性的、影响深远的学术成果和教学成功范例。

[刘宇，中山大学历史学系副研究员]

图书在版编目（CIP）数据

珠海历史文献与研究 / 赵立彬主编. -- 北京：社会科学文献出版社，2021.9
ISBN 978-7-5201-8499-1

Ⅰ.①珠… Ⅱ.①赵… Ⅲ.①地方史-文献资料-研究-珠海 Ⅳ.①K296.53

中国版本图书馆CIP数据核字（2021）第112677号

珠海历史文献与研究

主　　编 / 赵立彬

出 版 人 / 王利民
责任编辑 / 李期耀
文稿编辑 / 李蓉蓉
责任印制 / 王京美

出　　版 / 社会科学文献出版社·历史学分社（010）59367256
　　　　　 地址：北京市北三环中路甲29号院华龙大厦　邮编：100029
　　　　　 网址：www.ssap.com.cn

发　　行 / 市场营销中心（010）59367081　59367083
印　　装 / 唐山玺诚印务有限公司

规　　格 / 开　本：787mm×1092mm　1/16
　　　　　 印　张：19　字　数：292千字
版　　次 / 2021年9月第1版　2021年9月第1次印刷
书　　号 / ISBN 978-7-5201-8499-1
定　　价 / 98.00元

本书如有印装质量问题，请与读者服务中心（010-59367028）联系

▲ 版权所有 翻印必究